DER PFLEGER

Im Kopf des Serienmörders

MICHAEL WAGNER

DER PFLEGER

PAIN
MATRIX
THRILLER

IM KOPF DES SERIENMÖRDERS

MICHAEL WAGNER

DER PFLEGER

Ein PainMatrix Thriller

von

Michael Wagner

Alle Thriller der Serie hier:

https://www.joerg-piesker.de/pain-matrix/

DER PFLEGER

Ein Pain Matrix Thriller von Michael Wagner

Ungekürzte Ausgabe
1.Auflage
Im Februar 2024

Covergestaltung by Jörg Piesker
Lektorat: Ela Bluhm

Michael Wagner
26607 Aurich

VORWORT

Als mich Jörg Piesker ansprach, ob ich bei der Reihe 'Pain Matrix-Thriller' mitmachen wollte, war ich direkt Feuer und Flamme. So ein Serienprojekt hat mich schon immer gereizt. Ich bekam den Titel 'Der Pfleger' zugeordnet. Sofort hatte ich Niels Högel im Kopf. Ich machte mich über andere Serienkiller schlau, die in einem Pflegeberuf gearbeitet haben. Marianne Nölle, der 'Todesengel von Köln', oder auch Irene Becker, der 'Todesengel der Charité', sowie Stefan Letter, der lange mein Favorit war. Darunter war auch der Amerikaner Charles Cullen, dessen Biografie mich schon früher im wahrsten Sinne des Wortes 'angeekelt' hat.

Aber natürlich trat auch Niels Högel wieder in den Fokus. Wahrscheinlich auch weil ich den Mann auf den Fotos immer so abgrundtief hässlich und unsympathisch fand, wollte ich ihn nicht zur Titelfigur dieses Kriminalromans machen. Doch dann fand ich irgendwann einen Zeitungsbericht der NWZ aus dem Jahr 2017 mit einem Foto der Abschlussfeier nach seiner Krankenpflegerausbildung. Darauf lächelt ein fröhlicher junger Mann in die

Kamera; das Haar über das verkümmerte rechte Ohr frisiert. Denn eins konnte ich nie nachvollziehen: Högel galt früher als Frauenschwarm. Mich reizte von da an diese Diskrepanz zwischen dem jungen Kerl auf dem Foto und dem Serienkiller, der aus ihm wurde.

Genauer: Wie konnte aus dem jungen Mann, der seinem Vater nacheifern wollte, der ebenfalls Krankenpfleger war, der größte Serienkiller der deutschen Nachkriegsgeschichte werden?

Ich las eine Menge im Internet, besorgte mir ein Buch von Karsten Krogmann und Marco Seng, das ich verschlungen habe.

Schon nach ein paar Seiten habe ich mir allerdings die Frage gestellt, wie ich diese unbeschreibliche Mordserie in einen Kriminalroman packen kann.

Die Behörden leiteten in 332 Fällen Ermittlungsverfahren ein, schließlich wurde Högel wegen 85 Morden verurteilt.

85!

Die Dunkelziffer ist viel höher.

Die zweite Frage war: Was macht es mit mir, wenn ich dieses Buch schreibe? Ich habe schon etliche Kriminalromane geschrieben, mir Serienkiller erdacht und zur Strecke gebracht. Doch das hier ist alles real passiert. Högel tötete Schutzbefohlene, zum Teil aus Langeweile, oder weil er etwas ausprobieren wollte – und aus reiner Profilierungssucht.

Ich bin mir nicht sicher, wie dieser Kriminalroman endet. Ich weiß auch nicht, ob Ihnen meine Geschichte, die auf der Biografie von Niels Högel aufbaut, gefallen wird. Ich weiß nur eins: Das ist mein bisher emotionalstes Buchprojekt. Bitte denken Sie immer daran, es ist alles wirklich passiert, was ich als Grundlage für diesen Kriminalroman benutzt habe.

ÜBER DAS BUCH

Er ist jung und ehrgeizig. Er sieht gut aus und wird von Frauen umschwärmt.
Jan Becker ist Krankenpfleger und verdammt gut in seinem Job.
Und er tötet seine Patienten…

Hinter der freundlichen Maske eines Krankenpflegers verbirgt sich das Unvorstellbare. Betreten Sie die dunklen Korridore der Kliniken, in denen Jan Becker sein mörderisches Doppelleben führte. Sein Lächeln täuschte, während er das Vertrauen der Patienten missbrauchte. „Gleich geht es Ihnen besser." Sie konnten nicht einmal mehr schreien. Dieser True Crime Thriller entfaltet sich wie ein düsteres Gemälde, in dem die Farben des Verrats und der Angst sich miteinander vermengen. Wie konnten so viele Morde über so lange Zeit hinweg geschehen? Wagen Sie es, das Geheimnis zu lüften?

„Der Pfleger" – ein True Crime Thriller, der die größte Mordserie in der bundesdeutschen Kriminalgeschichte aus der Perspektive des Serienmörders Nils Högel erzählt, wirft ein verstörendes Licht auf den Schatten, der in den scheinbar sicheren Mauern lauert.

Sie brauchen Hilfe? Einen Augenblick, der Pfleger ist gleich bei Ihnen.

ÜBER DEN AUTOR

Michael Wagner wurde 1960 in Siegen geboren. Inzwischen lebt er in Aurich, nachdem er viele Jahre in Hennef bei Bonn beheimatet war. Er studierte in Siegen Philosophie, Psychologie und Kunst.

Im November 2012 erschien mit *'Oliver Hell – Abschuss'* sein erster Kriminalroman. In dieser Reihe sind bis dato fünfzehn weitere Kriminalromane erschienen. Dank der Möglichkeiten die das eBook-Publishing bietet, arbeitet Michael Wagner als freier Autor.

Im Jahr 2013 wurde der erste Band der Reihe um die forensische Ermittlerin Carola Pütz mit dem Titel 'Verlorene Seelen' veröffentlicht. 2014 folgte 'Tödliches Paradies'. Der Autor arbeitet an einer Fortsetzung der Reihe.

Als Erstausgabe kam im Jahr 2019 der erste Kriminalroman der Raven-Reihe mit dem Titel *'Raven One'* heraus. Diese Kriminalromane spielen in Ostfriesland. *'Raven Two'* und *'Raven Three'* führten die Reihe um die ehemalige SEK-Beamtin Kerstin Rabenstein fort. Es folgten vier weitere Fälle des spannenden Ostfrieslandkrimis.

Im Sommer 2024 wird die Reihe mit dem achten Fall fortgesetzt.

In *'Das Todeslektorat'* taucht das erste Mal Insa ter Vehn auf. Die Lektorin wird in einen gemeinen Mordfall verwickelt, den sie zusammen mit ihren beiden krimibesessenen Freundinnen Anne und Christin löst. Der zweite Fall für Insa ter Vehn wurde im Jahr 2021 veröffentlich und trägt den Titel *‚Die Tote am Hafen*. 2023 folgte *‚Wer lügt, der stirbt'*.

Michael Wagner freut sich immer über einen Besuch auf seiner Homepage, bei Instagram oder Facebook.

www.michaelwagnerautor.de

https://www.facebook.com/michaelwagner.autor

https://instagram.com/michaelwagner_official

KAPITEL EINS

Intensivstation Klinikum Oldenburg, 2002

„Schau dir an, wie die Alte da liegt. Ein sabbernder Haufen Mensch. Seit der Operation ist sie nicht mehr auf die Beine gekommen“, sage ich zu mir selbst, um mich anzuspornen. Ich habe die beiden Spritzen mit Lidocain schon aufgezogen und in der Tasche meines weißen Kittels hierher ins Zimmer der Station 211 gebracht.

„Komm, lass uns spielen. Lass uns um dein Leben spielen“, hauche ich der schlafenden Patientin ins Ohr. Außer mir ist keiner mit im Raum. Ich kann alles so durchziehen, wie ich es schon so oft getan habe. Ich injiziere ihr das Lidocain, dann verlasse ich schnell das Zimmer und begebe mich in ein anderes. Wie erwartet, schrillt kurz darauf der Alarm.

Aus dem Schwesternzimmer und dem Pausenraum eilen die Kollegen herbei, eine schiebt den Defibrillator heran. Ich bin zuerst bei der Patientin.

„Intubieren und beatmen, aber fix“, ordne ich an. Mir steht das zu, ich bin hier der Star der Abteilung. Keiner hat so viel Erfahrung wie ich beim Intubieren. Ich setze den Oropharyngealtubus, er sitzt beim ersten Versuch;

eine Kollegin hält den Beatmungsbeutel. Trotzdem sackt sie uns weg.

„Sauerstoffsättigung bei 70, Herzstillstand, ich übernehme", rufe ich und entreiße der Kollegin die Pads. Ich bin das gewohnt. Ich kann das. Ich werde die Patientin retten. Alle werden mich wieder feiern.

Der Körper zuckt und bäumt sich auf unter den Stromschlägen.

Komm zurück, los!

Doch etwas geht schief. Die Frau kommt nicht wieder und stirbt noch vor der Mittagspause.

Ich habe immer alles im Griff.

Ich hole sie alle wieder.

Doch dieses Mal nicht.

* * *

DAS RISIKO, 2000

Ich habe es wieder getan. Eine Injektion, ohne vorherige Absprache, ohne Rücksprache mit den Ärzten. Ein riskanter Schritt, den ich zu oft unternommen habe. Doch bisher habe ich es immer geschafft. Immer habe ich die Kontrolle über die Situation behalten und die Patienten zurück ins Leben geholt.

Dieses Mal ist es anders.

Der Anblick der Ärzte, die hektisch um das Bett der Patientin herumwirbeln, trifft mich wie ein Schlag. Die Dringlichkeit in der Luft, das dumpfe Pochen meines eigenen Herzens im Einklang mit den piependen Monitoren – alles deutet darauf hin, dass diesmal etwas schiefgelaufen ist.

Ich habe die Kontrolle verloren. Das passiert mir sonst nie.

Ich versuche, mich in den Hintergrund zu drängen, mich unsichtbar zu machen. Mein Herzschlag beschleunigt sich, als ich eilig das Zimmer verlasse, den sterilen Gang entlanghaste und der quälende Klang meiner eigenen Schritte mich begleitet.

Ich finde mich im Schwesternzimmer wieder, die Tür fällt ins Schloss, und der Klang verstummt abrupt. Die Stille ist ohrenbetäubend. Mein Blick fällt auf die Uhr an der Wand, ihr Sekundenzeiger scheint sich im Zeitlupentempo zu bewegen.

Niemand hat heute Grund mich zu feiern.

Die Tür öffnet sich mit einem leisen Knarren, und eine Pflegerin tritt ein. Ihr Gesicht spiegelt Besorgnis wider, als sie sich mir nähert. „Jan, das tut mir so leid", beginnt sie, versucht, Trost zu spenden. „Manchmal ist der Tod eben stärker als unsere Bemühungen."

Doch ich wehre ab. Nicht, weil die Patientin gestorben ist – der Tod gehört zu unserem Alltag –, sondern weil ich versagt habe. Weil ich nicht geschafft habe, was ich so oft zuvor getan habe.

„Lass mich in Ruhe", murmele ich, meinen Blick starr auf den Boden gerichtet. Der Raum fühlt sich stickig an, als ob die Wände sich langsam auf mich zu bewegen. Die Pflegerin zögert einen Moment, bevor sie sich schließlich resigniert zurückzieht. In diesem Moment bin ich allein mit meinen Gedanken, meinen Zweifeln und meiner eigenen Unfähigkeit.

KAPITEL ZWEI

St.-Willehad-Hospital Wilhelmshaven, 1994

„Ich bin der Jan, Jan Becker und ich soll hier heute meine Lehre zum Krankenpfleger beginnen“, sage ich lächelnd am Empfang zu der hübschen jungen Frau hinter dem Tresen. Sie lächelt zurück.

„Willkommen, Jan. Ich rufe eben schnell an, mit dir fangen noch zwei weitere heute an. Dann weiß ich, wohin ich die schicken soll“, sagt sie und tippt eifrig auf dem Tastentelefon herum. Sie hört gar nicht auf, mich anzulächeln. Ich bin das gewohnt. Frauen stehen auf mich, weil ich kein Durchschnittskerl bin. Schlank, drahtig, gutaussehend, das weiß ich alles. Während sie telefoniert, schaue ich mich im Foyer des Krankenhauses um.

Das wird also jetzt mein neuer Aufenthaltsort für die kommenden drei Jahre, sage ich mir. Gerne wäre ich Feuerwehrmann geworden, da hast du jeden Tag viel Action. Das entspräche eher meinem Naturell. Leider bin ich nicht geeignet, ich habe bereits Höhenangst, wenn ich auf einem Tisch stehe.

Mein Vater ist ebenfalls Krankenpfleger. Er liebt seinen Beruf und geht voll darin auf. Manchmal hilft er nach seiner Schicht noch aus, wenn Not am Mann ist. Das finde ich bewundernswert. Er wiederum bewundert die Ärzte im Krankenhaus, beschreibt sie als helfende Engel. Leider habe ich kein Abitur, also fehlt mir die Möglichkeit zu studieren.

„Jan? Hörst du? Es holt dich gleich jemand ab“, höre ich von der Hübschen. Immer noch strahlt sie mich an. Da geht was, denke ich und folge kurze Zeit später einer drahtigen Pflegerin mit einem Gesicht wie ein Pitbull. Die Kleine am Empfang wäre mir lieber gewesen.

* * *

Ich erinnere mich an meinem ersten Arbeitstag im Hospital. Wir Neuen werden durch die Stationen geführt. Auch auf die Intensiv. Dort treffe ich auf einen Pfleger, der gerade aus einem Behandlungszimmer kommt. Sein Kittel ist mit Blut bespritzt, und er wirkt aufgeregt, während er von seinem dramatischen Einsatz erzählt. Seine Augen leuchten vor Aufregung, als er von der Rettung eines Patienten berichtet, der nur knapp dem Tod entkommen ist. Ich höre gebannt zu, fasziniert von seiner Geschicklichkeit und Entschlossenheit.

In diesem Moment wird mir klar, dass ich auch so ein Hardcore-Pfleger sein will. Ich will derjenige sein, der in schwierigen Situationen Ruhe bewahrt und Leben retten kann. Die Art und Weise, wie dieser Pfleger von seinem Einsatz spricht, weckt in mir einen unstillbaren Hunger nach Abenteuer und Herausforderungen im medizinischen Bereich. Ich kann es kaum erwarten, selbst in solchen Situationen zu sein und meine Fähigkeiten unter Beweis zu stellen.

* * *

Mit mir zusammen fangen einige andere an, meist Frauen. Es beginnt eine wilde Zeit, in der ich viel lerne. Die Medizin ist genau mein Ding, je komplizierter, desto eher kann ich mich dafür begeistern. Das Verständnis medizinischer Begriffe und die Vorgehensweise bei verschiedenen Krankheiten machen mir keine Probleme. Daher bin ich oft als erster am Patienten, wenn sich ein Notfall ankündigt.

Ich bekomme einmal ein Gespräch zwischen zwei erfahrenen Pflegerinnen mit, in der eine mich als 'Heißdüse' beschreibt. Ich war mir nicht sicher, was sie damit meint, bis ich das erste Mal auf eine Feier in der Schwesternschule gegangen bin. Noch an diesem Abend hatte ich Sex. Nicht etwa daheim, sondern auf einem der Tische. Aus dem Nebenraum dringt das Gelächter zu uns herüber.

Ich habe mir die Seele aus dem Leib gefickt. Nach dem Sex hat sich die Kleine den Schlüpfer und die Hose hochgezogen und mir einen Kuss aufgedrückt. „Gar nicht schlecht, war es dein erstes Mal?"

Ja, das war es. Ich vergesse ihre braunen Augen nie. Sie hingegen suchte nur Abwechslung. Wir hatten nie wieder Sex. Dennoch genieße ich bald meinen Erfolg, besonders bei den Frauen. Ein regelrechter Womanizer-Ruf eilt mir voraus, und es scheint, als könnte kein Rock vor meinem Charme sicher sein. Ich selbst bin erstaunt über die Freizügigkeit der Frauen in meiner Umgebung. Es erfordert kaum Anstrengung meinerseits, um meine Abschussliste zu erweitern.

Die Frauen hier sind wirklich erstaunlich. Kaum betrete ich den Raum, spüre ich ihre Blicke auf mir. Es ist, als ob ich einen besonderen Zauber hätte, der sie anzieht. Und sie lassen sich so leicht darauf ein. Keine Ahnung, was sie an mir so faszinierend finden.

* * *

Mein Weg durch die Ausbildung im medizinischen Bereich war geprägt von meiner frühen Leidenschaft für die Wirkung von Medikamenten auf den menschlichen Körper. Schon früh zeichnete sich ab, dass ich eine außergewöhnliche Begabung für die komplexen Zusammenhänge zwischen Medikation und Körperreaktion besaß. Meine Fertigkeiten im Beatmen, Reanimieren und Intubieren entwickelten sich rasch zu einem beachtlichen Niveau.

In der Krankenpflegeschule wurde ich schnell zu einem respektierten Kollegen, der vom Pflegepersonal und den Patienten gleichermaßen geschätzt wurde. Meine Fähigkeiten im Umgang mit Notfallsituationen machten mich zu einer Vertrauensperson für viele. Besonders beeindruckend war meine ruhige Hand und schnelle Reaktion in kritischen Momenten. Ich wurde zu einem Experten im Bereich der Intensivpflege.

Nach meiner Ausbildung blieb ich noch zwei Jahre am St.-Willehad-Hospital in Wilhelmshaven. Hier festigte ich meine Kenntnisse und gewann an Erfahrung. Doch der Wunsch nach neuen Herausforderungen trieb mich weiter. Ich entschied mich, am Klinikum Oldenburg auf der herzchirurgischen Intensivstation zu arbeiten. Die Bewerbung war erfolgreich, und als der ersehnte Brief mit der positiven Zusage eintraf, war die Freude groß.

Gemeinsam mit meinen Eltern und meinen Kumpels wollte ich diesen Meilenstein in meiner Karriere feiern. Die Zukunft schien vielversprechend, und mein Weg führte mich tiefer in die Welt der Herzchirurgie.

KAPITEL DREI

Feier im Haus der Eltern

Das Haus meiner Eltern erstrahlt in warmem Licht, als die Feier beginnt. Der Klang von fröhlichem Gelächter und Musik erfüllt die Räume. Die Gäste haben sich versammelt, um meinen Einstand am Klinikum Oldenburg zu feiern.

In der Küche steht ein Tisch voller Leckereien, und eine Flasche Champagner wird mit einem lauten "Plopp" geöffnet. Meine Eltern begrüßen die Gäste, darunter die Pfleger Carsten Lindemann und Holger Einst sowie die Kolleginnen Cordula Preuß und Ines Zimbardo. Letztere ist gerade erst von ihrer Schicht gekommen und trägt immer noch ihr Krankenhaus-Outfit.

Die Stimmung ist ausgelassen, und ich genieße sichtlich die Aufmerksamkeit. „Prost auf den Neuanfang!“, rufe ich und hebe mein Glas. Die anderen stimmen ein, und die Feier nimmt Fahrt auf.

In einer Ecke der Küche unterhalte ich mich mit Carsten über unsere Arbeit. „Ich freue mich wie Bolle auf meinen neuen Job auf der herzchirurgischen Intensivstation. Ich werde sicher auch dort der Beste sein“, prahle ich und Holger klopft mir anerkennend auf die Schulter.

Carsten nickt anerkennend. „Das ist großartig, Jan! Du hast echt Talent für das, was du tust.“

Ich strahle. „Natürlich! Ich sage schon immer, dass Pfleger oft mehr draufhaben als manche Ärzte. Wir sind schließlich die, die Tag für Tag direkt an der Front sind.“

Mein Vater, der bislang schweigend zugehört hat, zieht leicht die Augenbrauen hoch. „Jan, sei nicht übermütig. Die Ärzte haben ihre Aufgaben, und du hast deine. Gegenseitiger Respekt ist wichtig.“

Ich winke ab. „Ach, Vater, du verstehst das nicht. Ich kann Dinge, die so mancher Arzt nicht hinbekommt. Reanimation, Intubation – das beherrsche ich im Schlaf.“

Ines, die bisher ruhig zugehört hat, schmunzelt. „Das mag ja sein, Jan, aber lass uns nicht vergessen, dass auch die Zusammenarbeit wichtig ist. Ärzte und Pfleger arbeiten als Team, um den bestmöglichen Patientenservice zu gewährleisten.“

Die Diskussion wird kurz unterbrochen, als Cordula Preuß mit einem Tablett voller Canapés hereinkommt. „Lasst uns feiern und nicht streiten! Jan, du hast es verdient, dass wir auf dich anstoßen.“

Die Stimmung wird wieder leichter, aber mein Vater beobachtet mich nachdenklich, das bemerke ich sehr wohl. Ein leichtes Stirnrunzeln verrät seine Besorgnis, während die Feier in unserem Haus weitergeht.

KAPITEL VIER

Klinikum Oldenburg, 1999

Die Flurlichter flackern, als ich aus dem Zimmer trete, den Blick auf den Monitor gerichtet. Ein stetiger Herzschlag pulsiert darauf. Ich kann es kaum fassen. Das ist meine allererste gelungene Reanimation. Ein Adrenalinkick durchströmt meinen Körper, und ein breites Grinsen breitet sich auf meinem Gesicht aus. Die Kollegen auf dem Flur, die von der Rettungstat erfahren haben, applaudieren mir und klatschen ab. Der Applaus ist wie Musik in meinen Ohren.

Ich spüre, wie sich ein Hochgefühl in mir breitmacht. Dieser Moment ist der Grund, warum ich Krankenpfleger geworden bin. Dieses Gefühl will ich immer wieder erleben. Mein Verstand rattert bereits, wie ich mehr solcher Momente schaffen kann. Wie kann ich öfter im Rampenlicht stehen, von den Kollegen gefeiert werden? Ein Plan keimt in meinem Kopf. Reanimationen sind meine Bühne, und ich werde sie perfekt inszenieren.

Mit diesem Entschluss im Herzen mache ich mich bereit für die nächsten Herausforderungen, denn ich weiß, dass ich dieses Gefühl von Erfolg und Anerkennung immer wieder erleben will. Und ich werde alles dafür tun.

* * *

In den letzten Wochen fahre ich fast nur noch Nachtschichten. Das ist zwar kräftezehrend, aber ich kann hier mehr meiner neuen Lust frönen. Wir sind mal wieder chronisch unterbesetzt, daher kann ich einen Testballon starten.

Der Flur ist ruhig, die Monitore in den Zimmern zeichnen die vitalen Anzeichen der Patienten auf. Ein leises Lächeln huscht über mein Gesicht, als ich die perfekte Gelegenheit erkenne. Es ist Zeit für meine Inszenierung, um meinen eigenen Mythos zu schaffen.

Ein Blick auf den ersten Monitor verrät mir, welcher Patient heute mein "Held" sein wird. Meine medizinischen Kenntnisse reichen aus, um zu erkennen, welches Medikament ich verabreichen kann – gerade genug, um einen kritischen Zustand zu provozieren, den ich im Anschluss beeindruckend umkehren kann.

Ich benutze Kalium, Kalium ist bei einer Obduktion nur schwer nachzuweisen. Mein Opfer liegt ahnungslos vor mir, der Mann wurde erst vor ein paar Stunden operiert. Schnell spritze ich ihm das Mittel, verschwinde sofort aus dem Raum. Dann beginnt das Spiel. Der Monitor schlägt Alarm, und das Rettungsteam eilt herbei. Natürlich mit mir an der Spitze.

Kollegen, die zuvor nichts mit mir zu tun haben wollten, sind nun voller Bewunderung. Ich handle schnell, sicher, als wäre ich der Retter in der Not. Die Inszenierung ist perfekt – der Patient erwacht wieder zum Leben, als wäre nichts gewesen.

Das Flurfunk berichtet von meinen erfolgreichen

Reanimationen, das verbreitet sich wie ein Lauffeuer in der Klinik, nicht nur auf Station 211. Kollegen wollen mit mir arbeiten, von mir lernen. Mein Name wird mit Ehrfurcht ausgesprochen, und bald habe ich einen fast legendären Status erreicht. Jede Manipulation, jeder gerettete Patient trägt dazu bei, meinen Mythos zu festigen.

Die Flure hallen wider von meinem Namen, und das Licht des Ruhms begleitet mich, wohin ich auch gehe. Ich habe mir meinen Platz im Mittelpunkt erkämpft, und ich werde dafür sorgen, dass er nicht so leicht wieder verblasst.

* * *

Die Begeisterung, die ich bei meinen Kollegen und auf der Station auslöse, ist berauschend. Doch wie bei jedem Rausch verblasst auch diese Euphorie mit der Zeit. Die immer häufigeren Manipulationen, die ich vornehme, um die Patienten danach spektakulär zu retten, beginnen zur Routine zu werden. Der Adrenalinkick, den ich anfangs spürte, verblasst, und ich sehne mich nach einem neuen, intensiveren Rausch.

Meine Handlungen werden gewagter, die Manipulationen ausgefeilter. Ich ertappe mich dabei, wie ich nach noch riskanteren Situationen suche, nach einem Kick, der mich wieder spüren lässt. Der Ruhm allein reicht mir nicht mehr; ich will mehr, ich muss mehr. Die Geister, die ich rief, wollen nicht mehr gehen.

Die Kontrolle über mein Verlangen droht mir zu entgleiten. Immer öfter manipuliere ich Patienten, suche nach dem Nervenkitzel, der mich wieder lebendig fühlen lässt. Doch ich bin mir bewusst, dass ich vorsichtig sein muss. Die Grenze zwischen Heldentum und kriminellen Handlungen wird immer verschwommener.

Meine Kollegen bewundern mich weiterhin, aber ich spüre den Druck, mich zu steigern, noch spektakulärere Rettungsaktionen durchzuführen. Die Sucht nach Anerkennung und dem Adrenalinkick treibt mich an, doch ich weiß, dass ich aufpassen muss. Der schmale Grat, auf dem ich wandere, könnte mich schneller hinabstürzen, als ich es für möglich halte.

Der Ruhm hat seinen Preis, und ich beginne zu begreifen, dass ich sorgfältig abwägen muss, wie viel ich bereit bin zu opfern, um diesen Glanz aufrechterhalten zu können.

* * *

„Du, ihr sucht doch nach Leuten für den Rettungsdienst? Oder habt ihr die Stellen schon besetzt?"

Mein Freund Carsten Lindemann schaut mich verdutzt an. „Dein Ernst? Reicht dir der Dienst auf Station nicht aus?"

Ich lächele ihn an. „Kennst mich doch, ich brauche etwas Action."

„Habt ihr nicht genug Action? Wenn ich an die Wellen denke, die der Hygieneskandal in dem Medien ausgelöst hat. Davon muss sich die Klinik erst einmal erholen", gibt er stirnrunzelnd zurück. Der von ihm angesprochene Skandal hat tatsächlich bundesweit für Aufsehen gesorgt. Ein 38-jähriger Mann und eine 59-jährige Frau sind gestorben, nachdem ihnen ein verunreinigtes Kontrastmittel gespritzt wurde. Die Klinik befindet sich im Krisenmodus. Aber mich tangiert das nicht.

„Ist doch eine andere Station. Bei uns passieren keine Fehler", erwidere ich.

„Ihr habt eine erhöhte Sterberate, wie man munkelt?", sagt Carsten und schaut mich an. Tatsächlich ist das so korrekt. Seitdem ich auf der herzchirurgischen Station tätig bin, steigen dort die Reanimationen und die Sterbefälle. „Wem sagt du das! Hätten alle so eine Rückholrate wie ich, dann kämen wir weit besser davon. Du redest immerhin mit 'Mister Reanimation', vergiss das nicht“, werfe ich ihm entgegen.

„Ich kenne deinen Ruf, Jan. Du bist eine Legende, da kann ich mit meinen Job auf dem Sani-Bus nicht gegen anstinken.“

Das Lob des alten Freundes geht mir runter wie Öl. Mit siebzehn habe ich parallel zur Ausbildung im St-Willehad Fortbildungen beim ASB, dem Arbeiter-Samariter-Bund absolviert und durfte vor meinem 18. Geburtstag schon als dritte Kraft auf einem Rettungswagen mitfahren. Auch das nötigt dem Freund Respekt ab.

„Ich werde dir Bescheid geben, wenn ich mit meinem Vorgesetzten gesprochen habe“, verspricht mir Carsten und verabschiedet sich.

Bis zu meiner Schicht habe ich noch zwei Stunden Zeit.

Nach unserem Treffen bleibe ich allein zurück. Der Gedanke, dass etwas Unvorhergesehenes passieren könnte, schwirrt in meinem Kopf herum. Ich beschließe, vor meinem Dienst noch eine Runde durch den nahegelegenen Park neben dem Reha-Zentrum zu drehen, um klarzukommen.

Während ich durch die ruhigen Wege schlendere, versuche ich, Carstens Worte zu verarbeiten. Verdächtigt man mich? Und wenn ja, von wem hat er das? Hat er mit jemandem gesprochen? Das Gefühl der Unsicherheit begleitet mich.

Ich erreiche schließlich das Klinikum Oldenburg, meine Arbeitsstätte. Das Gebäude wirkt in der Dunkelheit majestätisch, aber auch bedrohlich. Ein mulmiges

Gefühl breitet sich in mir aus. Ich frage mich, ob ich für einige Zeit die Füße stillhalten muss.

Die Nacht verspricht, ereignisreich zu werden. Ich weiß von einigen schwierigen Operationen, die über den Tag verteilt, anstanden. Bevor ich meinen Dienst beginne, werfe ich einen letzten Blick auf mein Handy, halb erwartend, dass eine Nachricht oder ein Anruf meine Befürchtungen bestätigt. Die Unsicherheit bleibt, als ich das Klinikum betrete und mich auf eine Nacht vorbereite, die mehr in sich bergen könnte, als ich mir vorstellen kann. Ich streife mir die helle Kluft über, die sonst nur die Ärzte tragen. Grün ist für Amateure, ich trage immer weiß. Niemand verwehrt mir diese kleine Eigenart. Vergnügt betrete ich die Station.

„Hallo Jan, wir sind heute Nacht nur zu dritt. Ilona hat sich urplötzlich krankgemeldet und die Christa ist in der Tagschicht für den Ulli eingesprungen ... also sind nur du, die Lisa und ich auf Station", sagt Anja Brinkmann, schaut sich unsicher um und kommt auf mich zu. „Dazu der junge ahnungslose Assistenzarzt", flüstert sie mit einem Augenrollen.

Sie meint damit den jungen Ägypter Dr. Jabbour, der seit ein paar Wochen in der Tagschicht sein AiP absolviert. Nett, gut aussehend, aber untalentiert. Das ist die landläufige Meinung über den jungen Kerl, der kaum älter ist als ich. Nun hat er seine erste Nachtschicht – alleinverantwortlich.

„Das werden wir schon rocken", antworte ich und lege Anja beruhigend die Hand auf die Schulter. „Dein Wort in Gottes Ohr", zischt sie leise, als Jabbour mit einigen Krankenakten in der Hand auftaucht. Der Arzt baut sich vor uns am Eingang zum Schwesternzimmer auf. Auch Lisa gesellt sich zu uns.

„Hallo, Herr Becker. Lassen Sie sich bitte von der

Kollegin die Berichte des Tages zeigen“, säuselt Jabbour und ist schon wieder auf dem Sprung. Er wirkt engagiert, aber ich bemerke einen unsicheren Ausdruck in seinem Gesicht. Den lasse ich jetzt nicht so schnell vom Haken. Er legt die Akten auf den hohen Tresen und beginnt zu lesen.

Die herzchirurgische Intensivstation pulsiert vor elektronischer Aktivität. Überall summen Monitore, und das grelle Licht der Neonröhren erhellt den Raum. Ich drehe langsam den Zeigefinger neben meinem linken Ohr und zwinkere Lisa und Anja zu. Dr. Jabbour ist bereits in die neuesten Fallakten vertieft. Lisa Petersen, die junge Krankenpflegerin, verfolgt aufmerksam die Szenerie.

Ich grinse herausfordernd, als ich mich neben Dr. Jabbour stelle. Ohne ein Wort zu verlieren, hebe ich eine der Akten hoch und werfe einen prüfenden Blick darauf.

Dr. Jabbour schaut überrascht auf, und ein kurzer Blickwechsel zwischen uns lässt die Anspannung in der Luft spürbar werden.

Ich durchblättere die Akte und setze zu einem leidenschaftlichen Monolog über die Herausforderungen der Herzchirurgie an. Dr. Jabbour versucht, sich zu behaupten, aber seine Unsicherheit ist nicht zu übersehen.

„Dr. Jabbour, jede Station hat ihre eigenen Abläufe. Haben Sie sich schon in die Geheimnisse unserer Intensivstation vertieft?“

„Ja, ich versuche, so viel wie möglich zu lernen.“

„Gut, gut. Aber Sie wissen doch, dass Erfahrung manchmal genauso wichtig ist wie das, was man in Büchern findet.“

„Ja, natürlich, aber theoretisches Wissen ist auch entscheidend.“

„Aber manchmal können Erfahrung und Instinkt Dinge erkennen, die in Büchern nicht stehen.“

Jabbour blickt zweifelnd von Lisa zu Anja und lächelt dünn. Anja nickt bestätigend. „Das ist wahr, seine Erfahrung hier ist wirklich beeindruckend."

„Und ihre Kollegin Lisa hier weiß das zu schätzen. Oder?"

„Ich respektiere Jans Erfahrung, Herr Doktor Jabbour."

„Respekt ist wichtig", sagt er und funkelt mich an.

„Natürlich, Doktor. Aber vergessen Sie nicht, dass wir hier alle ein Team sind. Manchmal ist es gut zu wissen, wer wirklich den Überblick hat."

Währenddessen wirft Lisa Petersen immer wieder beeindruckte Blicke auf mich. Sie bewundert meine Erfahrung und Selbstsicherheit, die den Raum zu dominieren scheinen.

Plötzlich wird die Routine durchbrochen, als ein Notruf durch den Flur schallt. Das kommt ja wie gerufen, denke ich und lasse Jabbour einfach stehen.

Ich bleibe ruhig und konzentriert, während ich mich auf den Weg zu unserem Notfallpatienten mache. Lisa schiebt eilig den Wagen mit dem Defibrillator, ihre Wangen röten sich vor Anspannung. „Das ist Zimmer 7 – die erste OP am Mittag – Christa hat schon Komplikationen vorhergesagt – die Patientin heißt Alma Heger, Anfang sechzig", berichtet Anja im Laufschritt.

Dr. Jabbour bleibt zurück, mit einem nachdenklichen Ausdruck im Gesicht. Ja, er wirkt fast eingeschüchtert. Ziel erreicht, denke ich.

In der Eile des Moments werde ich von der Intensität der Situation mitgerissen. Lisa. Trotz Stress starre ich zu ihr herüber. Was für ein Wonneproppen. Sie bewundert nicht nur meine Erfahrung, sondern auch meine Fähigkeit, in kritischen Momenten einen klaren Kopf zu bewahren. Ich stehe auf ihre Titten.

Alma Heger kollabiert. Der Raum füllt sich mit geschäftigem Treiben, als das medizinische Team sich dem Notfall zuwendet. Ich bin mittendrin, während Dr. Jabbour versucht, seine Unsicherheit zu überwinden. Lisa Petersen bleibt zurück, von der Dynamik des Moments beeindruckt, und schaut Anja, Jabbour und mir zu. Wir schaffen es, Alma Heger zurückzuholen.

So liebe ich das: Action auf der herzchirurgischen Intensivstation. Lisa deckt die Patientin zu und seufzt erleichtert. Ich hebe die rechte Hand. Anja kennt das Ritual. Jedes Mal, wenn mir eine Reanimation gelungen ist, klatsche ich mit dem Kollegen und Kolleginnen ab. Nicht mit den Ärzten. Gerne mit den Kolleginnen. Am liebsten mit ihnen. Und heute intensiv mit Lisa. Ihre Gesichtsröte wird noch intensiver, als ich sie ansehe. Ein Lächeln huscht über mein Gesicht.

Dich werde ich auch bald vernaschen.

KAPITEL FÜNF

In der Nacht noch hat man sie angerufen. Das Krankenhaus informierte sie darüber, dass man ihre Mutter hatte reanimieren müssen. Sie solle sich aber keine Sorgen machen, es ginge ihr den Umständen entsprechend gut. Welche Umstände? Ihre Mutter war selber lange Krankenschwester gewesen und kannte sich aus im Pflegedienst. Ihr konnte man als Tochter einer Krankenschwester nichts vormachen. Das klang nicht gut. Und es war nicht das, was man hören wollte, wenn man mitten in der Nacht aus dem Schlaf geklingelt wurde. Ewelyn Heger hatte Angst. Ihre Mutter hatte unbedingt ins Klinikum im Ortsteil Kreyenbrück eingeliefert werden wollen. Lange Jahre hatte sie am örtlichen Pius Hospital ihren Dienst abgeleistet, dort wollte sie auf keinen Fall operiert werden.

„Nicht bei den alten Kolleginnen und Kollegen“, hatte sie gesagt. Ewelyn hatte sich weichklopfen lassen, dabei hatte sie wegen des Hygiene-Skandals ein schlechtes Gefühl gehabt.

„Schatz, ich liege nicht bei denen, sondern auf der Herzchirurgie, dort bin ich sicher.“

Die Operation war gut verlaufen, das hatte ihr der Chirurg bestätigt. Doch nun klopfte Ewelyns Herz in ihrer Brust. „Welche Komplikationen denn?", hatte sie gefragt.

„Wir konnten ihre Mutter reanimieren. Meine Kollegen haben gute Arbeit geleistet", hatte ihr der Mann am Telefon mit ausländischem Akzent versichert. Der verantwortliche Arzt der Nachtschicht sei er, antwortete er auf ihre Nachfrage. Die restliche Nacht lag Ewelyn Heger wach.

* * *

Am Morgen kommen die Kollegen zur Ablösung. „Der Jan hat heute Nacht eine Patientin gerettet", erzählt Lisa jedem der neu Ankommenden.

„Das ist bei Jan doch keine erwähnenswerte Leistung mehr", entgegnet ihr mein Kollege Timo Müller. Der ist frisch aus dem Urlaub zurück und hat seine erste Schicht nach zwei Wochen. „Du musst die Neue sein, von der uns die Pflegedienstleitung informiert hat."

„Ja, die bin ich", antwortet Lisa leicht pikiert. „Aber wieso ist das keine erwähnenswerte Leistung mehr? Erklärst du mir das bitte?"

Timo blickt sich um, bevor er spricht. „Jan ist unser Rettungs-Rambo. Was das heißt, wirst du noch selber sehen. Vor dem ist kein Trachealtubus sicher."

Lisa wirkt betroffen, doch sie antwortet nicht, sie fragt auch nicht nach. „Ich wünsche dir eine ruhige Schicht, Timo. Wir sehen uns heute Abend."

Timo nickt und begibt sich darauf ins Stationszimmer.

Dass ich das Gespräch zwischen ihm und Lisa mitangehört habe, bekommt keiner von beiden mit.

* * *

Ewelyn Heger kommt schon vor neun Uhr in der Oldenburger Klinik an. Sie will sich an Ort und Stelle vom guten Zustand ihrer Mutter Alma vergewissern. Die Krankenhausluft hängt schwer in den Fluren der Station, als Ewelyn Heger eilig das Arztzimmer erreicht. Dr. Markus Vogt, der zuständige Arzt, hat gerade erst seine Schicht begonnen. Sie klopft an und sieht einen anderen Arzt vor sich, nicht den, mit dem sie am Vortag gesprochen hat.

„Dr. Vogt, ich bin Ewelyn Heger, Alma Hegers Tochter. Wie geht es meiner Mutter?“

Der Arzt drückt ihr fest die Hand. „Guten Morgen, Frau Heger. Ich verstehe, dass Sie besorgt sind. Ihre Mutter wurde in der Nacht reanimiert, und es war keine einfache Situation.“

Die Tochter muss ihren Kloß im Hals erst bekämpfen, bevor sie spricht. „Was ist passiert? Warum musste sie reanimiert werden?“

„Ihre Mutter hat einen schweren Herzstillstand erlitten. Wir haben sofort reagiert und sie erfolgreich wiederbelebt. Es war knapp, aber sie ist jetzt stabil.“

„Aber wird sie wieder ganz gesund?“

„Es ist zu früh, um das genau zu sagen. Wir sind am ersten postoperativen Tag, werden weitere Untersuchungen durchführen müssen, um die Ursache des Herzstillstands zu verstehen. Aber sie bekommt die beste Pflege, die wir bieten können.“

„Ich habe solche Angst um sie. Was, wenn das wieder passiert?

„Wir werden alles tun, um das zu verhindern. Ihre Mutter wird jetzt eng überwacht, und wir werden die besten Maßnahmen ergreifen, um sicherzustellen, dass sie die beste Versorgung erhält.“

„Danke, Herr Dr. Vogt. Ich vertraue darauf, dass Sie sich gut um meine Mutter kümmern.“

„Das ist mein Job, Frau Heger. Machen Sie sich jetzt keine Sorgen. Ihre Mutter wird sich erholen."

Ewelyn verlässt das Büro von Dr. Vogt mit gemischten Gefühlen. Ihr Herz ist erleichtert, dass ihre Mutter stabil ist, aber die Ungewissheit über die Zukunft liegt schwer auf ihrer Seele. Aber das will sie auf keinen Fall ihrer Mutter zeigen, also übt sie vor der Tür ein frohes Lächeln. Ganz leise öffnet sie das Krankenzimmer mit der Nummer 7.

„Ewelyn, Liebes, du bist hier", flüstert ihre Mutter mit brüchiger Stimme. Sie hebt ihre Hand.

„Mama, was ist passiert? Warum das alles?"

„Es tut mir leid, dass du dir Sorgen machst. Die Ärzte tun alles, um mir zu helfen."

In der folgenden Stille hört man nur das leise Summen der medizinischen Geräte.

„Ich kann das nicht gut ertragen, Mama. Was, wenn das wieder passiert?"

„Ewelyn, meine Kleine, du musst stark sein. Die Ärzte werden mir helfen. Du musst dich nicht so sehr sorgen."

„Ich will nur, dass du wieder gesund wirst, Mama."

„Das werde ich, Liebes. Du musst an die Ärzte glauben."

Die beiden Frauen halten sich an den Händen. Genau das fällt Ewelyn im Moment so schwer. Sie drückt die Hand ihrer Mutter. „Wärst du nicht doch besser ins Pius gegangen?"

Alma seufzt, will sich aufrichten und verzieht daraufhin schmerzhaft ihr Gesicht. Langsam sinkt sie zurück ins Kissen. „Bitte, fang nicht wieder damit an. Ich bin jetzt hier und man hat mich heute Nacht gerettet. Wer weiß, ob das im Pius auch so geklappt hätte. Die haben gutes Personal hier."

„Schon gut, Mama. Ich will dich nicht aufregen. Aber

du musst mir versprechen, so schnell wie möglich in die Reha zu gehen, ja?“

Fordernd drückt sie die Hand der Mutter, Alma lächelt milde. „Ja, das verspreche ich. Du weißt ja, ich sehe Krankenhäuser lieber von außen als von innen.“

Eine Viertelstunde später ist Ewelyn Heger wieder auf dem Weg nach Hause. Dort wird sie sofort mit der Krankenkasse telefonieren. Ihre Mutter brauchte die beste Pflege und die beste Reha-Maßnahmen. Und die sollte sie auch erhalten.

* * *

Die schwere Holztür zum Besprechungszimmer schließt sich gedämpft, als Prof. Dr. Christian Berger und Dr. Thomas Meier kurz darauf in einem ernsten Gespräch über den Klinikskandal versinken. Die drückende Atmosphäre des Raumes spiegelt die Schwere der Situation wider.

Berger, der Ärztliche Direktor, nimmt Platz und setzt seine Lesebrille auf, um die neuesten Schriftstücke und Zeitungsmeldungen zu überfliegen. Meier, der Geschäftsführer, wirft einen flüchtigen Blick aus dem Fenster, als könnte er dort eine Antwort auf die Probleme der Klinik finden.

„Diese Angehörigen lassen nicht locker, Thomas. Die Presse stürzt sich darauf, und die Anwälte drängen auf eine schnelle Einigung.“

Meier seufzt und nimmt gegenüber von Berger Platz. „Christian, wir können nicht zulassen, dass diese Geschichte weiter eskaliert. Ein weiterer Skandal könnte verheerend sein.“

Berger nickt zustimmend. „Das wissen wir beide. Die Frage ist, wie wir damit umgehen. Die Angehörigen fordern lückenlose Aufklärung und Schadensersatz. Unsere Anwälte zeigen zwar Bereitschaft, aber nur nach außen. Intern versuchen sie, das Ganze auszusitzen, bis sich die Wogen geglättet haben."

Meier reibt sich nachdenklich die Stirn. „Geld soll wenn möglich nicht fließen. Das schwächt unsere Position. Aber wir können nicht zulassen, dass der Ruf der Klinik weiter leidet."

Berger hebt seinen Blick von den Papieren. „Ein weiterer Skandal könnte uns das Genick brechen. Wir müssen die Anwälte weiterhin steuern, aber gleichzeitig müssen wir intern aufräumen. Wir dürfen keine weiteren Nachlässigkeiten zulassen."

Meier nickt zustimmend. „Risikomanagement ist jetzt unser oberstes Gebot. Wir müssen sicherstellen, dass so etwas nicht wieder passiert. Die Klinik muss sich erholen können."

Berger legt die Papiere beiseite. „Einverstanden. Wir spielen nach außen die Einigungsbereitschaft, aber intern gehen wir hart gegen mögliche Missstände vor. Wir dürfen nicht zulassen, dass dieser Skandal unseren guten Namen nachhaltig beschädigt."

Die beiden Männer sind sich einig, dass die Schadensbegrenzung oberste Priorität hat. Die Last des Skandals liegt schwer auf ihren Schultern, und sie wissen, dass die nächsten Schritte entscheidend für die Zukunft der Klinik sind.

Nach einer angespannten Stille in dem Besprechungszimmer senkt Prof. Dr. Christian Berger seinen Blick und sagt mit bedachter Stimme: „Thomas, um die Wogen zu glätten, müssen wir ein oder zwei Bauernopfer bringen. Wir müssen zeigen, dass wir handeln und Verantwortung übernehmen."

Dr. Thomas Meier nickt nachdenklich. „Ja, Christian,

das wird wohl unvermeidlich sein. Wir müssen einen Sündenbock präsentieren, um von der Klinik als Ganzes abzulenken."

Berger blättert durch die Akten und hebt den Kopf. „Ich schlage vor, dass wir einige Leute aus der Abteilung entlassen. Diejenigen, die an vorderster Front standen, als der Skandal ans Licht kam. Das wird ein Zeichen setzen, dass wir entschlossen handeln."

Meier nickt erneut. „Das ist vielleicht die einzige Möglichkeit. Aber wir müssen sicherstellen, dass die Öffentlichkeit das als individuelles Fehlverhalten wahrnimmt und nicht als systematisches Versagen der gesamten Klinik."

Berger stimmt zu. „Richtig. Wir müssen die Schuld auf Einzelpersonen abschieben und gleichzeitig die Strukturen intern überprüfen. Ein externes Expertengutachten könnte uns dabei unterstützen, Glaubwürdigkeit zurückzugewinnen."

Meier überlegt einen Moment. „Wir sollten uns beeilen, bevor die Presse weitere Nachforschungen anstellt. Das wird nicht leicht, aber es muss getan werden."

Berger nickt entschlossen. „Ich werde die notwendigen Schritte einleiten und mit den Anwälten sprechen. Wir müssen schnell handeln, um den Schaden zu begrenzen und das Vertrauen wiederherzustellen."

Die Entscheidung, Bauernopfer zu bringen, mag moralisch fragwürdig sein, aber für Berger und Meier steht die Reputation der Klinik im Vordergrund. Der schmerzhafte Prozess der Verantwortlichkeitsklärung beginnt, und die Zukunft der Klinik hängt davon ab, wie geschickt sie die Fäden in der Hand halten. Einen weiteren Skandal kann sich die Klinik nicht leisten.

* * *

Die Nachtschicht im Klinikum Oldenburg zieht sich wie Kaugummi. Der Flur ist still, nur das gedämpfte Summen der medizinischen Geräte ist zu hören. Ich treibe mich gerade am Arzneischrank herum, will ein paar Spritzen mit Gilurytmal aufziehen. Wer weiß, wenn es mir zu langweilig wird, sorge ich für ein bisschen Action. Lisa Petersen, die junge Krankenpflegerin, kommt auf mich zu, ihr Blick ist neugierig, vielleicht sogar bewundernd. Oder bilde ich mir das nur ein? Schnell lasse ich die Spritzen in meine Kitteltasche gleiten.

„Lange Nacht, Jan", sagt sie und faltet routiniert frische Bettlaken zusammen.

„Ja, das ist es immer." Ich lächle sie an, versuche die Erschöpfung in meinen Augen zu verbergen. Aber Lisa durchschaut das, ich spüre es. Es gibt etwas in ihrem Blick, das tiefer geht als nur professionelle Höflichkeit.

„Wie schaffst du das bloß? Die Reanimation gestern war beeindruckend. Hast du das schon oft gemacht?"

Sofort denke ich an Timos Worte und bleibe vorsichtig. Ich nicke und lehne mich gegen die Wand. „In meinem Job kommt man nicht daran vorbei. Du musst die Basics draufhaben, sonst überlebt keiner."

Sie nickt, aber ihr Blick bleibt auf mir haften. „Aber das war mehr als die Basics. Ich meine, du hast es geschafft, die Frau zurückzuholen. Das ist... unglaublich."

Gleich fragt sie nach dem Rettungs-Rambo, denke ich, hebe eine Augenbraue. „Du liest mir von den Lippen, Lisa. Was siehst du?"

Ein Hauch von Röte überzieht ihre Wangen, aber sie schaut nicht weg. „Du bist nicht nur gut in Reanimation. Du kannst Intubation und Beatmung perfekt durchführen. Ich habe dich beobachtet. Das ist nicht nur Routine, das ist Können. Wo hast du das gelernt?"

Ein Grinsen huscht über mein Gesicht. „Langjährige Erfahrung. Und eine gute Ausbildung natürlich."

Sie beißt sich auf die Lippe, als würde sie überlegen, ob sie mir noch mehr entlocken kann. Dann, mit einem Hauch von Schüchternheit: „Könntest du mir vielleicht ein paar Tricks beibringen? Ich meine, ich will besser werden, verstehst du?"

Ich kann nicht umhin, bei diesem Angebot zu lächeln. „Vielleicht. Nach der Schicht? Auf einen Kaffee?"

Sie stimmt zu, und in diesem Moment spüre ich, dass unsere Nachtschicht vielleicht nicht mehr so langweilig wird.

KAPITEL SECHS

Die Station liegt im gedämpften Licht der Nachtschicht, und ein Hauch von Desinfektionsmittel hängt in der Luft. Ich betrete den Raum mit einem müden Seufzer. Die vorherige Schicht hat an meinen Kräften gezehrt, und das Fehlen von aufregenden Herausforderungen nagt an meinem Ego.

Lisa Petersen, die junge Krankenpflegerin, bemerkt meine Erschöpfung, aber selbst ihr Lächeln kann meine Stimmung nicht heben. Ein dumpfes Verlangen nach Adrenalin nagt an mir, und als ich die Spritzen in meinem Spind erblicke, wird mir klar, dass ich den Kick suche, den nur die Aktion mir bieten kann.

Mein Ego, das stets nach Bestätigung und Herausforderung giert, ruft nach dem aufregenden Moment, in dem ich alles geben muss, um ein Leben zu retten. Der Gedanke daran, in die düsteren Tiefen der medizinischen Dringlichkeit einzutauchen, belebt meine Sinne. Ein Mensch in Gefahr, mein Wissen und meine Fähigkeiten auf die Probe gestellt – das ist der Kick, den ich brauche.

Ich weiß, dass es falsch ist, diesen Drang zu haben. Der

Wunsch nach der Intensität einer Reanimation, die pulsierende Energie, die durch den Raum fließt, wenn Leben am seidenen Faden hängt – es sind Ambitionen, die an der Grenze der Ethik stehen. Doch mein Ego triumphiert über moralische Bedenken.

Die Spritzen in meinem Spind sind wie kleine Versuchungen, die mich an die Spitze meiner Fähigkeiten treiben sollen. Ein schwacher Trost für die Langeweile, die mich quält. Ich weiß, dass ich vorsichtig sein muss, dass ich nicht in den gefährlichen Sog gerate, Menschenleben zu manipulieren, um meinen eigenen Nervenkitzel zu finden.

Dennoch sehne ich mich nach diesem Rausch, der mich wieder lebendig fühlen lässt. In der Dunkelheit der Nacht suche ich nach einem Ausweg aus der Monotonie, bereit, den Preis zu zahlen, auch wenn es bedeutet, mich selbst in die Tiefen meiner eigenen Ambitionen zu stürzen.

Ich lege mich ein bisschen auf eine der freien Liegen im Flur, aber ich schlafe nicht. Das mache ich oft so. Wenn die Notfallklingel ertönt, bin ich sofort da. Doch die Klingel bleibt ruhig. Lisa und Anja scherzen zusammen mit Dr. Jabbour im Arztzimmer. Mit einem Ruck bin ich von der Liege. Die Hand fährt in die Kitteltasche, fühlt die Spritzen. Ich mache einen schnellen Rundgang, zwei Patienten, die heute operiert wurden, sind meine heißesten Kandidaten. Sie dürfen heute mein Können erleben. Ich höre Lisas Lachen, als ich der Frau in Zimmer 5 die Spritze injiziere. Ich kenne nicht einmal ihren Namen. Als ich mich wieder auf die Liege lege und so tue, als würde ich mein Nickerchen halten, zähle ich bis sieben.

Dann schrillt der Alarm.

Lisa schießt als erste aus dem Arztzimmer, gefolgt von Anja und dem Doktor.

„Endlich ist hier was los", murmele ich und recke die Arme nach oben. Ich gähne laut und fange mir einen fragenden Blick von Doktor Jabbour ein.

„Wie können Sie denn jetzt nur schlafen?"

„Immer ruhig, Sie haben auch nicht neben den Patienten Wache gehalten", rüffele ich den Arzt an. „Und ich trete gerne ins zweite Glied zurück, wenn Sie sich beweisen wollen, Herr Doktor Jabbour."

Ich hebe die Hände über den Kopf, verschränke sie im Nacken und lasse ihm den Vortritt. „Wie Sie wollen!"

„Nun machen Sie schon, wir verlieren wertvolle Zeit..." Er klingt fast reumütig. Ich atme einmal tief ein, renne los und bin schon am Bett der Patientin, bevor er auch nur zweimal geblinzelt hat.

Die Alarmglocken schrillen durch die Station. Ein Blick auf das Monitor-Display verrät mir, dass es ernst ist. Herzstillstand. Wie erwartet wirkt das Gilurytmal. Sofort setzt meine Routine ein, die Handgriffe werden zur Reflexbewegung.

Meine Augen eilen durch das Zimmer, das von einem Geflecht blinkender Monitore erleuchtet ist. Lisa und Anja haben alles vorbereitet. Die Patientin liegt reglos, der Herzmonitor zeigt einen flachen Strich. Kein Puls. Kein Lebenszeichen. Eine Hand auf den Sternum, die andere auf den Beatmungsbeutel. Druck. Beatmung. Wieder Druck. Der Rhythmus ist entscheidend.

Meine Finger tasten sich zu ihrem Brustbein, ich spüre die Resonanz auf meine Kompressionen. Herzmassage im Takt, während der Beatmungszyklus weitergeht. Der Sauerstoff, den ich in ihre Lungen drücke, ist ihr einziger Lebensfaden in diesem Moment.

Ich rufe nach dem Defibrillator. Die Elektroden kleben auf ihrer Brust.

„Alle zurücktreten!"

Der Schock durchzuckt sie, ein kurzer Krampf, und dann – wieder Stille. Der Monitor zeigt weiterhin keinen Rhythmus an.

Ich gehe zurück zur Herzmassage, mit dem festen Willen, das Blut wieder in Bewegung zu bringen. Eine erneute Schockdosis wird vorbereitet. Ich analysiere die Situation, während meine Hände nicht nachlassen. „Was ist die Ursache des Herzstillstands? Die Diagnose muss schnell erfolgen", höre ich Jabbour murmeln.

Das wirst du nie herausfinden, denke ich.

Die Zeit scheint stillzustehen, aber mein Training, meine Erfahrung, mein instinktives Wissen über den menschlichen Körper – all das kommt mir zugute. Ein weiterer Schock, ein intensiver Blick auf den Monitor. Plötzlich ein Zucken, ein zaghafter Anstieg auf dem Bildschirm.

Ein Puls. Schwach, aber spürbar. Der Kreislauf beginnt, wieder zu pulsieren. Die Gefahr schwindet, das Leben kehrt zurück. Die Sirenen in meinem Kopf verstummen, die Monitore zeigen wieder vitale Zeichen.

„Du hast es geschafft, Jan!", jubelt Anja und hält mir die Hand hin. Ich schlage ein. Lisa hebt ihre ebenfalls. Ich schlage zu. Ihre Augen strahlen. Die von Jabbour nicht. In seinen ist etwas anderes zu sehen. Neid. Missgunst. Dennoch tritt er kurze Zeit später neben mich. „Das war gute Arbeit, Herr Becker."

Ich grinse ihn an. „Ich weiß, Herr Doktor. Hätten Sie das auch geschafft?"

Der Arzt schaut mich an und geht dann schweigend in sein Arztzimmer. Die Rettung ist gelungen, der Moment der Wiederbelebung, ein komplexes Zusammenspiel von medizinischem Fachwissen, geschulten Händen und einem unbändigen Willen, das Leben zu bewahren. Ein weiterer

Tag, an dem die Grenzen zwischen Leben und Tod in meinen Händen liegen.

* * *

Die Euphorie, die mich erfüllt, wenn eine Reanimation gelingt, ist kurzlebig. Kaum verblasst das Adrenalin, tauche ich in ein Loch der Leere und der Selbstzweifel. Die Realität des Geschehens dringt zurück, die Grenzen zwischen Leben und Tod verschwimmen, und ich stehe vor der Dunkelheit meiner eigenen Ambitionen.

Es fühlt sich an, als wäre ein Teil von mir mit der Seele des Patienten gegangen, während der andere Teil in der kalten Realität zurückbleibt. Das Hochgefühl weicht einem emotionalen Abgrund. Die Frage nach dem „Warum?“ nagt an mir, ein Schatten, der mich nicht loslässt.

Um diesem Loch zu entkommen, suche ich nach Ablenkung. Die Möglichkeit, auf dem Rettungswagen mitzufahren, bietet sich an. Hoffentlich bekomme ich bald eine positive Nachricht.

In meinem Umfeld gibt es Menschen, Kollegen, die versuchen, mich zu verstehen. Doch die Dunkelheit in mir ist schwer zu teilen. Ich schotte mich ab, öffne mich nicht. Es ist nicht leicht, die Last der Verantwortung zu tragen, die Unsicherheit, die mich quält. Vielleicht aus Angst vor Urteilen, vielleicht aus der Überzeugung, dass niemand wirklich verstehen kann.

Die Stunden zwischen den Taten sind geprägt von einem inneren Kampf. Manchmal ziehe ich mich zurück, suche die Einsamkeit, versuche, das Loch mit sinnloser Beschäftigung zu füllen. Andere Male stürze ich mich in die Arbeit, als könne ich so das Gefühl der Leere übertönen.

Es gibt Momente, in denen ich mich frage, warum ich

das tue. Warum ich mich immer wieder dem Grau des Notfallraums stelle, warum ich nach diesem unheimlichen Kick suche. Die Antwort bleibt verschwommen, ein Rätsel, das ich noch nicht gelöst habe.

Vielleicht ist es an der Zeit, mich meinen Kollegen zu öffnen, die mir zur Seite stehen. Vielleicht finden sie Wege, mir zu helfen, mit den Schatten umzugehen. Natürlich kann ich Ihnen nicht die ganze Wahrheit offenbaren, nur, dass ich diese Leere spüre. Jeder, der lange im Krankenhaus arbeitet, kennt die Gefahr des Ausbrennens. Nur ist es bei mir etwas anderes. Da ist mehr. Was, kann ich selber nicht erklären. Mich zu öffnen, könnte ein kleiner Schritt sein, aber es könnte der Anfang sein, das Dunkel in mir zu erhellen.

Das Dunkel, dass mich innerlich zerfrisst.

KAPITEL SIEBEN

Ich habe tatsächlich ein paar freie Tage ergattern können. Das Wetter ist mild, als mein Handy summt. Eine Nachricht von meinem Freund Carsten Lindemann: „Hey, Jan! Lust auf Fußball heute Abend? Die Jungs warten schon."

Eigentlich wollte ich ein bisschen zocken, die Playsi liegt schon bereit. Ein Blick auf den Bildschirm, und ich überlege. Die Arbeitstage sind lang, die Nächte sind kurz. Der innere Konflikt zwischen der Erschöpfung und dem Verlangen nach Ablenkung ist immerwährend in mir präsent. Genauso wie mein Verlangen mich zu profilieren. Fußball könnte die perfekte Abwechslung sein – eine Möglichkeit, die Gedanken zu vertreiben, wenn auch nur vorübergehend. Früher habe ich fast dreimal pro Woche auf dem Platz gestanden. Ich bin ein ziemlich guter Fußballer. In der A-Jugend war sogar mal ein Talent-Scout beim Training, um mich zu begutachten. Aber für eine Profi-Karriere fehlte mir der Ehrgeiz.

Nach kurzem Zögern tippe ich die Antwort: „Okay, ich bin dabei."

Einige Stunden später stehe ich auf dem staubigen Platz, das Licht der Flutlichter taucht den Rasen in ein warmes Glühen. Das Klappern von Stollenschuhen, das Lachen der Männer, das Klatschen von Händen – Fußball, ein Rückzugsort, der nichts mit Blaulicht und Krankenhausfluren zu tun hat. Es tut gut.

Während ich mich in das Spiel vertiefe, vergesse ich die Tücken des Alltags. Hier gibt es keine Notfall-Checks, keine hektischen Rettungsaktionen. Kein Gilurytmal, keine Reanimationen, keine neidischen Blicke der Ärzte, die weniger können als ein dahergelaufener Pfleger. Nur der Ball, das Rascheln des Netzes, der Jubel der Mitspieler. Die Normalität eines Fußballspiels wird an diesem Abend zu meinem Zufluchtsort.

In der Halbzeitpause gesellt sich eine Frau zu den wenigen Zuschauern. Ihr Lächeln fällt mir auf, als hätte es eine eigene Schwerkraft. Carsten, der clevere Freund, zwinkert und raunt mir zu: „Jan, das ist Vanessa. Sie hat mich gefragt, ob sie zuschauen kann. Sie ist neu in Oldenburg."

Der Zufall, das Spiel und ein Lächeln bringen uns zusammen. Nach dem Match sprechen wir, teilen Lachen über verpatzte Torschüsse und die Freude über gelungene Pässe. Die Leichtigkeit des Moments fühlt sich wie Balsam an, und ich vergesse für einen Augenblick die Schwere meines Jobs. Vanessa hat etwas Leichtes, fast Schwereloses an sich. Ich bin sofort hin und weg von ihr.

* * *

Carsten grinst nur unverschämt. Er kennt mich schon lange genug, um zu kapieren, dass Vanessa mich fasziniert.

„Tut nichts, was ich nicht auch tun würde", gibt er uns

mit, bevor er in seinen Golf GTI steigt und hupend davonrauscht.

Die warmen Strahlen der untergehenden Sonne tauchen den Park in ein goldenes Licht, als Vanessa und ich auf einer Bank Platz nehmen. Das Rascheln der Blätter und das Zwitschern der Vögel schaffen eine fast idyllische Atmosphäre. Aber in mir brodelt eine Mischung aus Aufregung und Unsicherheit.

Vanessa lächelt, und ihre Augen funkeln, als sie mich ansieht. „Jan, es war wirklich aufregend, dir beim Fußball zuzuschauen. Du bist wirklich talentiert!“

Ich lächle verlegen, meine eigene Unsicherheit vor dieser bezaubernden Frau zu verbergen. „Danke, Vanessa. Du bist neu in der Stadt, oder?“

Sie nickt. „Ja, erst vor kurzem hierher gezogen. Ich arbeite im St. Elisabeth-Krankenhaus als Krankenschwester.“

„Im St. Elisabeth? Das ist ja interessant. Ich arbeite auch im Krankenhaus, auf der Herzchirurgie als Intensivpfleger."

Ihre Augen leuchten auf. „Echt? Das ist ja aufregend! Du musst so viele Geschichten erlebt haben. Herzchirurgie? Wow! Voll die Verantwortung. Aber ich stelle mir das auch wirklich anspruchsvoll vor.“

Ich nicke und schaue kurz weg, der Schatten meines Geheimnisses lauert. „Es ist anspruchsvoll, ja. Aber es hat auch seine schönen Momente.“ Ein innerlicher Kampf, wie viel ich von meiner Realität preisgeben kann.

Vanessa scheint mein Zögern nicht zu bemerken. „Ich bewundere Menschen wie dich, die anderen in schwierigen Momenten helfen können. Es ist wirklich bewundernswert.“

Tief in mir regt sich ein Zwiespalt. Hier ist eine Frau, die mich bewundert, aber sie kennt nicht die dunkle Seite meiner Welt. Ich frage mich, ob ich jemals den Mut finden werde, ihr die Wahrheit zu sagen.

Die Unterhaltung wird leichter, als wir über alltägliche Dinge plaudern. Aber im Hintergrund bleibt die Last meines Geheimnisses, ein Schatten, der mich daran hindert, mich voll und ganz zu öffnen. Während ich Vanessa besser kennenlerne, wird der Kontrast zwischen der Normalität unserer Begegnung und dem Grauen, das ich produziere, immer stärker.

Kann sie mir helfen, dem zu entkommen?

KAPITEL ACHT

Die Nachtschicht in der Klinik ist geprägt von einer spürbaren Anspannung. Das Personal ist knapp, und die müden Gesichter der Kollegen spiegeln die Herausforderungen wider, die uns in dieser Nacht bevorstehen. Dr. Koch hat Dienst als verantwortlicher Arzt, und die Patienten liegen in ihren Betten, von den Monitoren still beobachtet.

Alma Heger, eine ältere Dame, hatte sich in den letzten Tagen stabilisiert. Die Besuche ihrer Tochter, Ewelyn, schienen ihr sichtlich gutzutun. Doch kurz nach Mitternacht schrillt der Alarm in ihrem Zimmer auf. Das Team, in dem ich mich als erfahrener Pfleger bewege, reagiert sofort. Aber diesmal ist die Atmosphäre anders. Die übliche Routine scheint ins Stocken geraten zu sein.

Die Herz-Lungen-Wiederbelebung beginnt. Dr. Koch und ich arbeiten Hand in Hand, während die anderen Pflegerinnen und Pfleger das Notfallset vorbereiten. Die Maschinen piepen, die Atmosphäre ist elektrisch geladen. Die Frau unter meinen Händen ringt um ihr Leben, und ich kann den Druck in der Luft förmlich spüren.

Trotz aller Bemühungen verschlechtert sich Almas Zustand. Die Minuten ziehen sich in die Länge, und die Hoffnung schwindet mit jeder Herzmassage. Der Tod schleicht sich in den Raum, und wir sind ihm hilflos ausgeliefert. Schließlich setzt das Piepen der Monitore aus, und eine beklemmende Stille breitet sich aus.

Ich stehe einen Moment regungslos da, mein Blick auf Almas leblosem Körper ruhend. Dr. Koch senkt den Kopf, und ich höre, wie jemand leise schluchzt. Der Tod hat wieder zugeschlagen, und die Realität drückt auf uns wie eine schwere Last.

Nach einem kurzen Moment des Schweigens verlasse ich das Zimmer. Die Worte "Tod" und "Niederlage" hängen in der Luft. Doch meine Pflicht ist noch nicht erfüllt. Es liegt an mir, Ewelyn Heger diese schmerzliche Nachricht zu überbringen.

Ich entschließe mich, diesen schrecklichen Moment nicht an die Kollegen abzugeben. Ich werde es persönlich machen. Schließlich hat sie von mir in einem unbemerkten Moment eine tödliche Dosis Gilurytmal erhalten. Irgendetwas im Blick der alten Frau hat mir einen Schauer über den Rücken gejagt. Sie hatte mit ihrer Tochter getuschelt. Über mich? Hegte sie einen Verdacht? Das konnte ich nicht so stehen lassen. Eigentlich fand ich die lebenslustige Frau, die offensichtlich selber Krankenschwester war, ganz sympathisch. Aber ich kann niemanden am Leben lassen, der mich belasten könnte.

Schweren Herzens begebe ich mich ins Schwesternzimmer, um Ewelyn Heger anzurufen. Das Bild ihrer Unterhaltung mit ihrer Mutter am Tag hat sich in meinem Gedächtnis eingebrannt. Ich spüre die Verantwortung, die auf mir lastet.

Der Telefonhörer fühlt sich kalt an, als ich die

Nummer wähle. Die Sekunden des Wartens sind unerträglich. Endlich hebt jemand ab.

„Frau Ewelyn Heger? Hier spricht Jan Becker vom Klinikum Oldenburg. Es tut mir leid, Ihnen mitteilen zu müssen, dass Ihre Mutter in dieser Nacht verstorben ist." Meine Stimme zittert leicht, und ich spüre die Last der Nachricht, die ich überbringe.

Es folgt eine Stille am anderen Ende der Leitung. Dann brechen die Emotionen durch die Distanz, und ich höre Ewelyn schluchzen. Jedem anderen hätte es das Herz zerrissen, ihr diese schreckliche Wahrheit mitteilen zu müssen. Jedem anderen.

Ich fühle mich befreit.

* * *

Die Kneipe ist gedämpft beleuchtet, und das leise Murmeln der Gäste begleitet uns, als Carsten und ich uns an einem Tisch niederlassen. Die Gläser klirren, und die Atmosphäre verspricht einen unbeschwerten Abend.

„Wenn du schon so strahlst, muss ja was Gutes passiert sein, Jan. Was gibt's Neues?", fragt Carsten, während er sein Bier öffnet. Laut ploppt der Bügelverschluss.

Ich lehne mich entspannt zurück und grinse. „Du wirst es nicht glauben, mein Freund. Ich habe Nachricht von deinen Vorgesetzten erhalten, ich darf auf dem Rettungswagen mitfahren! Endlich mal etwas anderes als der Klinikalltag. Das wird aufregend."

Carsten hebt freudig sein Glas. „Na, dann prost! Das ist ja wirklich eine tolle Sache. Endlich raus aus den sterilen Fluren, hin zu echten Abenteuern."

Wir stoßen an, und das Bier schmeckt heute besonders gut. Doch dann wird Carstens Gesicht ernster, und er senkt seine Stimme. „Apropos Abenteuer, Jan. Mir ist zu

Ohren gekommen, dass sich die Reanimationen bei dir irgendwie häufen sollen. Was ist da los?“

Der Schwung meines Glücks verfliegt schlagartig. Ein Kloß schiebt sich in meine Kehle. „Was? Wer erzählt so einen Unsinn?“, fahre ich hoch.

Meine Reaktion ist wohl heftiger, als ich es wollte. Carsten hebt beschwichtigend die Hände. „Beruhig dich, Jan. Ich wollte es nur von dir hören. Man hört halt so Sachen, und ich dachte mir, ich frage direkt nach. Kein Grund, gleich auszuflippen.“

Ich runzle die Stirn. „So Sachen? Das sind doch nur Gerüchte. Ich mache einfach meinen Job. Vielleicht hat jemand was missverstanden oder übertreibt.“

In meinen Kopf kreist ein Tornado. Das kommt sicher von diesem miesen Wixer Doktor Jabbour. Ich zwinge mich zur Ruhe, obwohl es innerlich brodelt. Hat man mich tatsächlich unter Verdacht?

Carsten nickt langsam. „Klar, ich dachte mir schon, dass da nichts dran ist. Du bist doch der Profi in Sachen Reanimation. Mach dir keine Gedanken, alter Freund.“

Trotz seiner Worte bleibt ein unangenehmes Gefühl in mir zurück. Wer verbreitet solche Gerüchte über mich, und warum? Der Schatten der Anschuldigungen begleitet mich aus der Kneipe, als wir den Abend anderswo fortsetzen, aber ich schiebe ihn beiseite, um die freudige Neuigkeit über meinen bevorstehenden Einsatz auf dem Rettungswagen zu feiern.

KAPITEL NEUN

Der Flur der Oldenburger Klinik erstreckt sich vor Ewelyn wie ein endloser Korridor der Ungewissheit. Der Morgen ist frisch, doch in ihr herrscht eine Kälte, die keine Sonne vertreiben kann. Die Nachricht vom Tod ihrer Mutter Alma hat sie in ein dunkles Reich gezogen, aus dem es kein Entrinnen gibt.

Sie findet sich vor der Tür von Dr. Horn wieder, dem Arzt, der nachts für ihre Mutter zuständig war. Seine Augen tragen die Last der Ereignisse der vergangenen Stunden. Als er sie sieht, verzieht sich sein Gesicht vor Bedauern. „Frau Heger, es tut mir aufrichtig leid, was geschehen ist. Wir haben alles versucht, aber der Verlust Ihrer Mutter ist unerklärlich und schmerzhaft."

Die Worte dringen nur dumpf zu ihr durch. Die Gedanken sind bei der Mutter, bei den letzten Worten, die sie geteilt haben, und bei dem plötzlichen Abschied, den man nicht vorhersehen konnte.

„Aber Sie und Ihre Kollegen hatten doch gestern noch eine so günstige Prognose erteilt. Wie konnte es denn so weit kommen?"

„Bei einer so kranken Person wie Ihrer Mutter sind es Momentaufnahmen, die wir festhalten. Das Pendel kann jederzeit in die eine oder andere Richtung ausschlagen. Wie schon gesagt, es tut mir aufrichtig leid. Wir haben alles Menschenmögliche getan."

Sie nickt stumm und versucht, ihre Fassung zu wahren. Als sie sich langsam entfernt, bemerkt sie einen Pfleger mit dunklen Haaren auf dem Flur. Er hat eine ernste Miene, und sein Blick scheint weit weg zu sein. Irgendetwas sagt ihr, dass er etwas mit der traurigen Nachricht zu tun haben könnte.

„Entschuldigen Sie", spricht sie ihn zögerlich an. „Sind Sie der Pfleger, der mich in der Nacht angerufen hat?"

Sein Blick trifft ihren, und sie erkennt die Ernsthaftigkeit darin. „Ja, das war ich. Mein Name ist Jan Becker. Es tut mir aufrichtig leid, dass ich Ihnen diese Nachricht überbringen musste."

Der direkte Kontakt mit einem Mitglied des Pflegepersonals, das in dieser Nacht um das Leben meiner Mutter gekämpft hat, lässt Ewelyn die Realität noch schmerzlicher spüren. Ein Pfleger, der um Worte ringt, so wie sie. Es ist, als ob sie beide Gefangene dieser traurigen Geschichte sind.

* * *

Die Nacht liegt wie ein schwarzer Schleier über Oldenburg, als der Notruf die Stille durchbricht. Der Rettungswagen, in dem ich mit meinem Kollegen sitze, setzt seine blinkenden Lichter in Bewegung, begleitet von einem wütenden Heulen der Sirenen. Die Straßen fliegen an uns vorbei, und die Dringlichkeit des Einsatzes liegt in der kalten Nachtluft.

Unsere Zielkoordinaten führen uns zu einer bescheidenen Wohngegend, in der die Häuser im Dunkeln schlummern. Der Notarzt ist noch nicht vor Ort, als wir ankommen. Vor einem unscheinbaren Haus steht ein älterer Mann, die Hände ringen miteinander, den Blick hält er auf die Eingangstür gerichtet.

„Ich befürchte einen Herzinfarkt bei meiner Frau", murmelt er, und Sorge liegt in seiner Stimme.

Ich schlüpfe aus dem Rettungswagen, der eiskalte Wind schneidet durch meine Kleidung. Gemeinsam mit meinem Kollegen betrete ich das Haus. Der Geruch nach Angst und Krankheit hängt in der Luft.

In einem kleinen Wohnzimmer liegt sie – die ältere Dame. Ihr Gesicht ist bleich, die Augen geschlossen. Die Anzeichen eines Herzinfarkts sind unübersehbar. Die Zeit wird zu unserem erbarmungslosen Gegner, während wir auf den Notarzt warten.

Mein Kollege ist zurückhaltend. So ist er immer. Bloß keinen Ärger mit den Notärzten riskieren. „Jan, wir sollten warten. Der Notarzt wird gleich hier sein."

Aber ich spüre den rasenden Herzschlag der Zeit. Jede Sekunde zählt. Ohne zu zögern beginne ich mit den lebensrettenden Maßnahmen. Die Kompressionen sind rhythmisches Trommelfeuer auf ihrer Brust, das Zischen des Beatmungsbeutels unterstreicht die Dringlichkeit.

Die Minuten ziehen sich wie Stunden, als die Tür aufschwingt, und der Notarzt eilig ins Zimmer tritt. Sein Blick trifft auf meine beharrlichen Bemühungen.

„Was zum Teufel...?"

„Ich habe angefangen. Keine Zeit zu verlieren", erkläre ich kurz, ohne meine Hände von der Brust der Dame zu nehmen.

Die Szenen verschmelzen zu einem chaotischen Ballett aus Leben und Tod. Der Raum füllt sich mit dem Geruch nach Desinfektionsmittel. Der Notarzt übernimmt, doch die Spannung bleibt in der Luft.

Schließlich, nach einer gefühlten Ewigkeit, kehrt das Bewusstsein zu der älteren Dame zurück. Ihr keuchender Husten klingt wie Musik, und das schwache Lächeln, das sich auf ihre Lippen stiehlt, ist der Triumph über die Dunkelheit.

Der Einsatz endet mit einem Hauch von Hoffnung.

Ich habe wirklich ein Leben gerettet.

* * *

Es ist ein sonniger Sonntagmittag, als ich mich entschließe, meine Eltern zu besuchen. Die beiden wohnen noch immer in dem ruhigen Vorort, in einem gemütlichen Haus mit einem kleinen Garten, in dem ich auch aufgewachsen bin. Mein Vater ist emsig damit beschäftigt, die Blumen zu pflegen. Die Szene wirkt harmonisch, während die Sonne den Garten in warmes Licht taucht.

„Moin, Dad. Wie geht's?"

Mein Vater hebt kurz den Kopf und nickt freundlich, während er weiterarbeitet. „Moin, Jan. Schön, dass du da bist. Alles gut bei dir?"

Ich nehme mir einen Stuhl und setze mich. Mir fällt auf, dass es die Stelle ist, an der ich auch als Kind immer gesessen habe. Manche Dinge ändern sich nie. „Ja, alles okay. Und wie läuft's hier?"

„Ach, der übliche Kram. Die Blumen gießen sich nicht von allein."

Ich stimme in das Lachen meines Vaters ein. „Immer noch so fleißig, wie immer."

„Klar, jemand muss sich ja um den Garten kümmern. Aber wie sieht's bei dir aus? Wie läuft die Arbeit?"

Darauf habe ich gewartet. Es dauert nie lange, bis wir beim Gespräch über die Klinik landen. „Gut, Dad. Sehr gut. Du glaubst nicht, was ich mittlerweile draufhabe. Die Ärzte auf der Station sind manchmal echt überrascht."

Mein Vater legt die Werkzeuge zur Seite und seine Handschuhe daneben, bevor er zu mir an den Tisch kommt. „Ja, das freut mich, dass du dich so entwickelst. Aber sei nicht zu übermütig. Es gibt immer noch viel zu lernen."

Wieder die alte Leier. Ich kann es nicht mehr hören. Ich könnte für den Nobel-Preis in Medizin vorgeschlagen sein, mein Alter fände noch immer etliche Kritikpunkte. Schon bereue ich hier zu sein. „Ich weiß, Dad, aber du würdest staunen, wie oft ich mehr weiß als so mancher Arzt. Ich könnte das locker, wenn ich wollte."

Es wird so kommen wie immer. Vater schaut schon wieder leicht genervt. „Jan, sei nicht so überheblich. Jeder hat seinen Platz im Team, und du bist nun mal Pfleger."

„Klar, ich weiß das schon. Aber du würdest mich anders sehen, wenn ich ein Medizinstudium gemacht hätte, oder?"

Mein Vater schaut ernst. „Das ist nicht fair, Jan. Du hättest alles schaffen können, wenn du nur mehr Ehrgeiz gezeigt hättest. Aber du hast dich oft genug durchgeschlängelt."

Jetzt werde auch ich angriffslustig. „Ich bin zufrieden, wie es ist. Mediziner hin oder her, ich kann auch so Menschenleben retten."

Vater prustet verärgert: „Das ist nicht das, was ich meine. Du könntest mehr sein, wenn du nur wolltest. Denk an die Lehrgänge, die du abgelehnt hast. Qualifikation ist in unserem Beruf alles!"

Das Gespräch wird immer angespannter, und wir beide

schweigen für einen Moment. Ich fühle mich angegriffen und entscheide, dass ich genug gehört habe.

Abrupt erhebe ich mich. „Ich treffe mich später noch mit ein paar Kumpels, Dad. Wir sehen uns."

Mein Vater seufzt, als ich den Garten durch das kleine Törchen verlasse. „Jan, warte..."

Doch mir ist nicht nach einer Fortsetzung des Gesprächs. So ist es immer, wenn wir aufeinandertreffen. Nie bin ich so genug, wie ich bin. Aber ich darf auch nie mit meinen Qualitäten aufwarten. Mein Leben ist schwierig.

* * *

Ewelyn sitzt mit ihrer Freundin Marie am Küchentisch und starrt auf die Papiere, die die Formalitäten für die Beerdigung ihrer Mutter regeln. Der Raum ist erfüllt von einem Gefühl der Leere, das den Verlust von Alma Heger noch verstärkt.

Marie versucht einfühlsam zu sein. „Ewelyn, ich weiß, dass das alles überwältigend ist, aber die Formalitäten müssen erledigt werden. Es wird dir helfen, mit dem Schmerz umzugehen."

Ewelyn seufzt und blickt auf die Papiere. „Ich kann einfach nicht glauben, dass Mama plötzlich weg ist. Es war so überraschend. Noch am Vortag hatte sie eine gute Prognose, hat gescherzt. Wir haben über den Kauf des neuen Autos gesprochen. Mama hatte Pläne..."

Marie legt ihre Hand beruhigend auf Ewelyns Schulter. „Der Tod kommt oft unerwartet. Es ist schwer zu verstehen, besonders wenn wir jemanden so nahestehenden verlieren."

Ewelyn schaut Marie direkt in die Augen. „Aber ich kann nicht umhin zu denken, dass es vielleicht eine

Unachtsamkeit gab. Die Ärzte und Pfleger sollten doch auf Mama aufpassen.“

Marie schüttelt den Kopf. „Ewelyn, das sind erfahrene Fachleute. Sie tun ihr Bestes, aber manchmal können selbst die nicht alles vorhersehen. Es wäre unfair, sie zu beschuldigen.“

Ewelyn beißt sich auf die Lippe. „Ich weiß, aber es fühlt sich so an, als wäre mir meine Mutter einfach genommen worden, ohne Vorwarnung.“

Marie nimmt Ewelyns Hand. „Es ist normal, diese Gedanken zu haben, besonders wenn der Schmerz noch frisch ist. Lass uns das zusammen durchstehen. Und wenn du wirklich Bedenken hast, könnten wir darüber sprechen, wenn du bereit bist.“

Ewelyn nickt dankbar und drückt Maries Hand. Der Weg der Trauer wird nicht einfach sein, aber mit Unterstützung und Verständnis könnte sie allmählich Frieden finden.

* * *

Die Beerdigung ist vorbei, und die Trauergäste versammeln sich im Saal einer nahegelegenen Gastwirtschaft, um ihre Anteilnahme auszudrücken und sich an Alma zu erinnern. Der Raum ist gedämpft beleuchtet, die Atmosphäre von trauriger Stille erfüllt.

Ewelyn steht am Rande der Gruppe, ihr Blick getrübt von Trauer und Zweifel. Sie kann nicht aufhören, über die Umstände des Todes ihrer Mutter nachzudenken, und der Drang, es auszusprechen, wird übermächtig.

„Es war nicht einfach für Mama in den letzten Tagen ihres Lebens, sie war schwer krank, hatte eine schwierige Operation. Ich bin mir aber sicher, da stimmt etwas nicht“, sagt Ewelyn, die das Gespräch eröffnet.

Die Trauergäste senken respektvoll ihre Blicke, aber niemand stimmt ihr zu. Ein unangenehmes Schweigen senkt sich über den Saal. Fast jeder einzelne hatte ein Gespräch mit Ewelyn, einige rieten ihr auch schon dazu, einen Psychologen aufzusuchen. Marie seufzt leise und versucht, die Situation zu entschärfen.

„Ewelyn, ich verstehe, dass du durch eine schwere Zeit gehst, aber die Ärzte haben alles getan, was sie konnten. Manchmal können wir nicht alles verstehen."

Ewelyn schüttelt den Kopf, ihre Augen glänzen vor Tränen. „Ich kann es einfach nicht akzeptieren. Es war so plötzlich. Sie hätte noch so viel Leben vor sich gehabt."

Zwei der Gäste stehen auf, ein Mann tritt zu Marie und Ewelyn und bedankt sich für die Gastfreundschaft. Auch andere machen sich zum Aufbruch fertig. Auch Almas Kolleginnen aus dem Krankenhaus beginnen zu tuscheln. „Schätzchen, wir sind alle ebenfalls sehr geschockt über Almas Tod. Aber wir haben tagtäglich solche Begebenheiten. Manchmal ist der Tod schneller als wir denken können."

„Soso, ihr habt also Begebenheiten? Meine Mutter war aber keine Begebenheit. Sie war lebendig, sie hatte Pläne. Erinnert ihr euch an ihren alten Golf? Sie wollte ein neues Auto kaufen. Ein grünes, weil sie Grün so liebt!"

Ewelyn ist den Tränen nah. Almas Kolleginnen schweigen, hin und her gerissen zwischen Anteilnahme und dem Gefühl, dass Ewelyn aus Schmerz und Trauer einfach übertreibt.

Marie versucht, Ewelyn abzulenken. „Lass uns darüber sprechen, wenn du dich ein wenig beruhigt hast. Jetzt ist nicht der richtige Moment."

Aber Ewelyn lässt nicht locker. „Niemand hört mir zu! Mama verdient Gerechtigkeit."

Die Trauergäste wenden sich nach und nach ab, und

Ewelyn bleibt allein am Tisch zurück. Ihr Schmerz und ihre Verzweiflung treiben sie dazu, mehr Wein zu trinken, um den Schmerz zu betäuben. Ein heftiger Absturz scheint unausweichlich, und die Trauer um ihre Mutter wird von einer unerklärlichen Wut überschattet.

KAPITEL ZEHN

Die Monate vergehen, und während der Alltag auf der Herzstation weiterhin von Stress und Dramen geprägt ist, gibt es kleine Inseln der Normalität. Der Fußballplatz wird zu meinem Rückzugsort, wo der Stress der Klinik in den Hintergrund tritt und der Jubel der Mannschaft das dröhnende Piepsen der Monitore verdrängt.

Und dann ist da Vanessa. Unsere Beziehung wird zu einem Lichtblick, einer Pause von der düsteren Realität. Sie weiß vielleicht nicht alles über das, was in den Fluren der Klinik geschieht, aber ihre Gesellschaft ist wie ein frischer Wind in meinem Leben.

Während ich auf dem Rettungswagen Dienst schiebe, werde ich zum "rettenden Engel" der Klinik. Jeder möchte mit mir fahren, die Ärzte loben meine Fähigkeiten. Doch zwischen den Einsätzen kehren die Schatten zurück. Die Realität lässt sich nicht einfach abschütteln.

Vanessa wird zu meinem Anker. In ihren Armen finde ich vorübergehend Frieden, und die Gedanken an Tod und Verlust verlieren für einen Moment ihre Macht über mich.

Ihre Liebe mildert die Spannung zwischen dem Leben, das ich rette, und dem Tod, der mich umgibt – oder den, den ich bringe.

Aber in den stillen Stunden der Nacht, wenn die Stadt schläft und ich allein mit meinen Gedanken bin, kehren die Schatten zurück und erinnern mich daran, dass die Todesspirale nicht so leicht zu durchbrechen ist.

* * *

Ewelyn sitzt alleine in ihrer Wohnung, die Atmosphäre erfüllt von Stille und Schwermut. Die Vorhänge sind zugezogen, und nur das gedämpfte Licht der Straßenlaterne dringt durch die Fenster. Der Raum ist erfüllt von Erinnerungen an ihre Mutter, Fotos, die an den Wänden hängen, und der Anblick ihrer persönlichen Gegenstände.

In der Hand hält Ewelyn ein Glas, gefüllt mit einem bernsteinfarbenen Whisky. Der Geruch von Einsamkeit und Verzweiflung hängt in der Luft. Ihr Blick ist leer, die Augen gerötet von den Tränen, die sie vergossen hat. Die Flasche in ihrer Nähe ist fast leer, und Ewelyn gießt sich einen weiteren Dram ein.

Sie starrt ins Leere, versucht verzweifelt, den Schmerz zu betäuben, der sie quält. Die Gedanken an ihre Mutter, an den Verlust, lassen sie nicht los. Jeder Schluck brennt in ihrer Kehle, aber sie sucht nach einer Flucht vor der Realität.

Das leise Schluchzen durchbricht die Stille, als die Trauer sie überwältigt. Ewelyn kann den Tod ihrer Mutter einfach nicht verkraften. Die Einsamkeit in der Wohnung verstärkt ihre Qual, und der Alkohol wird zu einem trügerischen Begleiter in ihrer Suche nach Vergessen.

Die Wohnung wird zum Gefängnis ihrer Gedanken, und der Alkohol wird zum vorübergehenden Trost. Ewelyn versinkt immer tiefer in ihrem Schmerz, wobei sie nicht über ihre eigene Zukunft nachdenkt. Ein Fehler.

* * *

Die Villa im Vorort von Oldenburg ist in das warme Licht der Abenddämmerung getaucht. Sebastian Brendel, erfolgreicher Unternehmer und Ehemann, hat gerade sein Büro verlassen und ist nach Hause gekommen. Sein Tag war geprägt von geschäftlichen Herausforderungen, aber zu Hause findet er Trost und Ruhe. Die Villa strahlt gediegene Eleganz aus, die von Jahren harter Arbeit und Erfolg erzählt.

Hertha Brendel, seine stets elegant gekleidete Frau, erwartet ihren Mann bereits. Sie teilen sich nicht nur die Villa, sondern auch viele Jahre des gemeinsamen Lebens. Hertha ist Sebastian eine Stütze, eine kluge Frau, die die Kunst versteht, zwischen Fürsorglichkeit und Respekt für seine Unabhängigkeit zu balancieren.

In einem der Zimmer hat Sebastian sein persönliches Heiligtum – seine Fitness-und Sportgeräte. Trotz seiner Herzkrankheit, die er seit Jahren mit sich trägt, sucht er in der Bewegung und im Sport einen Ausgleich. An diesem Abend setzt er sich auf das Rudergerät, fest entschlossen, eine bestimmte Strecke in Rekordzeit zu bewältigen.

Sebastian rudert, der Schweiß perlt auf seiner Stirn, seine Muskeln spannen sich. Die Hingabe zu dieser körperlichen Herausforderung ist spürbar. In diesem Moment durchzuckt ihn ein stechender Schmerz in der Brust. Er ringt nach Atem, aber der Drang, die Strecke zu vollenden, ist stärker.

Plötzlich wird der Raum von einem dumpfen Aufprall unterbrochen. Sebastian verliert das Bewusstsein und stürzt vom Rudergerät. Hertha, die den Lärm hört, eilt besorgt ins Zimmer und findet ihren Mann bewusstlos auf dem Boden liegend.

Der Schreck währt nicht lange. In Windeseile wählt sie den Notruf. Die Atmosphäre in der Villa, die eben noch von Ruhe und Wohlstand erfüllt war, wird von der Sorge um Sebastians Gesundheit überschattet. Kurz darauf wird die Einfahrt zur Villa von blinkenden Lichtern erhellt. Der Notarzt stabilisiert Sebastian Brendels Zustand und ruft sofort im Klinikum an, um einen OP-Saal zu reservieren.

In der Klinik beginnt ein Wettlauf gegen die Zeit. Die Ärzte setzen alles daran, Sebastians Leben zu retten. Die Notoperation ist erfolgreich, und sein Zustand stabilisiert sich. Doch die Nacht ist noch nicht vorüber.

* * *

Ich stehe draußen vor der Klinik, ziehe genüsslich an meiner Zigarette und versuche, mir eine kurze Auszeit zu gönnen. Der kalte Nachtwind trägt den Rauch in die Dunkelheit, als Carsten plötzlich um die Ecke biegt und auf mich zukommt. Sein Gesichtsausdruck lässt auf eine Mischung aus Aufregung und Anspannung schließen.

„Jan, alter Freund, du glaubst nicht, was für einen Einsatz ich gerade hatte“, ruft er mir schon von weitem zu. Er wirkt völlig gestresst

Ich lösche meine Zigarette und werfe sie achtlos in den Aschenbecher, während ich neugierig frage: „Was ist passiert?“

Carsten erzählt mir von einem Notfall, einem Herzinfarkt, und wie er mit seinem Kollegen um das Leben des Patienten gekämpft hat. Seine Worte werden zunehmend energischer, und ich spüre, dass mehr hinter dieser Geschichte steckt. Dann nennt er den Namen des Patienten – Sebastian Brendel.

Mein Herz macht einen Sprung. Brendel. Das ist der Vater von Max Brendel, dem Kerl, der mir immer noch ein Dorn im Auge ist. Ein Klassenkamerad, ein Fußballkollege, ein Konkurrent. Ein Arschloch. Eine alte Rechnung, die ich noch zu begleichen habe. Ein Lächeln huscht über mein Gesicht, als ich Carsten frage: „Und wie geht es dem Herrn Brendel jetzt?"

Carstens Augen suchen die meinen, und er senkt die Stimme, als wäre das, was er zu sagen hat, ein Geheimnis. „Verdammt knapp, Jan. Ich sag dir, das war eine der härtesten Nummern bisher. Sein Herz hat kurz ausgesetzt, und wir hatten alle Hände voll zu tun, ihn zurückzuholen. Vor allem, der Kai – der hat mal wieder Schiss gehabt. Wenn du dabei gewesen wärst..."

Ich unterdrücke einen Triumphschrei. Max Brendel, das rechne ich dir als weiteren Punkt auf meiner Liste an. Doch äußerlich zeige ich nur Mitgefühl und frage besorgt: „Und wie geht es der Familie damit?"

Carsten schüttelt den Kopf. „Keine Ahnung. Ich hab nur die Ehefrau gesehen. Aber das müssen verdammt schwierige Minuten für sie gewesen sein."

Ein teuflisches Grinsen breitet sich auf meinem Gesicht aus. Diese 'schwierigen Minuten' werden für Max Brendel nicht die einzigen sein. Es ist an der Zeit, alte Rechnungen zu begleichen. Sein Vater ist hier in der Klinik, auf meiner Station. Außer Jabbour sind nur Lisa und Timo in der Nachtschicht zugegen. Wir sind wieder chronisch unterbesetzt, drei Pfleger und ein Arzt für 15 frischoperierte Patienten. Ich bezweifle, dass Sebastian Brendel die Nacht lebend übersteht.

Dafür werde ich sorgen.

* * *

Das Telefonat zwischen Hertha Brendel und ihrem Sohn, der sich in Australien im Urlaub aufhält, findet im kleinen Besprechungszimmer der Intensivstation statt. Die Wände sind klinisch weiß, die Geräusche der überall präsenten medizinischen Apparaturen dringen gedämpft herein.

Hertha hält das Handy fest in der Hand, während sie auf den Rückruf ihres Sohnes wartet. Als er schließlich ans Telefon geht, spürt sie die Erleichterung, ihn wenigstens auf diese Weise erreicht zu haben. Trotz der räumlichen Distanz versucht sie, ihm die Situation so schonend wie möglich zu schildern.

„Max, ich weiß, es ist eine schreckliche Nachricht. Dein Vater hatte heute Abend einen Herzinfarkt. Er ist in der Klinik, und die Ärzte kümmern sich um ihn."

Die Stimme der Frau klingt gefasst, aber die Sorge ist unüberhörbar. Auf der anderen Seite der Leitung ist eine kurze Stille, bevor Max mit besorgter Stimme antwortet: „Mutter, ich komme sofort zurück. Wie geht es ihm? Ich werde den nächsten Flug nehmen."

Hertha, die die Dringlichkeit in Max' Stimme spürt, versucht ihn zu beruhigen: „Nein, Max. Bitte hör mir zu. Dein Vater ist in guten Händen. Die Ärzte tun alles, was sie können. Du kannst von so weit weg nichts ändern. Bleib in Australien und genieße deinen Urlaub. Wir halten dich auf dem Laufenden."

Max zögert einen Moment, bevor er antwortet: „Aber Mutter, ich will bei Vater sein."

Hertha versucht, ihre eigene emotionale Belastung zu überwinden, als sie sagt: „Max, hör auf mich. Dein Vater würde nicht wollen, dass du deinen Urlaub abbrichst und dich sorgst. Die Ärzte haben alles im Griff. Konzentriere dich darauf, was du vorhast, und lass mich hier die Situation klären."

Die Worte seiner Mutter wirken beruhigend und überzeugend. Max gibt widerstrebend nach. „Gut, Mutter. Aber bitte halt mich auf dem Laufenden. Wenn sich etwas ändert, ruf mich sofort an."

Hertha verspricht es ihm, und nach einem kurzen, emotionalen Abschied legt sie das Handy auf den Tisch. Die gedämpfte Geräuschkulisse der Intensivstation kehrt zurück, während sie allein in dem kleinen Raum verweilt. Das Schicksal ihres Mannes liegt nun in den Händen der Ärzte, und sie hofft, dass ihre Entscheidung Max zu überreden in Australien zu bleiben, die richtige war. Sie hätte schon gerne eine vertraute Person an ihrer Seite in dieser schweren Stunde.

* * *

Lisa und Timo sind auf Rundgang, Jabbour sitzt im Arztraum und unterhält sich mit dem Chefarzt, der Brendel operiert hat. Ich schleiche mich leise in das Zimmer von Sebastian Brendel, nachdem ich mir zwei Spritzen mit Gilurytmal aufgezogen habe. Der Raum ist gedämpft beleuchtet, und der Klang der überwachten Atemzüge füllt die Stille. Ich erkenne ihn sofort – Sebastian Brendel - der Vater von Max. Er liegt regungslos im Bett, die Maschinen um ihn herum überwachen sein schwaches Herz.

Mein Blick ruht auf seinem Gesicht, das gezeichnet ist von den Strapazen der Operation. Der Mann sieht noch immer aus wie die gealterte Version seines Sohnes. Ein Lächeln stiehlt sich auf mein Gesicht. Er sieht älter aus, zerbrechlicher, aber das ändert nichts an meinem Entschluss. Ich spüre eine Mischung aus Triumph und Vorfreude, als ich mich dem Bett nähere. Die Dinge im Hause Brendel werden sich ändern.

Gleich.

In meinen Gedanken versunken, atme ich tief ein und aus. Doch plötzlich, aus dem Nichts, höre ich eine Stimme hinter mir – Dr. Jabbour. Sein ruhiges und bestimmtes Timbre durchbricht meine Überlegungen, als er mich unerwartet konfrontiert.

„Becker, was führt dich hierher?“, fragt er, während ich mich ruckartig umdrehe. Sein Blick ist durchdringend, und ich spüre, wie sich meine Entschlossenheit vor seinem forschenden Blick zu verflüchtigen scheint.

„Ich wollte nur sehen, wie es Herrn Brendel geht“, antworte ich mit einer Mischung aus Unschuld und Verteidigung in meiner Stimme. „Ich wollte sehen, ob es *der* Brendel ist, mit dessen Sohn ich früher Fußball gespielt habe.“

„Sie kennen ihn?“

„Ja, das ist Max Brendels Vater. Hoffentlich kommt er durch.“

Ich schaffe es, Mitgefühl zu heucheln. Jabbour fixiert mich einen Moment lang, bevor er nickt. „Sein Zustand ist stabil. Aber ich will Sie nicht hier sehen, wenn die anderen Kollegen auf Tour sind. Unterstützen Sie sie.“

Ich nicke stumm und verlasse eilig das Zimmer, während Dr. Jabbours Augen mich durchdringend verfolgen. Mein Plan mag kurzfristig gescheitert sein, aber ich weiß, dass ich den alten Brendel töten werde.

KAPITEL ELF

Ich schlummere tief und fest, als Vanessa hereinkommt. Die Uhr zeigt halb drei an – meine Zeit, um aufzustehen, bevor die Nachtschicht beginnt. Vanessa hat die Unterlagen eines Maklers dabei, und ihre Augen strahlen vor Vorfreude auf die gemeinsame Zukunft. Doch mein Geist ist von einem einzigen Gedanken durchzogen: Brendel muss sterben, und ich muss es raffiniert anstellen, ohne aufzufallen. Mir kommt es spanisch vor, dass Jabbour letzte Nacht plötzlich im Zimmer stand. Vielleicht wittert er etwas.

Dennoch heuchle ich Interesse für die Wohnung. Vanessa erzählt von den Vorzügen des neuen Ortes, von dem schönen Wohnzimmer und dem Ausblick. Als ich merke, dass sie mit ihrem Redeschwall ins Stocken gerät, weiß ich, dass ich etwas tun muss, um die Spannung zu brechen.

Ich ziehe sie zu mir, und plötzlich sind wir nicht mehr in einer neuen Wohnung, sondern in unserer eigenen kleinen Welt. Unsere Leidenschaft fließt in jeden Kuss, jede Berührung. Trotz der düsteren Gedanken, die mich quälen, finde ich kurzzeitig Trost in der Intimität, die Vanessa und ich teilen. Es ist wie eine Flucht vor der Realität, auch wenn ich weiß, dass ich ihr bald gegenüberstehen werde.

Der Sex ist wild, leidenschaftlich – ein kurzer Moment der Ablenkung. Aber sobald die Wogen sich legen, kehren die düsteren Gedanken zurück. Die Uhr tickt, und die Nacht der Entscheidung rückt näher.

* * *

Wir sind wieder einmal nur drei Pfleger und ein Arzt auf Station. In den Zimmern liegen 8 Patienten, darunter zwei frisch operierte von heute. Die Diskussion über die enorme Belastung, der wir bei jeder Schicht ausgesetzt sind, flammt erneut auf.

Die Diskussion erreicht ihren Höhepunkt, als selbst Lisa ihren Unmut kundtut.

„Es kann doch nicht so weitergehen, Jungs. Die Patientenzahl steigt ständig, und wir sind viel zu wenige, um uns angemessen um alle zu kümmern. Wem ziehen sie die Hammelbeine lang, wenn etwas passiert? Denkt nur an die Entlassungen im Nachgang zu dem Hygieneskandal. Das waren doch Bauernopfer, immer auf die Kleinen."

Timo nickt zustimmend. „Ich sag's euch, wenn sich nichts ändert, gehe ich. Ich kann das nicht mehr mit ansehen."

Doktor Jabbour ist völlig auf unserer Seite. „Ich verstehe eure Frustration, und ich werde das definitiv bei der nächsten Besprechung ansprechen. Wir müssen zusammenhalten und für unsere Rechte kämpfen."

Ich massiere meine Schläfen. Mir ist es egal, ob wir

wenige oder viele auf Station sind. Weniger Pflegekräfte sind weniger potentielle Zeugen. „Wisst ihr was ich denke?“

Alle schauen mich gespannt an. „Ich denke, dass die Pflege erst ihren großen Kollaps braucht, um Aufmerksamkeit auf sich zu ziehen. So lange wie wir hier noch weiterwurschteln und alles gut geht, ändert sich nichts. Der Karren muss erst mit einem Knall gegen die Wand krachen, bevor die Klinikleitung und die Politik auf unsere Misere aufmerksam werden.“

Lisa und Timo nicken zustimmend. Doktor Jabbour verspricht, das Thema bei der nächsten Gelegenheit mit der Ärzteschaft und der Klinikleitung zu besprechen. Die Anspannung auf der Station ist greifbar, und jeder von uns spürt die Schwere der Verantwortung.

Gott sei Dank ist es eine ruhige Nacht, ohne besondere Vorkommnisse. Ich gebe vor, Kopfschmerzen zu haben, und nutze einen kurzen Moment, um mich auf ein freies Bett zu legen, das sich am anderen Ende des Flurs befindet. Timo kommt vorbei und lächelt.

„Jan, mal wieder eine kleine Pause? Die Patienten vermissen dich schon.“

Ich lächele. „Ich brauche nur eine kurze Auszeit, dann bin ich wieder fit für alles.“

Um zu verdeutlichen, dass ich alleine sein möchte, schließe ich die Augen und verschränke die Arme hinter dem Kopf. Mein Plan ist es, unauffällig zu sein, wenn der Alarm für alle anderen plötzlich losgeht. Der Weg bis zum Zimmer von Brendel ist weit, aber ich hoffe, dass meine Aktion dadurch weniger auffällt, wenn der Ernstfall eintritt. Wie gut, dass Timo mich hier auf dem Bett gesehen hat.

* * *

Kurze Zeit später höre ich Stimmen aus dem Aufenthaltsraum. Lisas Stimme ist immer gut zu hören. Ich schleiche am Raum vorbei, immer ein Auge auf dem Arztzimmer, in dem Jabbour sich wahrscheinlich auch ausruht. Leise schließe ich die Tür zum Zimmer von Sebastian Brendel, lausche. Nur das monotone Piepen der Maschinen ist zu hören. Meine Finger umschließen die beiden Spritzen, die ich seit gestern nicht aus der Tasche genommen habe.

Sebastian Brendel. Eigentlich müsste dein Sohn hier liegen. Wie gerne würde ich ihm die tödliche Injektion verpassen. Wie oft hat er mich in der Schule gehänselt, wie oft hat er mich auf dem Fußballplatz angeschrien, wenn ich ihn nicht angespielt habe. Dieser Ego-Tripper. Doch er hat immer die Unterstützung seines arroganten Vaters gehabt. Jetzt gleich ist es Schluss mit Brendelscher Arroganz. Für immer.

Ich nehme die Schutzkappen von den Spritzen und trete an das Bett heran. Es geht ganz leicht, Max Vater zuckt nicht einmal. Auf meinem Gesicht breitet sich ein zufriedenes Grinsen aus. Lange Zeit bleibt mir nicht. Ich drücke die Spritzen in den Abwurfbehälter und beeile mich, zurück auf meine Liege im Flur zu kommen, bevor der Alarm losgeht.

* * *

Max Brendel hat sich spontan entschlossen, seinen ursprünglich noch zwei Wochen länger geplanten Australien-Urlaub vorzeitig zu beenden. Sein Flieger setzt gegen Mitternacht am Bremer Flughafen auf. Die Sorge um seinen Vater liegt schwer auf seinem Gemüt. Sobald er gelandet ist, beeilt er sich, sein Telefon herauszuholen und seine Mutter anzurufen. Die Uhrzeit und die späte Flughafenkulisse verstärken die Anspannung, während er auf eine Verbindung mit seiner Mutter wartet.

Es klingelt mehrmals, bevor Hertha Brendel den Anruf entgegennimmt. Die Uhrzeit spiegelt sich in der brüchigen Stimme seiner Mutter wider. „Hallo?“, sagt sie, die Sorge ist unüberhörbar.

„Mom, hier ist Max. Ich bin zurück in Bremen“, erklärt Max besorgt.

Hertha atmet tief durch. „Max, du solltest doch nicht heimkommen, das hatten wir doch so abgesprochen.“

„Papperlapapp, jetzt bin ich hier. Wie geht es ihm?“

„Ich bin froh, dich jetzt hier zu haben. Er hatte einen schweren Herzinfarkt. Sie haben ihn notoperiert. Es war alles so plötzlich.“

Max' Herzschlag beschleunigt sich. „Wie geht es ihm jetzt?“

„Ich habe fast stündlich mit der Klinik telefoniert. Die Operation ist gut verlaufen, aber es war knapp. Er ist jetzt stabil, aber die Ärzte behalten ihn im Auge. Du solltest erst einmal hierherkommen, Max.“

Max nickt, obwohl sie es nicht sehen kann. „Ich warte auf den Koffer, dann bin auf dem Weg. Ich suche mir ein Taxi und lasse dich wissen, wann ich ankomme. Halt durch, Mom.“

Das Gespräch endet, und Max macht sich auf den Weg zum Elternhaus, die Ungewissheit und die Sorge um seinen Vater begleiten ihn auf jedem Schritt.

* * *

Der Alarm schneidet durch die Stille wie ein schriller Schrei. Schnell erhebe ich mich und sprinte zu Brendels

Zimmer. Timo und Lisa sind auch unterwegs und gemeinsam versuchen wir, den zusammengebrochenen Patienten zu stabilisieren. Panik liegt in der Luft.

Lisa ruft aufgeregt: „Jan, wir brauchen sofort deine Hilfe! Brendel reagiert nicht mehr, sein Puls ist kaum spürbar!"

Das Adrenalin schießt durch meine Adern, während ich mich in die lebensrettende Arbeit stürze. Die Blicke der Kollegen treffen meine, doch keiner ahnt, dass ich der Auslöser für dieses Drama bin.

Dr. Jabbour betritt den Raum und erkennt die ernste Lage. „Was ist hier los?"

Timo antwortet mit deutlichem Stress in der Stimme. „Brendel hat einen plötzlichen Zusammenbruch erlitten. Wir versuchen, ihn zu reanimieren, aber es wird immer schlechter."

Die Anspannung steigt ins Unerträgliche. Wir setzen alles daran, den Patienten zurückzuholen, doch die Zeit arbeitet gegen uns. Der Raum füllt sich mit einer bedrückenden Atmosphäre.

Timo flucht leise vor sich hin. „Verdammt, das sollte nicht passieren. Wir haben alles richtig gemacht!"

Kurz flackert wieder etwas auf, aber Brendel sackt uns ein weiteres Mal weg. Jabbour wirft mir einen fragenden Blick zu, aber ich halte standhaft meinen inneren Konflikt aus dem Blickfeld der anderen verborgen. Der Tod von Max' Vater manifestiert sich in diesem Moment, und meine Hände, die um Brendels Leben kämpfen, zittern in einer Welle von Emotionen.

Dann ist es zu Ende.

Ich rette, also bin ich.

Ich töte, also bin ich.

In dieser Nacht ändert sich mein ganzes Leben. Aus

dem Krankenpfleger Jan Becker ist der Killer Jan Becker geworden. Bis zu dieser Nachtschicht habe ich mit dem Leben der Patienten gespielt – aus Langeweile, aus Geltungssucht, aus Konkurrenz mit den Ärzten. Ab jetzt spiele ich Gott.

KAPITEL ZWÖLF

Der Aufenthaltsraum ist erfüllt von einer beklemmenden Stille. Der Versuch, Sebastian Brendel zu retten, endete in einem tragischen Scheitern. Leise, fast flüsternd beginnt Dr. Jabbour das Telefonat mit Hertha Brendel. Ich kann die Trauer in seiner Stimme spüren, als er versucht, die schreckliche Nachricht so behutsam wie möglich zu übermitteln. Der Raum scheint sich zu verengen, als die Realität dieses Moments auf uns niederprasselt.

Die Worte von Dr. Jabbour hallen in meinen Ohren nach. „Es tut mir leid, Frau Brendel, Ihr Mann hat den Kampf verloren."

Lisa schaut mich mit traurigen Augen an. „Es ist so verdammt frustrierend. Wir haben alles versucht."

Timo faltet die Hände auf der Tischplatte, als wolle er beten. Doch das tut er nicht. „Manchmal können wir einfach nicht gewinnen. Das ist die Realität unseres Jobs."

Ich nicke zustimmend, halte jedoch meinen inneren Konflikt weiterhin verborgen. Mein Blick streift hinaus durch das Fenster, während die schweren Gedanken in meinem Kopf wirbeln. Der Tod von Sebastian Brendel markiert nicht nur das Ende seines Lebens, sondern auch den Beginn eines dunklen Kapitels, an dessen Anfang ich stehe.

* * *

Es ist früher Morgen. Die Nachtschicht ist vorbei, mich zieht es nach Hause. Die Nacht hat mich geschlaucht, doch ich habe noch eine Frage bezüglich eines Medikaments an Doktor Jabbour. Ohne anzuklopfen betrete ich sein Arztzimmer. Eigentlich hatte ich gar nicht damit gerechnet, ihn hier noch anzutreffen, doch er ist noch anwesend – und nicht alleine. Ich erkenne ihn sofort - Max Brendel. Das verheulte Bündel an seiner Seite muss seine Mutter sein.

„Wie konnte es dazu kommen?“, zischt er in seinem arroganten Ton. Ich sehe sofort, dass ihm die Nationalität des Arztes missfällt.

Max war immer ein Rassist, bereits in der Schule. Ich erinnere mich noch an seine Sprüche, wenn uns ein Farbiger begegnete. 'Guck mal, da hat es gebrannt', hat er gesagt und dann noch lachend angefügt: 'Leider nicht lange genug!'

Diese Verachtung sehe ich nun wieder. Jabbour geht mir am Arsch vorbei, aber er ist eigentlich ein netter Mensch. Die Atmosphäre im Zimmer ist zum Zerreißen gespannt. Doktor Jabbour versucht die Situation zu erklären, aber Max wirkt außer sich vor Wut. Als er mich erblickt, verdunkelt sich sein Gesicht, und er stürzt sich mit Vorwürfen auf mich.

„Du? Jan Becker, nein, oder? Du warst auch dabei, oder

was? Was habt ihr hier getrieben? Mein Vater war gesund, und jetzt ist er tot!“

Seine Worte prasseln auf mich nieder, und ein unangenehmes Gefühl der Beklommenheit steigt in mir auf. Ich versuche, ruhig zu bleiben, während Jabbour versucht, Max zu beruhigen. Doch der lässt nicht locker.

„Du warst schon immer ein Loser, Becker. Wie kannst du auf einer Intensivstation arbeiten? Was hast du damit zu tun, dass mein Vater gestorben ist?“

„Nichts, ich habe versucht, deinen Vater zu retten, Max.“

„Wenn du dabei so kompetent warst wie im Klassenzimmer oder auf dem Fußballplatz, dann hatte mein Vater keine Chance.“

Für einen Moment wünsche ich mir die Situation der vergangenen Nacht zurück. Nur mit Max anstelle seines Vaters. Doch ich halte meinen Zorn zurück. Jabbour springt mir zur Seite, verteidigt meine Qualifikationen und betont, dass wir alles in unserer Macht Stehende getan haben. Doch ich erkenne, dass Max nicht aufhören wird, nach einem Sündenbock zu suchen. Also stehe ich aufrecht, lasse seine Angriffe an mir abprallen und antworte mit einem ruhigen Selbstbewusstsein.

„Max, ich verstehe, dass du in dieser schweren Zeit frustriert bist. Aber ich habe meinen Job gemacht, wie jeder hier. Dein Vater hatte ernsthafte Vorerkrankungen. Das können wir nicht ändern. “

Meine Worte hallen in der Stille des Zimmers wider. Max sieht mich wütend an, doch die medizinische Expertise, so schmerzhaft sie auch sein mag, liegt auf unserer Seite. Mit einem letzten verächtlichen Blick verlässt er mit seiner Mutter im Schlepp das Zimmer, und ich atme tief durch. Dieser Sieg schmeckt irgendwie fade.

„Wozu Menschen fähig sind, wenn sie in Extremsituationen gebracht werden. Es war ja nicht zu überhören, dass Sie sich von früher her kennen, Herr Becker", sagt Jabbour und legt mir die Hand auf die Schulter. Ich atme ein und aus.

„Ja, wir kennen uns. Max ist eine Kopie seines Vaters, der hat ihn so erzogen, wie er dachte, es würde ein Mann aus ihm. Max hatte eigentlich keine Freunde, die, die er hatte, hat er sich erkauft. Er kann nicht aus seiner Haut."

Jabbour seufzt. „Jeder Mensch hat zu jeder Zeit die Möglichkeit auf sein bisheriges Leben zu blicken und zu entscheiden, ob er diesen Weg weitergehen will oder nicht. Wir gehen jetzt heim und legen uns hin. Gute Nacht, Herr Becker."

„Gute Nacht, Doktor Jabbour", antworte ich und ringe mir ein Lächeln ab. Will ich auf mein bisheriges Leben blicken? Und wenn ja, will ich etwas ändern?

* * *

Der Alltag in der Klinik verläuft wie gewohnt, und doch hat sich etwas in mir verändert. Vanessa und ich sind zusammengezogen, und während ich äußerlich das Bild eines glücklichen Mannes abgebe, nagt etwas Unausgesprochenes an mir. Die Mordserie setzt sich fort, doch meine Vorgehensweise hat sich gewandelt. Die Jagd nach dem Adrenalinkick führt mich nun dazu, meine zukünftigen Opfer bereits im Vorfeld auszuspähen.

Manchmal lasse ich das Schicksal entscheiden, wer das nächste Opfer sein wird. Der Drang, die Kontrolle zu behalten, mischt sich mit der bizarren Lust am Spiel mit dem Tod. Die Routine der Schichten wird von einem düsteren Nebelschleier überzogen, und während ich nach außen hin meine Pflichten als Pfleger erfülle, bahnt sich in mir ein gefährlicher Sog an, der meine moralischen

Grenzen weiter verschwimmen lässt. Jeder bekommt seine Chance, an manchen Tagen trage ich einen Würfel bei mir. Würfele ich eine gerade Zahl, bleibt der Patient verschont.

Ungerade tötet.

KAPITEL DREIZEHN

Ewelyn Heger steckt in einem Strudel aus Trauer und Verzweiflung. Der schmerzliche Verlust ihrer Mutter hat tiefe Spuren hinterlassen, und sie findet nur schwer zurück ins normale Leben. Die täglichen Herausforderungen werden zu unüberwindbaren Hürden. Oftmals erreicht sie ihren Arbeitsplatz verspätet, und die Anforderungen des Jobs scheinen inmitten ihres emotionalen Chaos kaum zu bewältigen.

Die Trauer um ihre Mutter hat Ewelyn fest im Griff, und die Konsequenzen zeigen sich nicht nur in ihrem persönlichen, sondern auch beruflichen Leben. Die ständige Unpünktlichkeit wird schließlich zur Ursache für den Verlust ihres Arbeitsplatzes. Der Strudel der Ereignisse zieht sie weiter nach unten, und Ewelyn findet sich in einer bedrückenden Lage wieder, in der sie mit den schmerzlichen Verlusten kämpft und gleichzeitig versucht, im Alltag Fuß zu fassen. Von ihren Freuden kann sie keine Hilfe mehr erwarten, denn die haben sich alle von ihr abgewendet, da sie pausenlos über ihre tote Mutter redet.

* * *

Nachdem er sich von einer hartnäckigen Grippe erholt hat, ist Thorsten Jakobs, 33 Jahre alt und leidenschaftlicher Sportler, entschlossen, wieder durchzustarten. Trotz der leichten Erschöpfung und Kreislaufbeschwerden nach seiner Genesung plant er, laufen zu gehen. Er fährt zu einem seiner Lieblingsorte, parkt sein Auto und beginnt zu joggen. Während des Laufs merkt er, dass ihm die volle Fitness noch fehlt, aber er hofft, die Müdigkeit durch das Laufen zu überwinden.

Unterwegs versucht er, seine Konditionsprobleme mit Magnesium und Traubenzucker zu lindern. Als er eine Gruppe von Läuferinnen erreicht, überkommt ihn der Ehrgeiz, sich zu beweisen. In einem Sprint versucht er, die Frauen zu überholen. Doch plötzlich, mitten im Überholvorgang, durchzuckt ihn ein intensiver Schmerz. Seine Sicht verschwimmt, seine Beine versagen, und bevor er begreifen kann, was passiert, verliert er die Besinnung. Mit einem krachenden Geräusch stürzt er, mitten in eine der Läuferinnen hinein. Sie kann seinen fallenden Körper nicht mehr abfangen, beide gehen zu Boden.

Die Gruppe, zunächst irritiert über diese plötzliche Kollision, denkt zuerst an eine Attacke eines Wahnsinnigen, doch man erkennt schnell, dass mit Jakobs etwas Ernstes nicht stimmt. Panik bricht aus, und sofort wird der Rettungsdienst alarmiert, um den kollabierten Läufer ins Oldenburger Klinikum zu bringen. Dort stellen die Ärzte lebensbedrohliche Herzrhythmusstörungen fest und entscheiden sich zu einer sofortigen Notoperation.

* * *

Sex mit Vanessa ist wie ein Erdbeben. Sobald ich in ihr bin, bekomme ich sonst nichts mehr mit. Da könnte eine Atombombe neben mir explodieren, ich bekäme es nicht mit. „Jan", flüstert sie mitten in meine Stöße hinein. Ich halte die Augen geschlossen und ficke weiter.

„Jan, ich muss dir etwas verraten", sagt sie nun etwas lauter. Ich öffne die Augen zu Schlitzen, sehe ihre Titten wippen und ihren aufmerksamen Blick. Der passt nicht zur Leidenschaft, mit der sie noch eben gestöhnt hat.

„Was?"

„Schatz, ich habe die Pille abgesetzt!"

Ihr Wunsch nach einem gemeinsamen Kind steht im Raum wie ein elektrisch aufgeladener Blitz. Wir hatten diese Diskussion schon vor längerer Zeit geführt und ich hatte ihr meine Ablehnung zu Nachwuchs eindeutig klargemacht.

Ich sehe mich nicht, aber mein Ausdruck wechselt von sinnlicher Hingabe zu purer Verwirrung und letztendlich zu Entsetzen. Mein Körper verkrampft sich, und mit einem plötzlichen Rückzug aus Vanessa heraus und einem energischen Abwenden des Blicks beende ich abrupt den intimen Moment. Die Leidenschaft wird von einer eiskalten Dusche der Realität abgelöst. Mein Schwanz ist sofort schlaff vor Schreck.

„Du hast was?"

„Ich habe die Pille abgesetzt", wiederholt sie nun energischer

Ein Moment der Stille breitet sich aus, bevor die Explosivität des Geschehens in einem aufgeladenen Streit entlädt.

„Wie konntest du das tun? Hatten wir uns nicht darauf geeinigt, erst leben, dann Kinder kriegen?"

Sie schaut mir prüfend in die Augen und ich wünsche mir so sehr, dass sie lachen würde und falschen Alarm verkünden. So etwas macht Vanessa gerne, sie liebt solche Scherze auf meine Kosten. Ich hasse es, wenn sie das tut. Doch das Lächeln bleibt aus. Sie hat es wirklich getan. Sie antwortet nicht, stattdessen laufen Tränen über ihre Wangen.

„Du hättest es mit mir besprechen müssen!“, beharre ich auf meiner Sicht der Dinge.

„Es ist verdammt nochmal mein Körper ...“

„Aber unser gemeinsames Leben und du kannst nicht einfach über meinen Kopf hinweg Entschlüsse fassen. So läuft das nicht.“

Die Worte fliegen zwischen uns hin und her, während die Kluft zwischen unseren Lebensvorstellungen und Wünschen immer deutlicher wird. Die eben noch harmonische Atmosphäre ist nun von Spannungen und Unsicherheiten durchdrungen.

Vanessa steht auf und zieht sich an. Ich sehe ihre Titten und ihre Muschi, die plötzlich all ihren Reiz verloren haben. Ich rolle mich auf die Seite und bleibe liegen, bis sich die Tür zum Schlafzimmer geschlossen hat. Wenn ich eins hasse, ist es die Kontrolle zu verlieren. Egal wo. Egal wann. Egal wie.

* * *

Weit vor Schichtbeginn bin ich auf Station. Ich habe es daheim nicht mehr ausgehalten. Vanessa war verschwunden, ich weiß nicht, wohin sie gegangen war. Sich vielleicht bei einer Freundin ausheulen. Von einem Kollegen lasse ich mir die Neuzugänge zeigen. Dabei fällt mein Blick auf den jungen Mann, der auf Zimmer neun liegt. Der ist kaum älter als ich, vielleicht Anfang dreißig.

„Ist beim Joggen aus den Latschen gekippt. Das Übliche, zu früh mit dem Sport begonnen nach einem grippalen Infekt. Von seiner Vorerkrankung hatte er keine Ahnung, schwerste Herzrhythmusstörungen, der liegt auf der Kippe."

Er heißt Thorsten Jakobs, ist dreiunddreißig Jahre alt. Als ich die Schicht beginne, kenne ich bereits sein Todesdatum.

* * *

Was mich total nervt: Um halb neun ist die Freundin oder Ehefrau von Jakobs aufgetaucht. Eine hübsche Blondine mit einem gewölbten Bauch. Sofort muss ich an Vanessa denken, sehe sie in diesem Zustand vor mir stehen. Mir wird heiß und kalt. Die Frau redet ohne Unterlass auf Doktor Jabbour ein, will von ihm die Erlaubnis, die Nacht auf Station zu bleiben.

Das geht nicht.

Nicht nur, weil sie dann meine Pläne stört, sondern auch, weil das gegen unsere Krankenhausregeln ist. Keine Angehörigen in der Nacht auf der Herzchirurgie. Ich sehe wie Jabbour weich zu werden droht. Doch als ich hinzutrete, bleibt er hart. „Es tut mir leid, wir dürfen keine Ausnahmen machen, Frau Jakobs", sagt er bestimmt. Sie ist also seine Frau. Und morgen seine Witwe. Aber das weiß sie noch nicht.

Niemand außer mir weiß das.

* * *

Lisa hängt mal wieder an meinen Lippen. Sie sagt es zwar nicht, aber sie macht sich noch immer Hoffnungen, dass aus uns noch ein Paar wird. Wir stehen am geöffneten Fenster im Medikamentenraum, ich ziehe den Rauch meiner Zigarette tief in meine Lungen. Das ist verboten, aber niemand sagt etwas. Der Raucherbereich ist draußen vor dem Hintereingang. Bei einem Alarm wäre ich erst nach fünf Minuten wieder auf Station. Also sagt keiner etwas zu meinen Rauchpausen am Fenster.

„Jan, du bist echt beeindruckend. Wie schaffst du es, immer so cool zu bleiben, selbst in hektischen Situationen? Du bist der Einzige, der so cool bleibt."

Nach dem Streit mit Vanessa geht mir ihr Gesäusel runter wie Öl. „Ach, Lisa, das ist wohl Übungssache. Nach all den Jahren auf der Intensivstation lernt man, mit dem Stress umzugehen"

Lisa schüttelt den Kopf. „Aber du machst das anders. Ich meine, ich habe dich beobachtet, wie du mit den Patienten umgehst. Das hat nichts mit Routine zu tun. Da steckt mehr dahinter."

Ich lächele sie an. „Du, Lisa, das Wichtigste ist, immer einen klaren Kopf zu bewahren. Die Patienten spüren, wenn du unsicher bist. Das dürfen wir uns einfach nicht erlauben."

„Ich bewundere das. Ehrlich. Ich würde manchmal gerne in deine Gedanken reinschauen, um zu verstehen, wie du das machst."

Ich lächele weiter, obwohl mir ein kalter Schauer über den Rücken läuft. In meinen Kopf hineinschauen? Das sollte sie lieber nicht. Die Dunkelheit darin würde sie umhauen.

„Ach, das ist nichts Besonderes. Ein Mix aus Erfahrung, Empathie und... nun ja, vielleicht ein bisschen Eigenwilligkeit."

Lisa legt ihre niedliche Stirn in Falten. Das hat sie beim Sex auch so gemacht und ich muss unwillkürlich daran denken, sie hier und jetzt zu ficken. „Eigenwilligkeit?"

Ich habe echt Mühe, meine Lust zu bremsen. „Ja,

manchmal muss man einfach seinen Instinkten vertrauen. Das ist zwar nicht immer im Lehrbuch, aber es hat mir schon oft geholfen."

Sie schaut mich an, als könnte sie meine Gedanken lesen. Ist mir die Geilheit ins Gesicht geschrieben?

Das Schrillen der Alarmglocken reißt mich aus meinen Fantasien. Ich ziehe ein letztes Mal an der Kippe und schnipse sie aus dem Fenster. „Ein Alarm. Jemand braucht unsere Hilfe. Los geht's. Willst du heute mal ran?"

* * *

Der unvorhergesehene Alarm kam mir recht. So konnte ich wieder meine Lorbeeren für den Abend einsacken. Natürlich hat Lisa nicht an vorderster Front gehandelt, das hat sie wie immer mir überlassen. Die Patientin hat einen schlechten Allgemeinzustand, ich habe nicht viel Hoffnung, als wir bei ihr eintreffen. Trachealtubus und Beatmungsbeutel versagen, wir nutzen den Schocker, ohne Wirkung.

„Haben Sie schon einmal mit der Sonde reanimiert?", fragt mich plötzlich Jabbour.

Ich fahre rum, weil ich geschockt bin über diese Frage.

„Nein, bisher nur über Elektroden am Kopf", antworte ich wahrheitsgemäß.

„Trauen Sie sich das zu?"

„Ich habe das schon einmal gesehen, aber noch nie selber ausgeführt."

Das wäre etwas für meine Reputation. Daher bin ich sofort Feuer und Flamme. Die Elektrosonde wird über die große Vene eingeführt. Das muss alles sehr schnell gehen, die Frau ist schon seit einer guten Minute flat. Lisa und Timo beatmen weiter. Jabbour gibt Anweisungen. Über einen Monitor beobachte ich, wie sich die Sonde dem

Herzen nähert. Dann gibt das winzige Teil seine Stromstöße ab. Sofort reagiert die Pumpe, der Herzschlag setzt wieder ein.

Ich stoße einen schrillen Schrei aus und halte Timo die Hand zum Abklatschen hin. „Geiler Job“, sagt der Kollege. Jabbour hat Stolz in den Augen, das erste Mal sehe ich das bei ihm. „Der Kollege hat recht“, sagt er. Doch zum Abklatschen lässt er sich nicht herab.

* * *

Ich habe Lisa den ganzen Abend über am Ärmel. Sie will haarklein wissen, wie ich das mit der Sonde gemacht habe. Dabei weiß ich das auch nicht so genau, ich bin einfach den Anweisungen des Arztes gefolgt. Ich bin mir sicher, dass ich sie in dieser Nacht flachlegen könnte, so, wie sie mich anschaut. Doch ich habe etwas anderes vor.

„Du, ich lege mich einen Moment hin, das eben hat mich doch schön geschlaucht, ich bin schließlich ja auch kein Roboter.“

Sie hat Verständnis und lächelt mir zu, dass ich mich im leeren Zimmer neben Thorsten Jakobs auf ein freies Bett legen will. Doch ich mache kein Auge zu. Sofort, nachdem ich die Tür hinter mir geschlossen habe, bleibe ich dort stehen, öffne sie erneut einen Spalt breit und spähe in den Flur. Alles ist ruhig. Ich schlüpfe aus dem Zimmer und bin sofort im Nachbarzimmer. Jakobs liegt im Licht der flackernden Lampen, ich sehe den Beatmungsschlauch, der zu seinem Mund führt, und die Pflaster im Gesicht und auf seinen Armen. Kurz denke ich an die Wölbung auf dem Unterkörper seiner Frau, doch dann ziehe ich die Kappen von den Spritzen und injiziere ihm sofort beide in den Unterarm, genau hinter einem der Pflaster, das den zentralen Venenkatheter verdeckt. Das fällt nie auf. Mit einem zufriedenen Lächeln schlüpfe ich geschwind aus dem Raum und kehre auf meine Liege nebenan zurück. Ich zähle bis zehn, dann schrillt der Alarm los.

Wir geben alles, um Jakobs zurückzuholen. Vergebens.

Ich töte, also bin ich.

KAPITEL VIERZEHN

Ich sehe Lisa am Ende der Schicht auf mich zukommen, ihr Blick ist ernst. „Jan, ich habe dich vorhin aus Jakobs' Zimmer kommen sehen, vor dem Alarm. Was hast du da gemacht?“

Das kann nicht sein. Oder doch? Habe ich sie übersehen? Ich versuche, cool zu bleiben und leugne mit einem Lächeln „Was redest du da, Lisa? Ich war nicht in Jakobs' Zimmer. Erst als der Alarm losging und dann fast zeitgleich mit dir.“

Sie zieht skeptisch eine Augenbraue hoch. „Ich bin mir ziemlich sicher, dass ich dich gesehen habe. Warum sollte ich lügen?“

Ich stoße die Luft aus, kratze mich verlegen am Kopf. „Weiß nicht. Wir sind alle überarbeitet, da spielt einem das Hirn schon mal Streiche.“

„Du bist herausgekommen, nicht hineingegangen. Das kann ich schon noch unterscheiden trotz Überarbeitung.“

Ich lächle und versuche weiter, meine Unschuld zu beteuern. „Lisa, ich habe im Nebenzimmer geschlafen. Du magst mich vielleicht reingehen sehen, aber nicht wieder raus."

Sie runzelt die Stirn, offensichtlich noch nicht überzeugt.

„Wir sind zu dritt gewesen heute Nacht. Wer außer dir soll es gewesen sein. Timo saß im Zimmer quasi neben mir, den habe ich im Blick gehabt."

„Jemand von einer anderen Station vielleicht, der etwas gesucht hat?"

Ich setze mein Welpenlächeln auf und schaue ihr tief in die Augen. Keine Wirkung. Lisa schaut mich weiterhin skeptisch an, aber sie scheint vorerst von der Forderung einer Erklärung abzulassen. Sie lächelt sogar. „Gut, aber sei vorsichtig, Jan. Ich habe meine Augen überall."

Was ein Scherz sein soll, klingt für mich wie eine Drohung. Ich nicke und versuche, meine Anspannung zu verbergen. Sie hat mich gesehen, weil ich unvorsichtig war. Dieses Mal hat sie meine Lüge verdaut. Aber was, wenn sie mich jetzt genauer in den Blick hat? Diese Lüge wird mich noch in Schwierigkeiten bringen, das spüre ich genau.

Hoffentlich muss ich Lisa nicht aus dem Weg räumen. Es täte mir leid um sie.

* * *

Das Arbeitsumfeld auf der Station 211 in Oldenburg ist nüchtern. Außer rein weißen Wänden kommt in manchen Räumen ein wenig Gelb oder auch ein Blauton hinzu. Vor dem nackten Weiß steht Medizintechnik, entweder abgeschaltet oder mit kaltem Licht im Betrieb. Von der Schleuse am Eingang führt ein langer Flur zum Tresen der zentralen Überwachung der Station. Rechts liegen die Bettplätz der Station, neun an der Zahl, in denen die frisch operierten Patienten liegen. Damit man sich jederzeit ein

Bild über die OP-Verläufe und die Situation der Patienten machen kann, hängen Röntgenbilder in alten Leuchtkästen an der Wand. Darunter steht ein Notfallwagen. Auf dem Flur liegen die Toiletten und das Arztzimmer, sowie der Medikamentenraum und der Raum für das Personal.

Ich sitze im Personalraum und denke nach. Soll ich ein wenig die Füße stillhalten? Wenn Lisa etwas gesehen hat, wird sie es weitererzählen? In meiner Hand dreht sich wie ferngesteuert der Würfel. Ich lasse ihn entscheiden. Gerade bedeutet weitermachen, ungerade einen Stopp einlegen und Gras über die Sache wachsen lassen. Ich lasse den Würfel zu Boden fallen, er kantet auf und rollt unter die Sitzbank. Aufgeregt bücke ich mich und schaue nach. Eine vier.

Also weitermachen. Ich mache mich auf den Weg nach Hause. Vanessa ist noch immer nicht da. Ihr Bett ist unbenutzt. Muss ich mir Sorgen machen?

* * *

Was für eine Scheißnacht!

In der Nachtschicht sind uns zwei Patienten kollabiert, einer hat es nicht geschafft. Ich habe meinen Würfel gar nicht zum Einsatz bringen müssen. Es war auch ohne ihn viel zu tun. Wäre jede Nacht so ereignisreich gewesen, wer weiß, vielleicht wäre ich nie auf die Idee gekommen, nachzuhelfen. Lisa und Timo waren nicht dabei, dafür die Kollegin Anja und der Pfleger Marcel Jansen. Der ist eher ein Klotz am Bein als eine große Hilfe bei solchen Situationen. Ich kann auch nicht mehr sagen, wer bei welcher Reanimation wo gestanden hat, jemand hat Spritzen geholt, ein anderer den Defibrillator. Jemand macht die Herzdruckmassage, ein anderer holt den Arzt. Doktor Jabbour hatte alle Hände voll zu tun. Nichts läuft in so einer Nacht mehr regelgerecht, man reagiert nur noch. Kaum hatten wir den einen Patienten wiedergeholt, klingelte der Alarm aus Zimmer fünf. Und umgekehrt. Der zuvor reanimierte Patient ging uns erneut weg und blieb dann auch Ex. Wir konnten nichts mehr tun.

Aber das war noch nicht alles. Jabbour hatte sich in sein Arztzimmer zurückgezogen, wir Pfleger warteten aufgekratzt auf den nächsten Notfall, der Gott sei Dank ausblieb. Die Schicht war kurz vor ihrem Ende und ich freute mich auf mein Bett. Als es an der Tür zur Intensiv klingelte. Ohne nachzufragen öffnet Anja die Tür.

Die herzchirurgische Intensivstation ist noch immer in heller Aufregung, als die Ehefrau von Thorsten Jakobs, begleitet von einem Anwalt, den langen Flur betritt. Ihr Blick sucht nach einem Ansprechpartner, und schließlich wird sie auf Dr. Jabbour aufmerksam, der in diesem Moment durch den Flur eilt.

Der Anwalt baut sich vor den Mediziner auf und schaut auf dessen Namensschild. „Dr. Jabbour, mein Name ist Markus Krüger. Ich vertrete Frau Jakobs. Sie möchte eine Erklärung für den Tod ihres Mannes."

„Was haben Sie hier getan? Wieso ist mein Mann tot?", fällt ihm die Ehefrau ins Wort, Krüger spricht beruhigend auf sie ein. „Lassen Sie mich das machen, dafür bin ich hier." Er wendet sich wieder an Jabbour.

Dr. Jabbour, befürchtet eine Eskalation und versucht die Situation zu beruhigen. „Guten Tag, Herr Krüger. Es tut mir aufrichtig leid, was passiert ist. Wir haben alles in unserer Macht Stehende getan, um Herrn Jakobs zu helfen. Mein Beileid gilt natürlich auch Ihnen, Frau Jakobs", sagt er und schaut die Ehefrau mit einem milden Blick an. Sie fasst sich mit beiden Händen an den Bauch. Mit Tränen in den Augen schluchzt sie fassungslos: „Aber warum ist er dann tot? Er war doch erst 33!"

Jabbour seufzt und macht eine einladende Geste in Richtung seines Büros. „Das tut mir wirklich leid. Es gab Komplikationen, die wir nicht vorhersehen konnten. Manchmal verläuft eine OP nicht so, wie wir es erhoffen."

„Das ist keine ausreichende Erklärung. Wir wollen Klarheit."

Frau Jakobs nickt zustimmend. Ihr Make up ist verwischt. „Ich bin schwanger. Was soll ich denn jetzt ohne Thorsten machen? Können Sie mir das sagen?"

Ich komme gar nicht umhin, das Gespräch aus dem Personalraum mitbekommen. Und Jabbour tut mir in dem Moment leid, warum weiß ich auch nicht. Ich trete hinzu.

„Entschuldigen Sie, Herr Krüger. Mein Name ist Jan Becker, ich bin Krankenpfleger hier. Ich kann verstehen, dass Frau Jakobs Antworten sucht. Lassen Sie uns in Ruhe reden und ich erkläre Ihnen die Situation genauer."

Dr. Jabbour schaut mich erstaunt an, dann schüttelt er den Kopf. „Jan, das ist sehr nett von dir, aber in diesem speziellen Fall ist das ärztliche Personal zuständig."

Er traut es mir nicht zu, das sehe ich ihm an. Auch die beiden anderen Personen schauen mich an, als hätte ich eine Amtsanmaßung begangen. Dabei weiß niemand besser, warum Thorsten Jakobs sterben musste.

Jabbour führt Frau Jakobs und ihren Anwalt in einen ruhigeren Raum, um die traurige Wahrheit über den Tod ihres Mannes zu erklären. Jabbour versucht, die komplexen medizinischen Details verständlich zu erklären, ohne die Emotionalität des Moments zu vernachlässigen.

„Frau Jakobs, die Operation an Ihrem Mann war sehr anspruchsvoll. Leider hat sich während des Eingriffs eine unerwartete Komplikation ergeben. Außerdem haben wir erfahren müssen, dass er eine Vorerkrankung hatte. Wir haben alles versucht, um ihn zu retten, aber sein Herz hat mitten in der Nacht aufgehört zu schlagen."

Frau Jakobs ringt mit ihren Fingern. Schließlich presst sie mit gebrochener Stimme hervor: „Aber er war so jung. Warum ist so etwas passiert?"

„Manchmal gibt es medizinische Situationen, die wir nicht vorhersehen können. Es tut mir leid, dass wir nicht mehr für Ihren Mann tun konnten. Wir stehen Ihnen zur Verfügung, um Ihnen bei allem zu helfen, was Sie jetzt durchmachen."

Krüger sieht ein, dass es hier keine weiteren Informationen zu holen gibt. Er steht auf und reicht seiner Mandantin die Hand. Mühsam erhebt sie sich. „Wir werden die Umstände dieses Todesfalls genau prüfen lassen. Ich hoffe, Sie haben alle relevanten Unterlagen bereit."

Jabbour steht ebenfalls auf und bleibt ruhig. „Natürlich, Herr Krüger. Wir sind transparent in unseren Handlungen. Wenn Sie weitere Informationen benötigen, stehe ich Ihnen zur Verfügung."

KAPITEL FÜNFZEHN

Ärgerlich blicke ich auf die Tür, durch die Jabbour gerade verschwunden ist. Warum vertraut er mir nicht? Ich hätte Frau Jakobs erklären können, was wirklich passiert ist. Stattdessen stellt er sich vor mich und blockt ab. Aber das ging ihm wahrscheinlich gegen die Ehre, damit muss ich leben. Ärzte machen Ärztesachen, Pfleger machen Pflegersachen. So wie es mein Vater immer wieder predigt. Draußen vor der Klinik treffe ich auf Carsten Lindemann.

„Hey, Jan, wie geht's dir?"

Eigentlich verspüre ich keine große Lust auf Smalltalk, aber ich gehe ein paar Schritte mit ihm. An der Hausecke bliebt er plötzlich stehen und schaut mir ins Gesicht. „Was ist eigentlich auf Station 211 los? Die Leute tuscheln schon, dass da in deiner Schicht so einiges passiert."

„Was passiert? Was soll denn passieren? Wir sind eine Intensivstation."

„Auf der jede Menge Leute sterben..."

„Ach, lass den Klatsch. Ein paar unglückliche Umstände, mehr nicht."

„Mehr nicht? Die Leute denken schon, es spukt bei euch. Und die Sache mit Jakobs macht das nicht besser."

Hat dessen Tod schon so weite Kreise gezogen? „Was hast du gehört?"

„Der junge Mann war ja ein guter Bekannter der Tochter des Bürgermeisters und seine Frau kommt ebenfalls aus der Oldenburger High Society. Da wird getratscht, außerdem ist seine Frau schwanger."

Ich senke den Blick und mache ein betroffenes Gesicht. „Jakobs war eine verfluchte Pechsträhne, das war alles. Wir haben alles versucht, um ihn zu retten, aber man kann nicht gegen das Schicksal ankämpfen."

„Huh, waren etwa böse Geister im Spiel?", fragt Carsten, hebt beide Hände und wedelt mit den Fingern vor meinem Gesicht. Ich wende das Gesicht ab.

„Nein, nur ein angeschlagenes Herz und zuviel Ehrgeiz."

„Vielleicht sollte ich mal eine Runde Geisterjäger spielen, wenn ich bei euch auf Station bin."

Das geht mir jetzt zu weit. „Komm schon, Carsten, lass den Unsinn. Das sind alles nur dumme Gerüchte."

Er hebt kurz die Augenbrauen und scheint sich über mich als Spaßbremse zu ärgern. „Na gut, wenn du meinst. Aber irgendwas geht da vor sich, das merkt man schon."

„Da ist nichts, was du nicht schon tausendmal erlebt hättest. Lass uns einfach weiterarbeiten und den Tratsch vergessen. Da ist nix, auf einer Herzchirurgie sterben Menschen, das ist so und wird immer so sein."

Carsten verabschiedet sich von mir, ich mache mich auf den Weg, doch in mir brodelt noch der Ärger über Jabbour und jetzt auch über die neuerlichen Anschuldigungen.

* * *

Doch der Ärger an diesem Tag flaut nicht ab. Ganz im Gegenteil. Als ich nachhause komme, wartet Vanessa auf mich. Als Begrüßung bekomme ich nur ein knappes Hallo. Ich habe mich noch nicht gesetzt, als es schon wieder um ihren Kinderwunsch geht. „Jan, ich möchte nicht mehr warten. Ich habe die Pille abgesetzt, weil ich ein Kind will.“

Ich lasse meinen Rucksack zu Boden gleiten und mich auf den Küchenstuhl fallen.

„Das wusste ich bereits. Wir haben doch deswegen gestritten.“

Vanessa kräuselt die Stirn. Ich mag es, wenn sie so aussieht. Aber gerade ist es mir einfach zu viel. „Ja, wir haben gestritten, aber ich dachte, du würdest verstehen, dass es mir wichtig ist.“

„Verstehen? Du entscheidest eigenmächtig über so etwas Grundlegendes. Das hat nichts mit Verständnis zu tun. Nicht nur du wärst dann Mutter, auch ich wäre Vater und ich bin im Moment nicht bereit dazu.“

Als sie das Wort Mutter hört, wird ihr Blick weicher. „Ja, es betrifft uns beide, Jan. Es geht um unsere Zukunft.“

Ich bemerke, wie der Ärger meinen Rücken strafft und das Adrenalin durch meine Adern pumpt. Dennoch bleibe ich ruhig. „Aber du hast nicht das Recht, solche Entscheidungen allein zu treffen. Das ist nicht fair."

„Was hat das mit Fairness zu tun? Du denkst also nur an dich. Es ist mein Körper, meine Entscheidung.“

„Wie lange hast du die Pille bereits abgesetzt?“

Sie senkt den Kopf. Ich kenne Vanessa, sie ist nicht schwer zu durchschauen. Hätte sie die Gewissheit, schwanger zu sein, hätte sie mich damit überrascht, nicht mit dem Geständnis, die Pille abgesetzt zu haben. Sie druckst herum.

„Seit einer Woche“, antwortet sie und schaut mich

dann wieder offen an. Ich überlege, wie oft wir es in der Zeit getrieben haben. Jede Menge Gelegenheiten ein Kind zu zeugen. Hat sie mich deshalb so oft verführt?

„Warum hast du deine Meinung denn geändert?"

„Weil ich nicht bereit bin, Vater zu werden. Ich habe andere Dinge im Kopf."

Sie reißt die Augen auf. „Andere Dinge? Jan, wir haben darüber gesprochen, dass wir eine Familie gründen wollen."

Ich seufze, bin nicht gewillt, ihr das zu erklären. Was soll ich ihr denn sagen? Ein Serienkiller kann kein Vater sein?

„Die Dinge ändern sich. Ich kann nicht einfach meine Pläne für die Zukunft über Bord werfen."

Verzweifelt legt sie ihre rechte Hand auf den Tisch, fast neben meine. „Aber das betrifft nicht nur dich, Jan. Es betrifft uns beide."

Entschieden ziehe ich die Hand zurück. Sie schien besessen von dem Gedanken, ein Kind zu haben. „Ich kann das im Moment nicht handhaben. Es tut mir leid."

Wütend verschränkt sie die Arme vor der Brust. „Es tut dir leid? Das reicht nicht, Jan. Das betrifft nicht nur dich. Es betrifft uns als Paar."

„Eben, genau das ist es. Wir sollten solche Entscheidungen gemeinsam treffen. Das ist Teil einer Beziehung."

Unsere Beziehung steht vor einer ernsten Zerreißprobe. Das wird mir klar, als sie aufsteht und wortlos die Küche verlässt. Mein Blick fällt auf ein Blatt, was sie auf der Anrichte vergessen hat. Ich nehme es in die Hand und lese.

Das Blatt gleitet mir aus den Fingern und rutscht unter den Küchentisch, als würde es vor mir fliehen wollen. Ich gehe in die Hocke und greife danach.

Kinderwunschklinik für Singles. Wir erfüllen ihren Kinderwunsch.

* * *

Als ich am Abend zur Schicht erscheine, ist meine Laune nicht viel besser. Vanessa ist noch immer verschwunden. Zu allem Übel erwartet mich Annemarie Dentler, die Pflegedienstleiterin. Eigentlich sieht man sie so gut wie nie hier auf der Station, die Frau hat jede Menge um die Ohren, daher ist sie froh, wenn sie in ihrem Büro hocken und ihre Arbeit tun kann.

Dentler wirkt besorgt, als sie mich nach meinem Befinden fragt, dabei betrachtet mich ernsthaft. „Jan, wie geht es dir heute?"

Ich zucke mit den Schultern. „Na ja, könnte besser sein. Vanessa und ich habe momentan ein paar Meinungsverschiedenheiten, aber nichts, was sich nicht klären lässt."

Dentler nickt lange und runzelt die Stirn, bevor sie sich zu ihrer eigentlichen Sorge vorarbeitet. „Übrigens, ich habe gesehen, dass du wieder eigenmächtig Gilurytmal bestellt hast. Kannst du mir das erklären?"

Ach darum geht es. Das Gilurytmal. Ich versuche, meine Bestellung zu verteidigen. Dentler ist examinierte Krankenschwester und weiß, wann man dieses Medikament einsetzt. „Das Medikament wird hier dringend gebraucht. Wir hatten einen Engpass."

Der Fokus liegt auf meinen eigenmächtigen Bestellungen von Gilurytmal. Was sagt mir das? Ich muss mit der Ration, die ich bestellt habe, eine Weile auskommen. Mir kommt sehr zu Gute, dass über den Einsatz der Medikamente nicht Buch geführt wird. Wäre das so, wäre ich längst aufgeflogen. Also muss ich aufpassen und demnächst auf anderes ausweichen. Xylocain oder Kalium. Die ersten Manipulationen habe ich nur mit Kalium ausgeführt.

„So häufig?"

„Offensichtlich", antworte ich und ziehe die Schultern hoch. „Ich werde ein Auge darauf halten. Die Leitung möchte auch wissen, wofür Geld ausgegeben wird."

„Das wäre das erste Mal", scherze ich. Annemarie quält sich ein Lächeln ab, doch ihre Miene lässt erahnen, dass sie nicht nur deswegen besorgt ist. Dann kommt der eigentliche Schlag. „Jan, wir kennen uns jetzt schon eine Weile. Und du weißt, ich gebe nicht viel auf den Flurfunk. Aber es gibt hartnäckige Gerüchte, denen ich nachgehen muss."

Ich ahne, was jetzt kommt. Wenn selbst Carsten als Fahrer eines RTW mich schon auf die vermehrten Reanimationen anspricht, hat das schon weite Kreise gezogen. Annemarie ist die ganze Sache nicht geheuer, sie braucht ein paar Sekunden, bis sie mir die Frage stellt.

„Was ist mit den vielen Reanimationen und Todesfällen während deiner Schichten? Hast du eine Erklärung dafür?"

Ja, die Frage kommt wie erwartet. Hat Lisa gepetzt oder gibt es noch andere, die mich angeschwärzt haben? Ich atme tief durch, bevor ich antworte. „Nun, das ist ein Krankenhaus. Solche Dinge passieren eben."

Dentler mustert mich skeptisch, bevor sie entgegnet. „Jan, das ist nicht nur ein blöder Zufall, dass es so häufig bei dir passiert? Kannst du mir versichern, dass alles in Ordnung ist?"

Ich spüre, wie sich der Druck in mir aufbaut. „Natürlich ist alles in Ordnung. Ich tue mein Bestes, um den Patienten zu helfen."

„Es liegt also nicht an dir?"

„Nein, du weißt doch selber, dass wir einen neuen Arzt haben, der mehr Operationen ansetzt. Uns fragt ja niemand, ob das okay ist. Die da oben operieren im Akkord und wir müssen zusammenkehren, was dabei vielleicht kaputtgeht“, antworte ich entrüstet und male Gänsefüßchen in die Luft. „Ich hätte lieber wieder weniger OPs, dafür wieder mehr Qualität.“

Auf einer herzchirurgischen Intensivstation liegen schwerstkranke Menschen, der Tod gehört für Pfleger und Ärzte zum Alltag. Das weiß auch Annemarie. Ebenso weiß sie, dass ich den Nagel auf den Kopf getroffen habe. Das Krankenhaus will mehr Operationen, damit mehr abgerechnet werden kann. Die 'herzlose' Intensivmedizin trägt also allein die Schuld. Das will ich ihr klarmachen.

Natürlich habe ich damit eine Antwort parat, eine plausible Erklärung, die sie vorerst zufriedenzustellen scheint. Doch ich kann nicht ignorieren, dass ihre Miene und ihr Blick tiefere Fragen aufwerfen. Ein unterschwelliges Misstrauen schwingt mit, und ich kann nicht genau sagen, ob ich sie überzeugt habe. Unsicherheit nagt an mir, als ich mich in den Dienst begebe.

Ich bin angezählt und stehe ab jetzt unter Beobachtung.

KAPITEL SECHZEHN

Eigentlich müsste ich ein paar Tage aus der Tretmühle heraus. Ich bekomme keinen Urlaub, dafür darf ich am Wochenende auf dem Rettungswagen mitfahren. Der eilige Klang der Sirenen, das Adrenalin in den Adern – es gibt einen kurzzeitigen Kick, der meine Gedanken ablenkt. Doch auch das verblasst schnell, und ich stehe erneut vor dem Abgrund. Ich bin aufgefallen, wer auch immer meine Gegner sind, ich kann im Moment nicht weiter Patienten manipulieren. Mir fehlt ein Sinn im Leben. Vanessa ist wieder bei mir eingezogen, doch die Leichtigkeit, die unsere Beziehung bisher ausmachte, ist verflogen. Wir begegnen uns eher wie Freunde, nicht wie ein Liebespaar.

Ob wir das jemals wieder hinbiegen können? Ich bezweifle es.

Auf der Arbeit bemühe ich meine Kollegen von meinem netten Naturell zu überzeugen, wir haben eine gute Zeit. Dennoch misstraue ich ihnen, vor allem Lisa. Manipulationen meinerseits gibt es in der Zeit keine, aber einige Reanimationen. Darüber bin ich sehr froh, denn es zeigt, dass auch ohne mein Zutun etwas auf Station 211 passiert. Menschen sterben, ohne dass mein Würfel entscheidet, wer.

Ich stürze mich in meine Freizeit, nehme mit unserer Mannschaft an einem Fußballturnier teil, dass wir sogar gewinnen. Auf der Heimfahrt unterhalte ich die ganze Truppe. Ich bin mal wieder Mittelpunkt, und das ganz von selbst. So könnte mein Leben auch aussehen. Tut es aber nicht.

* * *

Es ist Wochenende, die Nacht von Freitag auf Samstag. In der Nachtschicht herrscht die übliche Anspannung auf der Intensivstation. Ich habe meinen Würfel schon sprechen lassen, und es ist klar, dass heute wieder einer dran ist. Ich schleiche mich in den Medikamentenraum, um meine kleinen Manipulationen vorzubereiten. Der Patient, ein älterer Mann mit schweren Herzproblemen, benötigt dringend eine erhöhte Dosis Gilurytmal. Die Kollegen sind im Zimmer nebenan und ich schleiche mich von der Toilette in Zimmer fünf, wo der Patient liegt. Blitzschnell schließe ich die Tür hinter mir. Wie oft habe ich diese heimlichen Handgriffe in den letzten Jahren schon ausgeführt? Ich weiß es ehrlich nicht mehr. Spritze aufziehen, Mittel injizieren, Spritzen in den Abwurfbehälter entsorgen. Die Manipulationen gehen mir ebenso geschickt von der Hand wie die Rettungsmaßnahmen. Ich bin eben ein Profi – in allem, was ich anpacke. Vielleicht habe ich ja wieder Glück und kann den alten Sack zurückholen. Wenn nicht, ist es auch nicht schlimm.

Alles ist vorbereitet, und ich warte darauf, als erster am Bett zu sein, wenn der Alarm losgeht.

Doch dieses Mal kommt alles anders. Dr. Koch hat die Leitung der Nachtschicht und ist den Abend über mit einem jungen Pfleger unterwegs, der neu im Team ist. Ein junger Pfleger namens Kevin. Die beiden stehen im Schichtzimmer und besprechen den nächsten Notfall. Ich versuche, unauffällig zu sein, drücke mich auf dem Flur neben den Röntgenbildern herum, direkt neben dem Notfallwagen. Dann geht der Alarm los. Ich sehe die Panik in Kevins Augen. Doch dann höre ich Worte, die mich aufhorchen lassen.

„Kevin, du bist jetzt dran. Nimm die Ausrüstung mit und kümmere dich um Zimmer fünf. Das ist ein akuter Notfall."

Er rennt auf den Notfallwagen zu, doch den habe ich bereits gepackt. „Jan, überlass bitte Kevin die Reanimation. Dass du das kannst, wissen wir ja alle."

Kevin macht sich bereit, nimmt mir den Wagen weg und betritt das Zimmer, bevor ich überhaupt reagieren kann. Dr. Koch ermutigt ihn, sich dem Patienten anzunehmen, und ich spüre, wie meine Kontrolle über die Situation schwindet.

Panik überkommt mich. Ich versuche, ruhig zu bleiben, aber der Gedanke, dass jemand anderes meinen Platz einnimmt, erfüllt mich mit Unbehagen. Plötzlich wird mir schwindelig, mein Herz rast, und Übelkeit steigt in mir auf. Ich kann nicht glauben, dass jemand anderes die Initiative ergreift.

Ich eile in den Aufenthaltsraum, um mich hinzulegen und zu sammeln. Mein Stolz und mein Kontrollverlust haben mich übermannt. Von hier aus kann ich hören, wie der junge Pfleger Kevin die lebensrettenden Maßnahmen durchführt. Die Anspannung steigt, und ich frage mich, ob er es schaffen wird.

In der Ferne höre ich die Geräusche der Reanimationsmaßnahmen und den Atemnotalarm des Patienten. Es ist das erste Mal, dass ich nicht selbst am Bett stehe, und das Gefühl der Machtlosigkeit macht mich fast wahnsinnig.

* * *

Nachdem Kevin es geschafft hat, den Patienten zu retten, erlebe ich eine Mischung aus widersprüchlichen Gefühlen. Zuerst ist da die ungewohnte Emotion der Enttäuschung, dass jemand anderes in meiner Abwesenheit erfolgreich gehandelt hat. Ein unangenehmes Gefühl der Machtlosigkeit nagt an meinem Ego.

Die Tatsache, dass der Patient überlebt hat, verstärkt meine bereits bestehenden Zweifel an meinen eigenen Fähigkeiten. Der Mann sollte eigentlich tot sein – zumindest nach dem Wunsch meines Würfels. Es ist, als ob die Realität meine manipulative Kontrolle durchkreuzt hätte. Der Erfolg von Kevin konfrontiert mich mit der Fragilität meiner bisherigen Überzeugungen.

Gleichzeitig fühle ich mich erleichtert, dass der Patient am Leben ist. Der ethische Konflikt zwischen meinem Streben nach Kontrolle und dem Wunsch, Menschen zu helfen, wird schärfer. Kevin hat gehandelt, ohne von meinen Machenschaften zu wissen, und dabei ein Leben gerettet. Dieses Paradoxon hinterlässt eine seltsame Mischung aus Erleichterung, Enttäuschung und Selbstreflexion.

In den nächsten Tagen versuche ich, meine Gedanken zu ordnen. Die Fragen nach meiner Rolle, meinen Fähigkeiten und meinem moralischen Kompass drängen sich auf. Es wird deutlich, dass ich nicht länger einfach meine manipulativen Spiele spielen kann. Die Grenzen meiner Kontrolle werden auf schmerzhafte Weise offenbart, und ich stehe vor der Herausforderung, mein eigenes Verständnis von Macht und Verantwortung zu überdenken.

KAPITEL SIEBZEHN

Wieder einmal habe ich ein Gespräch mit meinem Vater. Unsere Meinungen prallen wie Felsen aufeinander.

„Junge, auf der Intensivstation liegen Menschen, die deine ganz besondere Aufmerksamkeit benötigen“, sagt er und nippt an seiner Teetasse.

„Das mag sein, doch bei uns herrscht chronische Unterbesetzung, die Patienten warten auf einen OP-Termin, da können wir uns keine 'Langlieger' leisten. Wenn ich zu denen auch noch ein gutes Verhältnis aufbaue, fühlen sie eventuell noch zu wohl dort und blockieren den OP-Betrieb. Je schneller einer wieder auf Normalstation ist, umso besser.“

„Das ist jetzt nicht dein Ernst, Jan?“

„Doch, das ist es. Auf unsere Station kommen die, die jenseits von Gut und Böse sind. Frisch operiert, sediert und intubiert, nicht ansprechbar. Ich kann dir schon bei der Ankunft sagen, ob einer auf die Normalstation verlegt wird, oder ob wir ihn nach einer Nacht direkt in den

Keller schieben. Ob du das hören willst oder nicht, Vater. So läuft das bei uns ab."

Die Teetasse schwebt vor den bebenden Lippen meines Vaters. „Du musst doch ein menschliches Wort an deine Patienten richten, Junge. Wenn du nach der OP aufwachst, muss doch jemand da sein, der dich auffängt, der ein paar tröstende Worte an dich richtet, dir Perspektiven gibt."

„Das können andere tun. Ich bin Pfleger, kein Seelsorger. Die sollen mich nicht nerven mit ihrem Gelaber und ihren Fragen."

Vater schaut nur betroffen und stellt die Tasse zurück auf den Tisch. „Unser Ziel ist, den Patienten so schnell wie möglich aufzuwecken, zu extubieren und auf Normal weiterzuschicken. Die Maschine muss laufen, hast du nichts vom Klinikskandal gehört? Unser Krankenhaus muss Kasse machen, um die anstehenden Entschädigungen zahlen zu können."

Das ist natürlich haltlos übertrieben, weil die Anwälte noch immer eine Zahlung herauszögern. Aber erstens weiß das mein Vater nicht, und zweitens habe ich keinen Bock mehr auf solche Moralgespräche. Deshalb gebe ich vor, zum Fußballtraining zu müssen und lasse meinen Vater ratlos im Wohnzimmer zurück.

* * *

Ungerade. Ich wünsche mir eine ungerade Augenzahl auf dem Würfel. Wenn der Würfel eine ungerade Zahl zeigt, war es beschlossen. So soll es sein. Und ich muss den Willen des Würfels ausführen. Eine eins. Ein einziger Punkt in der Mitte reicht mir. Oder eine drei. Oder eine Fünf.

Dr. Koch hantiert mit Akten, mir den Rücken zugewandt. Ich nehme den Würfel aus der Kitteltasche, schüttele ihn kurz, während der Doktor davon nichts mitbekommt. Der Würfel rollt mit einem leisen Klickern über den Schreibtisch und prallt gegen ein Ablagekörbchen, wo er, verdeckt von den Papieren, liegen bleibt.

Eine zwei.

„Haben Sie den Diagnoseordner von Herrn Behrends gesehen?“

Koch schaut mich an, als wäre ich sein Privatsekretär. „Nein, habe ich nicht“, antworte ich und lüge ihn damit an. Ich weiß, wo er ist, aber soll der Kerl doch suchen. Ich schaue ihn dabei an, damit er meinem Blick nicht folgt. Ich will den Würfel nicht verraten.

„Himmel, Arsch und Zwirn“, flucht er und verlässt den Raum im Sturmschritt.

Eine zwei.

Ich hatte so gehofft, dass eine positive Entscheidung in der Luft läge, aber nun war sie gefallen und ich hatte mich zu richten. Mit dem Finger ziehe ich den Würfel unter dem Ablagekörbchen hervor und schaue genau hin. Waren es nicht doch drei Punkte in der Diagonale?

Nein. Es bleibt bei zwei. Mit einem Seufzen nehme ich den Würfel auf und lasse ihn wieder in die Kitteltasche gleiten.

„Lisa hatte den Diagnoseordner und behauptet, Sie hätten ihn ihr gegeben“, poltert Koch hinter mir los. Ich drehe mich herum. Sein Blick ist strafend wie der eines Oberlehrers.

„Da muss sich Lisa täuschen“, sagte ich und stehe auf. Ich bin einen halben Kopf größer als der Arzt und baue mich vor ihm auf. Koch schluckt. „Ich habe den Ordner gestern zuletzt gesehen, als sie ihn am Krankenbett des Mannes hatten.“

Koch schluckt erneut. „Schon gut, dann war es ein

Missverständnis."

Ich lächle, dann drücke ich mich an ihm vorbei aus dem Raum.

„Das war es wohl, Herr Doktor Koch. Das war es wohl."

Ich gehe in den Umkleideraum, öffne den Spind und lege die beiden Spritzen mit Gilurytmal hinein.

Morgen ist ein neues Spiel.

* * *

Der ständige Wettstreit mit Kevin setzt sich fort. Doch anstatt auf Augenhöhe in einem direkten Duell, weicht er geschickt meinen Herausforderungen aus. Ein taktischer Schachzug, den ich zunächst nicht einzuschätzen weiß. Ich spüre, wie meine Versuche, ihn herauszufordern, bei den Kollegen auf Unverständnis und vielleicht sogar auf Ablehnung stoßen.

Der Schwanzvergleich, den ich provoziere, wird allmählich zu einem lästigen Schauspiel, das die ohnehin angespannte Atmosphäre auf der Station belastet. Kevins Einsatz in den anderen Schichten erschwert meine Versuche, mich direkt mit ihm zu messen. Jeder Tag ohne die Möglichkeit, meine scheinbare Überlegenheit zu beweisen, nährt eine wachsende Frustration in mir.

Der Konflikt zwischen uns verkompliziert nicht nur die Teamdynamik, sondern sorgt auch für Irritationen bei den anderen Pflegern und Ärzten. Statt meine Energie in die Patientenversorgung zu investieren, verliere ich mich in einem egozentrischen Wettkampf. Meine Unzufriedenheit wächst, während ich gleichzeitig feststellen muss, dass Kevins ruhige und kompetente Arbeitsweise von vielen geschätzt wird.

Die veränderte Dynamik auf der Station zwingt mich

dazu, meine Strategie zu überdenken und die Konsequenzen meines kindischen Konkurrenzkampfes zu erkennen. Es wird Zeit, meine Energien auf die wesentlichen Aspekte meiner Arbeit zu fokussieren und die Ablenkung durch persönliche Eitelkeiten zu überwinden.

Und mein Würfel ist auch gegen mich. Als würde er mein tödliches Spiel durchschauen, weigert er sich, ungerade Zahlen zu würfeln.

Es ist, als würde sich eine Waffe weigern zu töten.

* * *

Abgesehen von einem kleinen Disput mit einer Kollegin ist dies einer der genialsten Tage meines Lebens. Obwohl in der Tagschicht bereits mehrere Stunden vergangen waren, kam es bisher nicht zu Komplikationen.

Doch dann überschlagen sich die Ereignisse. Zeitgleich gehen in zwei Zimmern die Alarme los. Dabei hatte ich meinen Würfel nicht einmal zum Einsatz bringen können. Aber das Schicksal meint es gut mit mir. Genau die beiden Patienten, denen ich mich hatte widmen wollen, geraten in Notlage.

Doktor Jabbour hat nun meistens Tagschicht, sehr zu meinem Leidwesen, denn ich schlage mich nun meist nachts mit Koch und einem unfähigen Assistenzarzt namens Hilgers herum. Lisa und Anja sind auch mit an Bord, als es richtig rundgeht.

Jabbour ist sofort auf Betriebstemperatur. „Jan, schau bitte bei Schmidt nach, ob wir ihn später behandeln können. Urlar ist heut operiert, ich denke, wir müssen abwägen.“

Wir sind eigentlich genügend Personal, neben Lisa, Anja und mir ist auch noch Doktor Jung anwesend. Zwei Ärzte und drei Pfleger für heute fünf Patienten ist machbar. Dennoch mache ich, was Jabbour anordnet. Er ist der Arzt. Jabbour ordnet an, dass Jung mich begleitet. Die Kolleginnen sind schon am Patienten, als wir eintreffen.

„Sieht übel aus bei Schmidt", ruft Anja schon in den Flur hinaus, bevor wir ankommen. „Urlar hat Kammerflimmern", schreit jetzt Lisa um Hilfe.

Jung wirft mir einen fragenden Blick zu. Typisch Assistenzarzt, denke ich. „Wir nehmen uns den hier vor", sagt er, als er in der Tür zu Zimmer fünf steht, in dem Urlar liegt. „Lisa, alles vorbereitet?"

Ich stürme ins andere Zimmer, sehe Anja, die schon den Beatmungsschlauch und den Trachealtubus in der Hand hält.

„Los Jan, den holen wir zurück", spornt sie mich an. Seit langer Zeit habe ich noch einmal das dringende Bedürfnis, diese Menschenleben zu retten. „Aber sowas von", rufe ich, und das klingt fast wie ein Kriegsgeheul aus meiner Kehle.

Schmidt ist achtundsechzig Jahre alt, ist vor einem Jahr schon einmal hier auf Station gewesen. Damals hatten wir die Prognose, dass er den nächsten Herzinfarkt nicht überlebt – er säuft und frisst weiter, obwohl man ihm dringend angeraten hat, Alkohol und fettes Essen sein zu lassen. Aber die Menschen hören selten auf die Ärzte. Jetzt liegt der fette Wal vor uns und ist kaltschweißig. Nulllinie.

Ich ramme ihm den Tubus in den Rachen, Eva beatmet, während ich meine neunzig Kilogramm für die Herzdruckmassage verwende. Doch es tut sich nichts.

„Weiter, immer weiter, bis der Wal strandet", rufe ich. Schweißperlen stehen mir auf der Stirn. Eva lässt meinen fiesen Spruch unkommentiert.

Als ich schon fast aufgeben will, erscheint ein schüchterner Pieper aus der Maschine, gefolgt von einigen Zacken. Dann ist der Alte wieder da.

„Scheiße, der hat sicher schon das Licht gesehen", rufe ich laut. Doch ich kann mich nicht lange an meinem Erfolg erfreuen, denn Lisa steht plötzlich neben mir.

„Jan, kannst du noch? Der Jung hats nicht drauf...", flüstert sie und schaut sich schüchtern um, als würde der Assistenzarzt hinter ihr stehen.

„Klar, ich habe gut gefrühstückt."

So gefällt mir mein Job. Schon bin ich im Nachbarraum, wo Jung schweißgebadet den Beatmungsbeutel auf und zu presst. „Ihre Qualitäten sind hier gefragt ...", meint er. Ich räume den Hänfling rüde aus dem Weg. „Stehen Sie hier nicht rum, helfen Sie Eva drüben, kontrollieren Sie den Patienten und sprechen die weitere Medikation mit Jabbour ab." Ich erhalte einen unschlüssigen Blick, dann ein Nicken, schließlich trollt sich der junge Kerl.

„Lisa, weißt du jetzt, was ich meine? Die haben keine Ahnung, verdienen das Dreifache von uns und stehen im Notfall nur im Weg."

Lisa und ich sind ein eingespieltes Team. Das waren wir im Bett, aber auch am Krankenbett weiß jeder, was der andere zu tun hat.

„Traust du dir die Rea über die Sonde zu?"

Sie beißt sich unsicher auf die Unterlippe. Zögern ist jetzt nicht gefragt.

„Hol den Jabbour her, er muss das abnicken."

Lisa sprintet los. In der Zwischenzeit bereite ich den Patienten vor. Während ich die Stelle desinfiziere, wundere ich mich, dass ich keine Lust verspürt habe, zu manipulieren. So ist es. Die Frage stelle ich mir später erneut, sage ich mir. Lisa kehrt mit Jabbour zurück. „Machen Sie, Jan. Ich weiß, dass sie das können."

Er blickt auf die Geräte, die nun schon seit einiger Zeit schweigen. „Schnell, wir haben keine Zeit zu verlieren!"

Beim zweiten Mal ist es immer noch genauso aufregend, wie beim ersten Mal, doch man weiß, worauf man zu achten hat. Lisa ist hochkonzentriert, Jabbour gibt knappe Anweisungen. Die Sonde gibt ihren Stromimpuls punktgenau ab. Maßarbeit. Aus einem schüchternen Aufflackern der Sinuskurve wird bald ein stabiler Ausschlag. Der Patient überlebt.

Das Team hat erfolgreich zusammengearbeitet, um die beiden Patienten zu stabilisieren. Nach den erfolgreichen Wiederbelebungen spüre ich eine Mischung aus Erleichterung und Stolz. Zwei Leben gerettet in einer Viertelstunde. Die Kollegen erkennen meine Leistung an, und im Aufenthaltsraum kommt es zu einer kleinen spontanen Feier. Natürlich nur mit Mineralwasser. Jabbour hebt das Glas in meine Richtung. „Gut gemacht, Jan! Das war eine beeindruckende Teamleistung."

Lisa tut es ihm gleich, auch Doktor Jung nickt beeindruckt. „Du hast wirklich Nerven aus Stahl, Jan. Respekt!"

Wie geil. Die Anerkennung meiner Kollegen gibt mir einen kräftigen Motivationsschub. Ich fühle sich im Moment mal wieder auf der Höhe meines Könnens und nehme die Glückwünsche dankbar entgegen.

„Danke, Leute. Aber ohne eure Hilfe wäre das nicht möglich gewesen. Perfektes Teamwork macht den Unterschied."

Die Stimmung ist gelöst, und es herrscht ein Gefühl der Gemeinschaft. Und vor allem, ich bin mir sicher, Kevin wird davon hören.

Ich rette, also bin ich.

KAPITEL ACHTZEHN

Das Hochgefühl hält nur wenige Tage an. Mein Rivale Kevin schafft es mir gleichzutun und reanimiert innerhalb kürzester Zeit zwei Patienten. Die Ärzte sind voll des Lobes über den Shootingstar, wie sie ihn nennen. Eine Leistung, die mich tief unglücklich macht. Die Bestätigung, dass er mir Konkurrenz macht, schmerzt. Ich will nicht akzeptieren, dass jemand anderes in derselben Liga spielt wie ich.

Verzweifelt greife ich wieder zu meiner manipulativen Methode. Mein Würfel ist mein treuer Begleiter, und diesmal bereitet er mir keine Schwierigkeiten. Im Gegenteil, er treibt mich weiter an. Der Würfel gibt mir die Gewissheit, dass ich das Schicksal beeinflussen kann. Das Spiel mit den ungeraden Zahlen wird zu meiner Obsession.

Ungerade tötet.

Und das sehr oft innerhalb von einigen Wochen.

Während dieser dunklen Phase begegne ich Kevin. Sein Dienst beginnt gerade, als meiner endet. Ich hocke auf der Bank im Umkleideraum, als er reinstürmt, offenbar zu spät. Unsere Blicke treffen sich, und ich spüre, wie sich meine Muskeln anspannen. Der Kollege ist kleiner als ich, fast schmächtig. Ich frage mich, woher er die Kraft nimmt, zu reanimieren.

Ich grüße ihn mit einem angespannten Lächeln. „Na, Kevin, zu spät?“

„Wie du siehst. Ich habe keine Zeit für Smalltalk. Er wirft seine Sporttasche auf die Bank und eilt zum Spind. Ich stehe auf und stelle mich direkt neben ihn.

„Wenn du zu spät bist, wie kannst du dann so gut sein? Es heißt, es sei beeindruckend, wie du die letzten Reanimationen gemeistert hast.“

Kevin Schlüpft aus seiner Jeans, rollt sie zusammen und knallt sie achtlos in den Spind. Dann grinst er selbstbewusst. „Danke, Jan. Manchmal läuft es eben gut.“

Ich muss mich beherrschen, nicht die Zähne zusammenzubeißen. Stattdessen produziere ich ein Lächeln. „Ja, gut. Aber du weißt, es gibt immer eine gewisse... Magie bei der Arbeit“

Kevin lächelt voller Unverständnis. „Magie? Du meinst wohl Erfahrung und Können.“

Wer von Erfahrung, Können und Glück spricht, hat nicht alles verstanden. Manchmal spielt auch das Schicksal mit.“

Ich beobachte seine Reaktion sehr genau. Mein Rivale baut sich vor mir auf, dann dreht er sich um, als hätte er es sich anders überlegt. Er zieht sich die Pflegerjacke an und setzt sich auf die Bank. „Jan, ich denke, wir sollten uns auf unsere Arbeit konzentrieren. Jeder in seinem Bereich und nach seinem Können. Du hast hier eine Art Sonderstatus, aber nun bin ich hier. Mal schauen, wie lange dein Stern noch so hoch am Himmel steht. Nichts ist für immer, das solltest du wissen. In unserem Beruf haben wir jeden Tag die Endlichkeit des menschlichen Daseins vor Augen.“

Der Kerl fordert mich offen heraus. Ich muss mich beherrschen. Den Gefallen, auf seine plumpe Herausforderung zu kontern, fällt mir gar nicht ein. Ich nicke ihn freundlich an. „Natürlich, Kevin. Aber vergiss nicht, dass manchmal mehr als nur die medizinische Routine im Spiel ist."

„Ich weiß nicht, was du damit sagen willst. Jeder hat seine eigene Methode, Jan. Lass uns das hierbei belassen. Ich habe jetzt Schicht. Schönen Feierabend."

Er knallt den Spind zu und verlässt schnell den Raum. Ich bleibe und überlege, was ich mit dieser Kriegserklärung anfangen soll. Ihn zu töten wäre zu auffällig. Aber so einfach kommt er mir nicht davon.

* * *

Im Besprechungszimmer des Klinikums sitzen Doktor Thomas Meier und Prof. Dr. Christian Berger, als die Pflegedienstleitung Annemarie Dentler hereinkommt. Die Anspannung in der Luft ist förmlich spürbar, als die Tür hinter ihr ins Schloss fällt.

Meier blickt ernst auf die Unterlagen vor sich. „Frau Dentler, wir haben Sie herbestellt, weil uns besorgniserregende Meldungen erreichen. Es geht um die vermehrten Reanimationen auf der Herzchirurgie und den gestiegenen Verbrauch von Gilurytmal. Was können Sie uns dazu sagen?"

Dentler setzt ein professionelles Lächeln auf. „Doktor Meier, Professor Berger, die Situation auf der Herzchirurgie ist unter Kontrolle. Reanimationen sind in unserem Bereich nicht ungewöhnlich, und der Anstieg beim Medikamentenverbrauch ist auf individuelle Patientenbedürfnisse zurückzuführen."

Berger schaut skeptisch hinter seiner Brille hervor. „Es

ist jedoch nicht nur das, was uns beunruhigt. Es gibt Gerüchte, dass Pfleger Becker auffällig oft an diesen Vorfällen beteiligt ist. Können Sie das bestätigen?“

Dentler weicht dem Blick der beiden Verantwortlichen nicht aus. „Becker ist ein engagierter Pfleger, aber es gibt keinen Grund zur Sorge. Alles ist im Rahmen der medizinischen Notwendigkeiten geschehen.“

Meier schiebt die Unterlagen beiseite und sieht sie direkt an. „Frau Dentler, wir müssen Ihnen klar machen, dass die Klinik keinen weiteren Skandal tolerieren kann. Die Öffentlichkeit hat bereits ein Auge auf uns geworfen. Wir erwarten von Ihnen, dass Sie auf Ihre Leute achten und uns zeitnah über Auffälligkeiten informieren. Wir dulden keine weiteren Verdächtigungen.“

Berger fügt mit einer auffordernden Geste hinzu: „Meldungen über ungewöhnliche Vorfälle müssen sofort an uns gelangen. Wir werden diesen Fall genau im Auge behalten, und wir erwarten, dass Sie uns lückenlos und zeitnah über jede Unregelmäßigkeit informieren. Haben wir das klar genug ausgedrückt?“

Dentler nickt angestrengt. „Selbstredend, ich werde die Station noch genauer beobachten, wie zuvor.“

Die beiden Leiter des Klinikums werfen sich einen Blick zu. Berger seufzt daraufhin und lehnt sich im Sessel zurück. „Es täte uns sehr leid, wenn wir in Zukunft auf Ihre kompetente Unterstützung verzichten müssten.“

Das Gespräch ist beendet. Auf dem Flur atmet Annemarie Dentler einmal tief durch. Natürlich hat sie das Gerede der Kollegen und Kolleginnen mitbekommen. Nicht nur hinter Beckers Rücken wird getuschelt, auch die Ärzte in der Nachtschicht haben sich bereits an sie gewandt. Besonders Doktor Jabbour hat verlauten lassen, dass mit Becker etwas nicht stimmt. Nun ist es ihre Aufgabe, dem Treiben Einhalt zu gebieten. Nur, wie sie das anstellen soll, weiß sie nicht. Aber ihr Hemd ist ihr näher als die Hose. Dementsprechend wird sie reagieren.

* * *

Annemarie Dentler sucht mich vor der nächsten Nachtschicht auf und nimmt mich beiseite. Sie wirkt besorgt, ja fast panisch. Sie schiebt mich zurück in den Umkleideraum und bleibt vor der geschlossenen Tür stehen. „Jan, ich wurde zur Klinikleitung bestellt. Es ging um dich. Gilurytmal und die häufigen Reanimationen waren erneut Thema. Jan, was ist dran an den Gerüchten und dem Gerede?“

„Gerede? Wer labert denn nun schon wieder über mich? Kommt das von Kevin? Der tut alles, um mich in einem schlechten Licht dastehen zu lassen. Der Kerl hat eine Profilneurose.“

„Nein, es kommt nicht von Kevin ... das heißt, ich weiß nicht, von wem es kommt. Die da oben stehen unter Strom.“

„Ach ja, tun sie das? Dann haben sie ja mal eine kleine Ahnung von dem, was hier jeden Tag abgeht. Ich nehme an, ihr habt euch wieder darüber unterhalten, wie toll ich bin? Erinnere dich an die beiden Reanimationen innerhalb einer Viertelstunde.“

„Die hatte dein Freund Kevin auch. Also bist du nichts Besonderes mehr.“

Diese Worte treffen mich wie ein Schlag ins Gesicht.

„Wir können ja mal einen kleinen Wettbewerb machen. Dann seht ihr, wer besser ist.“

Mir geht das Ganze so auf den Nerv, am liebsten würde ich Annemarie von der Tür wegziehen und arbeiten gehen. Doch das kann ich nicht. Sie ist meine Vorgesetzte.

„Jan, das ist kein Spaß. Du stehst unter genauer Beobachtung. Jeder Vorfall wird jetzt gemeldet."

Ich trete vor Annemarie hin. Mein Puls hämmert in meinen Adern. Ich sehe, wie sich ihr Blick verändert. Sie hat Angst.

„Von wem denn? Von dir? Na, dann mal los. Meldet ruhig jeden Atemzug von mir. Ihr werdet sehen, ich mach alles richtig."

„Das ist nicht zum Spaßen, Jan. Die Klinikleitung erwartet, dass du dich an die Vorgaben hältst."

„Vorgaben, Beobachtung, Meldungen. Alles klar. Wir stehen hier jeden Tag an der Front, uns bürdet man die Last auf. Mit immer weniger Leuten. Ihr werdet schon sehen, dass ich meine Arbeit beherrsche."

Annemarie ringt mit den Händen. „Jan, ich hoffe wirklich, dass du einsiehst, wie wichtig es ist, dass hier alles nach den Regeln läuft."

„Ja, ja, die Regeln. Immer die Regeln. Ich mach meinen Job. Was die anderen denken, ist mir egal."

Ihr Blick wird flehentlich. Es geht auch um ihren Arsch, das wird mir in dem Moment bewusst. „Das betrifft nicht nur die anderen, Jan. Das betrifft auch dich und deine Zukunft hier in der Klinik."

„Meine Zukunft? Glaub mir, Annemarie, ich mache mir um meine Zukunft hier keine Sorgen. Und ich würde jetzt gerne arbeiten gehen. Darf ich?"

Meiner auffordernden Geste folgt sie zerknirscht und gibt den Weg frei. Ich beginne meine Arbeit. Aber ein Gedanke brennt mir die ganze Zeit auf der Seele. Wenn eh schon so viel geredet wird, dann setze ich jetzt noch einen drauf. Mal sehen, wer am längeren Hebel sitzt. Als ich nach dem Würfel in meiner Tasche greife, meine ich, einen elektrischen Schlag zu bekommen.

Ganz leicht nur. Aber ein Schlag ist spürbar. Das ist

wie eine Aufforderung für das, was bald geschehen wird. Sie haben es nicht anders gewollt.

* * *

Es ist Wochenende. Auf der Station 211 versammeln sich alle Pflegekräfte zu einer Besprechung. Das ist ungewöhnlich, aber eigentlich soll es vor jeder Schicht zu einer Übergabe und einer wörtlichen Zustandsmeldung kommen, in der das Befinden und der Pflegeaufwand der einzelnen Patienten besprochen werden. Meist liest man sich als Pfleger eigenverantwortlich in die Akten ein, weil es keine Zeit für eine Übergabe gibt.

Dr. Jung ist der verantwortliche Arzt in der Nachtschicht, mit mir zusammen haben Anja, Timo und Melanie Dienst. Vier Pfleger und ein Mediziner, was den Arzt zu einer spontanen Aussage verleitet. „Wow. Wir sind zu fünft, da können wir ja noch zwei an eine andere Station abgeben."

Natürlich ist das im Scherz gemeint. Jung lächelt.

„Wir können ja auch ein bisschen schlafen", ergänzt Anja, alle lachen über den nicht ernst gemeinten Scherz.

Ich bin nicht zufrieden. Je mehr Leute auf den Fluren herumlaufen, desto schwieriger wird für mich eine Manipulation. Aber das ist mir egal. Ich verbuche es unter zusätzlicher Herausforderung.

Mein Plan ist also, durch erfolgreiche Reanimationen meinen Ruf zu verbessern, indem ich mehrere Notfälle in einer Schicht bewältige. Dies wird mein Ansehen steigern, ohne dass jemand auf die Idee kommt, dass ich selber für diese Notfälle verantwortlich bin. Ich habe schließlich vier Zeugen für meine Unschuld. Und für meine außergewöhnlichen Fähigkeiten.

Alle Betten sind in dieser Nacht belegt, auf jedem der

neun Zimmer liegt ein Schwerkranker. Mein Würfel hat mir die Reihenfolge geflüstert. Dabei stimmen unsere Meinungen stark überein – wenn ein schnöder Würfel überhaupt eine Meinung haben kann. Doch die Realität plant oft anders.

Es ist zehn Uhr vierunddreißig, der Alarm in Zimmer vier durchbricht die Stille der Station. Ich stehe am Fenster im Medikamentenzimmer, eine Zigarette in der Hand. Meine Kitteltasche birgt zwei Spritzen mit Gilurytmal und zwei mit Xylocain. Eine schnelle Überlegung. Zu viel Gilurytmal würde zu viel Aufmerksamkeit erregen, also entscheide ich mich für Xylocain – es hat eine ähnliche Wirkung, wird aber wohl nicht so streng kontrolliert. Ich schnipse die Kippe aus dem Fenster und renne los. Den Alarm hat niemand ausgestellt. Ich sehe noch, wie Jung hinter dem Notfallwagen Zimmer vier betritt; zuerst kümmere ich mich um den Alarm.

Dann trete ich in die Tür. Anja steht rechts, hält den Beatmungsbeutel, Timo beugt sich von links über den schlaffen bleichen Körper des Patienten. Rhythmisch spannen sich seine Muskeln in den Armen bei jedem Stoß.

„Kommt ihr klar?“, rufe ich so laut, dass es jeder im Raum hören muss. Jung nickt, kümmert sich weiter um den Defibrillator.

Ich eile zu Zimmer eins und injiziere dem Patienten Xylocain, während das Team in Zimmer vier mit Hochdruck arbeitet.

Kaum habe ich die Tür von Zimmer eins geschlossen und bin auf dem Weg zurück zu Zimmer vier, ertönt der nächste Alarm. Das Team, bereits im Stress, stöhnt auf.

„Scheiße, jetzt haben wir den Salat“, rufe ich und schicke Melanie einen auffordernden Blick zu. Die

Kollegin hat bisher Jung assistiert, rieb Gel auf die Elektroden des Defis.

„Ich komme“, ruft sie aufgeregt und schaut wie ein aufgeschrecktes Reh. Dabei ist sie die Krankenschwester mit der längsten Dienstzeit. „Muss ja nicht sein, zwei Alarme kurz hintereinander“, setzt sie ab und folgt mir in Zimmer eins. Der Blick auf den Monitor zeigt eine flach verlaufende Sinuskurve.

Geschickt jongliere ich mit den Puppenfäden, lenke ihre Aufmerksamkeit dorthin, wo ich will. Mein Herz pocht vor Aufregung, während ich die perfekte Illusion von zwei parallel verlaufenden Notfällen schaffe.

Ich tue so, als würde ich etwas aus dem Notfallkoffer ziehen, den ich hinter der Theke hervorgeholt habe, in Wahrheit habe ich eine meiner bereits aufgezogenen Spritzen in der Hand. Ich löse die Bremse und schiebe das Bett mitten in den Raum, trete ans Kopfende. In der Hand halte ich die Spritze mit Xylocain. Melanies kritischer Blick fällt darauf.

„Was willst du da spritzen?“

„Xylocain“, antworte ich schnell und bewege meine Hand auf den zentralen Venenkatheter zu.

„Halt! Nein, wir müssen auf Jung warten.“

Ich schaue sie zweifelnd an. „Das dauert, bis der hier ist. Der ist ein Flatliner, hier geht es um Sekunden.“

Melanie schüttelt energisch den Kopf. „Nein, wir warten. Die Zeit haben wir noch. Jung sagt uns dann, was zu tun ist.“

Ich runzele die Stirn und werfe die Spritze theatralisch in den Notfallkoffer. Dann hebe ich die Arme. „Deine Entscheidung, Mel.“

Die Intensivstation pulsiert vor Hektik, und ich nutze die Verwirrung zu meinem Vorteil. Das Personal ist gespannt, aufmerksam – keiner ahnt, dass ich die Strippen ziehe. Ein perfektes Chaos, orchestriert von einem scheinbar engagierten Pfleger, der heimlich sein eigenes Spiel spielt.

Als Jung auftaucht, stehen ihm Schweißperlen auf der Stirn. „Wir haben Nummer vier zurückgeholt“, sagt er, wischt sich mit dem Handrücken die Perlen von der Stirn.

„Und hier?“

„Ich wollte Xylocain verabreichen, Melanie wollte auf Sie warten, Herr Doktor“, erkläre ich.

„Xylocain, sofort“, ordnet Jung entschieden an. Meinen triumphierenden Blick bekommt er nicht mit. Melanie aber. Sie funkelt mich an. Freunde waren wir bisher noch nicht, ab jetzt werden wir es bestimmt nicht mehr.

* * *

Es ist halb eins in der Nacht, und das meditative Zwielicht der Überwachungsstation hat sich über die beiden Pflegerinnen gelegt. Im Halbdunkel haben sie sich auf den Stühlen bequem gemacht, um ihren Augen für einige Minuten Ruhe zu gönnen. Niemand würde etwas dagegen sagen. Dr. Jung hält sich derweil in seinem Arztzimmer auf, und ich stehe mit Timo im Medikamentenzimmer am offenen Fenster und rauche. Timo hat erst kürzlich wieder mit dem Rauchen angefangen, und ich spreche ihn gerade darauf an, als der Alarm uns jäh aus unserer kleinen Auszeit reißt.

In einem synchronen Sprint eilen Timo und ich zum Patienten in Zimmer drei. Der Stress hat begonnen, und während wir uns der neuerlichen Krise stellen, lächle ich innerlich über die erneute Fügung des Schicksals. Ein weiteres Mal hat es mir eine eigenhändige Intervention erspart. Ich bin gespannt, ob ich die Situation wieder aus der Distanz kontrollieren kann.

Jung tritt aus seinem Zimmer, zieht sich die Maske auf. „Welcher Patient?", ruft er. Man sieht, dass er eben erst aufgewacht zu sein scheint. „Zimmer drei, Herr Berger!", ruft ihm Melanie zu, schiebt den Notfallwagen, den Timo und ich geflissentlich haben stehen lassen.

„Ist den Herrn wohl zuviel Arbeit", mosert sie, als sie das Zimmer betritt.

„Du kannst auch etwas tun, schließlich habt ihr Mädels Augenpflege betrieben", kontert mein Kollege. Melanie verzieht ihr Gesicht, ich bin froh, dass ich mir diese Spitze verkniffen habe.

Wir intubieren, Timo beatmet, ich presse den Brustkorb des achtzigjährigen zusammen wie einen kaputten Fußball. Vergebens. Auch die Sonde hat keinen Effekt mehr. Ehrhard Berger verstirbt in der Nacht zu Samstag um null Uhr zweiundvierzig, kurz vor der Vollendung seines einundachtzigsten Geburtstages.

Nicht jedes Mal gelingt uns ein Wunder.

* * *

Die Katastrophennacht geht weiter. Nachdem wir nach den Behandlungen alles wieder aufgeräumt, die Notfalltasche und den Wagen überprüft haben, sitzen Timo und ich ins Gespräch vertieft auf den Stühlen vor der Überwachungsstation.

„Ich kann es dir gar nicht sagen, Vanessa würde gerne Winterurlaub machen, doch Skifahren ist so gar nicht meins", antworte ich auf Timos Frage. „Bist eher der gemütliche Typ, was? Mehr Après Ski?" Er hebt die Hand mehrmals zum Mund. Ich lache. „Nein, Berge sind nicht meins. Zu kalt...", sage ich und will noch anfügen, dass ich eher ein Sommermensch bin, als über unseren Köpfen erneut der Alarm losgeht.

„Scheiße, nicht schon wieder“, ruft Timo und steht kerzengerade vor mir. Ein Blick auf die Anzeige verrät uns das Zimmer. Ich schaue den Flur entlang, der rotierende Blinker über der Tür bestätigt es: Zimmer fünf.

Die Tür zum Arztzimmer fliegt auf, mit bleichem Blick steht Jung vor uns. „Das ist die übergewichtige Frau, habe ich recht?“, fragt er mit belegter Stimme.

„Frau Kaiser, genau!“

Noch immer zerreißt der Alarm die Stille, gefolgt von quälenden Sekunden der Unsicherheit.

„Mit ihr hatte ich schon gerechnet“, gesteht uns der Doktor. „Eher als bei den anderen.“ Ohne Hektik machen wir alles klar, Timo schnappt sich den Notfallwagen, bevor der zweite Alarm binnen einer halben Minute das Chaos komplett macht. In diesem Moment stehen wir wie gelähmt da, und Doktor Jung verliert den Überblick.

„Was? Ein weiterer Alarm? Welches Zimmer?“

„Eins“, antworte ich wie aus der Pistole geschossen. Mein Xylocain Patient. Damit hatte ich gerechnet, weil er alles andere als stabil wirkte, nachdem wir ihn wiedergeholt hatten.

„Und jetzt?“

Die Tür zur Intensivstation fliegt auf, herein stürmen Melanie und Eva. Sie tragen Kaffeebecher und etwas zu essen bei sich. Ungläubig schauen sie den Gang entlang. „Zwei Alarme gleichzeitig?“, fragt Eva fassungslos.

Melanie wirft mir einen prüfenden Blick zu, den ich nicht sofort zu deuten weiß. Doch dann kapiere ich: Sie denkt, ich hätte was damit zu tun.

„Ja, wir haben keine Zeit zu verlieren“, macht der Doktor nun Tempo. Für einen Moment lang hatte er die Contenance verloren, doch jetzt arbeitet sein Medizinerhirn wieder analytisch. „Jan und Eva zu Frau Kaiser, die anderen folgen mir in Zimmer eins.“

Die Alarme klingen nicht synchron, das macht das Ganze noch unwirklicher.

Eva und ich stürmen ins Zimmer, wo die Patientin, halb aus dem Bett gefallen, daliegt.

„Mein Gott, was hat sie getan?“, fragt Eva, als ihr die aus dem Arm gerissenen Infusionskatheter auffallen.

„Verwirrt, das kommt ja öfter vor“, gebe ich ihr als knappe Antwort. „Die wollen dann plötzlich aufstehen und die Katheter stören. So etwas hatte ich schon mal in der Ausbildung. Riesenblutlache, eine Megasauerei.“

Ich kann sprechen und mich auf meine Arbeit konzentrieren, Eva arbeitet dagegen stumm, bettet die Frau wieder richtig, bevor wir anfangen. „Dann wollen wir uns mal um sie kümmern. Schließlich wollte sie ja irgendwohin. Wäre ja schade, wenn ihr das nicht mehr gelänge“, sage ich, zwinkere Eva über das Bett hin zu. Sie findet es nicht lustig.

Ich schaffe es mit meiner Routine, sie wiederzuholen, obwohl es mir arge Überwindung kostet, auf den Fleischbergen der Frau herumzuwalken. Es ist ja nicht nur das Fett, was stört. Du kannst ja keinen richtigen Druckpunkt finden, wenn alles immer weg glitscht.

„Heidewitzka, das nächste Mal kann Kevin sich um solche Massen kümmern“, sage ich und streife mir die Handschuhe von den Händen. „Das ist mir definitiv zu viel Frau.“

Wieder bekomme ich nur einen mitleidigen Blick von Eva. „Nicht witzig, Jan. Nicht witzig.“

Mein Xylocain-Patient macht den Kollegen Probleme. Daher ist mein Einsatz hier sofort nach der geglückten Reanimation erneut gefordert. Jung schaut mich an wie ein aufgeschrecktes Eichhörnchen.

„Was ist mit der Patientin?“

Ich recke den Daumen hoch, sofort gleitet mein Blick

in den Raum. Melanie müht sich mit dem Beatmungsbeutel ab, während Timo die Herzdruckmassage ausführt.

„Timo, Platztausch. Ich übernehme das. Melanie kann Kaffeetrinken gehen", sage ich und räume die Kollegin einfach rüde aus dem Weg.

„Hey, das kann man auch freundlicher machen", keift sie mich an.

„Du könntest auch aufgrund deiner Erfahrung mehr leisten", kotze ich zurück und kümmere mich nicht weiter um Melanie. Es gilt, ein Leben zu retten. Obwohl mir klar ist, dass dieses ein recht hoffnungsloses Unterfangen ist. Das Xylocain ist ein Anästhetikum und ein Antiarrhythmikum. Ebenso wie Gilurytmal kann es Leben retten oder Leben beenden. Die Dosis macht es. Und von mir hat er reichlich bekommen.

Zehn Minuten später schreibt Doktor Jung die Uhrzeit des Ablebens ins Krankenblatt. Ich bin völlig ausgepumpt und verziehe mich erst einmal in den Waschraum, wo ich kaltes Wasser über meinen Schädel und die Handgelenke laufen lasse. Das wirkt wie ein Jungbrunnen. Ich öffne die Tür einen Spalt breit und spingse in den Flur. Die beiden Notfälle halten die Kollegen noch immer auf Trab, es kann noch immer wieder etwas passieren. Daher fällt nicht auf, dass ich kurz in Zimmer neun verschwinde, um dort mein Werk fortzusetzen. Ich kehre zurück ins Zimmer, wo der Leichnam bereits mit einem weißen Laken abgedeckt wurde. Ich habe Papierhandtücher aus der Toilette mitgenommen und trockne mir den nassen Schädel ab. Jeder sieht es.

„Mensch, was für eine Schicht", bringt Timo es auf den Punkt.

„Welches Zimmer fehlt noch?", fragt Doktor Jung und will einen Scherz machen.

„Noch drei Zimmer. Sechs, sieben und neun...",

antwortet Melanie. Ich donnere die Handtücher in den Papierkorb.

„Wollen wir wetten? Ich tippe auf Nummer sechs", sage ich und rechne jede Sekunde mit dem Alarm. Meine Worte hallen noch durch den Raum, als die Sirene in Zimmer neun loslegt.

Jung steht kurz vor dem Nervenzusammenbruch, und seine vorhergesagte Befürchtung, dass nun noch ein Zimmer Probleme macht, wird bittere Realität.

„Das darf jetzt nicht wahr sein", murmelt Timo und rollt mit den Augen.

„Ist es aber. Komm, Sportsfreund. Diese Nachtschicht wird in die Geschichte eingehen. Sechs Reas in einer Schicht. Und wer war dabei? Nur die Besten!"

„Dir geht es nur um deine Reputation", knallt mir Melanie vor den Latz. Einen Moment lang lege ich den Kopf in den Nacken, dann wende ich ihr den Kopf zu. „Du bist die mit der längsten Berufserfahrung. Gut. Nur bemerkt man leider in dieser Schicht nichts davon. Du bist eher ein lästiges Anhängsel, als eine Hilfe. Timo, komm. Wir holen uns die Trophäe!"

KAPITEL NEUNZEHN

Sechs Reanimationen in einer Nachtschicht. Das ist so besonders, dass am Morgen der Oberarzt persönlich vorbeikommt. Bevor er mit Dr. Jung spricht, wendet er sich an die versammelten Kollegen. „Mein Gott, was war denn hier heute Nacht bloß los?"

Timo und ich stehen noch immer schweißgebadet im Türrahmen von Zimmer 6, als die ersten Kolleginnen und Kollegen der Tagschicht zur Übergabe ankommen. Timo stöhnt theatralisch: „Moin ihr. Wir hatten sechs Reanimationen heute Nacht. Sechs!"

Er hebt alle Finger der linken Hand und lässt den Zeigefinger der Rechten kreisen. „Wie im Irrenhaus ... wir mussten von Zimmer zu Zimmer sprinten. Es war wie im Spukhaus!"

„Rede keinen Unsinn", wirft ihm Kevin vor. „Ihr spinnt doch."

Ich grinse ihn frech an. „Da musst du dich warm anziehen, Mister Aufsteiger. Die Meister sind unschlagbar", protze ich und halte Timo die Hand zum Abklatschen hoch. Der schlägt ohne Nachzudenken ein. Kevin schaut uns misstrauisch an. „Niemals“, sagt er kopfschüttelnd. Ich zucke mit den Schultern. „Frag den Chefarzt oder Doktor Jung. Die sind im Arztzimmer.“

Kevins Kopf fliegt rum. In dem Moment kommen die beiden Ärzte mit betroffenen Mienen aus dem Zimmer.

„Ich möchte Ihnen für diese außergewöhnlichen Leistungen heute Nacht danken, liebe Kolleginnen und Kollegen“, sagt Dr. Ungewandt und schaut uns nacheinander an. „Doktor Jung hat mir von ihren Bemühungen berichtet. Ich möchte ganz besonders Jan Becker loben, der mit seinem beherzten Zupacken einmal mehr etliche Leben gerettet hat – wenn auch nicht alle. Aber wir sind nur Ärzte und Pflegekräfte, keine Götter. Da in der Nacht vieles drunter und drüber gegangen ist, würde ich anraten, ein Gedächtnisprotokoll der einzelnen Notfälle zu erstellen. Das muss nicht jetzt erfolgen, Sie sind alle sicher todmüde und gehören ins Bett. Das hat Zeit. Vielen Dank.“

Ein kleiner Beifall verebbt recht schnell. Er schürzt die Lippen, wendet sich erneut an Dr. Jung, worauf die beiden erneut im Arztzimmer verschwinden. Aus dem Augenwinkel sehe ich Melanie mit Kevin. Sie hat einen kleinen Beutel in der Hand, einen Müllbeutel. Sie tuscheln, dann schauen mich beide mit giftigem Blick an. Was haben die? Was ist in dem Beutel?

Mir läuft es eiskalt den Rücken herunter. Hatte ich also recht, Melanie sammelt Beweise gegen mich. In ihren Augen glüht ein gefährliches Feuer, als sie Kevin vertraulich die Hand auf die Schulter legt und dann zusammen mit dem Beutel die Station verlässt.

* * *

DIE KALIUMKONFERENZ

„Ich muss jetzt hoch, vielleicht treffen wir uns mal auf einen Kaffee in der Kantine", sage ich zur netten Dame an der Rezeption. Die hat es mir angetan, obwohl sich meine Beziehung mit Vanessa wieder eingependelt hat. Kinder sind kein Thema mehr. Ob sie damit glücklich ist, weiß ich nicht. Ich bin es jedenfalls. Ich stehe vor dem Aufzug, als jemand neben mich tritt. Ich wende den Kopf und schaue in das Gesicht von Annemarie Dentler.

„Moin Jan, ich soll dich abholen und in die Chefetage bringen. Es gibt eine Konferenz, an der du teilnehmen musst."

Ihr Gesicht ist wie versteinert. „Ich? Warum ich?"

Sie zuckt kurz mit den Schultern. „Ich habe den Auftrag, dich abzuholen und hochzubringen. Deine Station weiß Bescheid."

„Annemarie, was geht hier vor?"

Sie beißt sich auf die Lippen. „Ich kann es dir nicht sagen. Ich habe nur den Auftrag erhalten, dich in der Station abzumelden und zu begleiten."

„Abzumelden? Und wer übernimmt meinen Dienst?"

Wieder erhalte ich nur ein Schulterzucken. Der Aufzug öffnet sich und wir fahren los. Seitdem ich hier in der Klinik arbeite, war ich noch nie in der obersten Etage. Annemarie steht schweigend neben mir, als wir mit dem Aufzug nach oben fahren. Mit einem Pling fährt die Tür auf. Ich bin überrascht, denn normalerweise hat man mich nie zu solchen Besprechungen hinzugezogen. Unsicher folge ich Annemarie durch die Gänge des Krankenhauses, bis wir schließlich den Besprechungsraum in der Chefetage erreichen.

In dem Moment, in dem ich den Raum betrete, ist die Anspannung der Anwesenden förmlich greifbar. Meine

Nervosität steigt, als ich die versammelte Runde aus hochrangigen Ärzten und Verwaltungsmitgliedern sehe. Meier, Berger, Ungewandt – das war zu erwarten. Aber auch Jabbour und Jung sitzen am Tisch. Die Überraschung schleicht sich ein, als mein Blick auf Melanie Hartmann fällt.

Berger eröffnet die Sitzung ohne Umschweife und kommt direkt zum Punkt. Nicht der Gilurytmal-Verbrauch ist das Thema, sondern Kalium. Die Worte treffen mich wie ein Schlag. Zwei Obduktionen haben einen erhöhten Kaliumwert bei Verstorbenen aufgedeckt – ein Wert, den man nicht erklären kann. Ich spüre, wie sich alle Augen auf mich richten.

„Können Sie sich das erklären, Herr Becker?“, fragt Berger mit einem durchdringenden Blick.

Ich versuche, meine Verwirrung zu verbergen, als ich stottere. „Kalium? Ich weiß nicht, wovon Sie sprechen. Das ist mir neu.“

Meier wirft seinen Körper nach vorne und unterbricht mich nicht gerade zimperlich. „Es gibt zwei Fälle, bei denen ein unnatürlich hoher Kaliumwert festgestellt wurde. Es handelt sich um Tote aus der 'Horrornacht' mit den vielen Reanimationen. Beide Male haben Sie reanimiert. Was haben Sie zu dieser Anomalie zu sagen?“

Der Druck steigt, und ich fühle mich, als würde mir die Luft zum Atmen genommen. Die Worte kommen schwer über meine Lippen. „Ich kann es mir nicht erklären. Ich habe nichts Unrechtes getan. Vielleicht gab es einen Fehler bei den Messungen.“

Ungewandt mischt sich nun ein, seine Stimme klingt skeptisch. „Fehler bei den Messungen, die nur bei den Fällen auftreten, die Sie behandelt haben? Das ist höchst unwahrscheinlich.“

„Unwahrscheinlich? Aber die Realität. Ich habe in der

Nacht mehrere Reanimationen gehabt, so viele, wie noch nie zuvor. Liegt es vielleicht eher daran, dass weitaus zu viele Operationen angesetzt werden? Wir haben jedoch seit Jahren eine krasse Unterbesetzung im Pflegesektor."

„Das obliegt Ihnen nicht, das zu beurteilen", giftet mich Meier an. Klar, dass der sich ans Bein gepisst fühlt, schließlich hat er als Geschäftsführer das Desaster zu verantworten.

Ich wende mich direkt an Dr. Jung. „Sie waren doch die ganze Nacht dabei, Herr Doktor. Sind Ihnen Unregelmäßigkeiten aufgefallen?"

Jung senkt den Blick und schweigt. Nicht anders zu erwarten. Wenn er meine Frage bejahen würde, wäre er selber dran. „Und Sie, Herr Doktor Ungewandt, erinnern Sie sich daran, wie Sie mich am Morgen nach dem Horrornacht gelobt haben? Zählt das nicht mehr?"

Der Chefarzt schweigt ebenso wie sein Assistenzarzt. Ärzte – alle gleich.

Melanie Hartmann schweigt bisher, doch ihre Blicke durchbohren mich förmlich. Dann spricht sie mit ruhiger, eindringlicher Stimme. „Herr Becker, ich habe meine eigenen Untersuchungen angestellt. Kaliummanipulation ist nicht nur schwer nachweisbar, sondern auch extrem gefährlich. Sie sollten sich über die Konsequenzen im Klaren sein."

Wie nicht anders zu erwarten siezt sie mich. Ich staune trotzdem. „Du hast Untersuchungen angestrengt? Ich wusste gar nicht, dass du eine CTA bist. Und wo bist du an die Proben gekommen?"

„Das geht dich nichts an."

Die Diskussion wird hitziger, und ich spüre, wie sich der Druck weiter erhöht. Inmitten der Gespräche versuche ich, meine Unschuld zu beteuern, doch der Verdacht liegt schwer in der Luft.

Schließlich taucht ein verdächtiger Gegenstand auf, Berger hatte sich nach rechts gebeugt und ihn auf den Tisch gelegt. Er wechselt einen Blick mit Meier, bevor er sich räuspert. Der Gegenstand ist ein durchsichtiger Beutel. Berger nimmt ihn in die Hand und hält ihn so, dass alle sehen können, was sich darin verbirgt: zwei Spritzen. Mir wird heiß und kalt. Sofort wird mir klar, woher die stammen.

„Herr Becker, in dem Beutel sind zwei Spritzen. Raten Sie einmal, woher die stammen?"

Ich zucke mit den Schultern. „Die können aus jeder Station dieses Krankenhauses stammen."

„Das tun sie aber nicht. Sie stammen von der Station 211, genauer gesagt, aus einem Abwurfbehälter im Zimmer eins."

„Wollen Sie etwas dazu sagen?", hakt Meier nach.

„Warum sollte ich?"

„Die Spritzen stammen aus der Nacht, in der in Zimmer eins der Station ein gewisser Patient mit dem Namen Hübner reanimiert wurde. Sogar doppelt, der Patient verstarb. Was haben Sie uns dazu zu sagen?"

„Doktor Jung hatte angeordnet, Xylocain zu spritzen, ich habe das getan. Welches Medikament enthalten die Spritzen?"

Die Ärzte schauen einander an. Dann beugt sich Berger nach vorne und schaut seinen jungen Kollegen Jung streng an. „Ist das so korrekt, Herr Kollege?"

Jung nickt. „In der Nacht ging alles drunter und drüber. Es kann sein, dass ich das so angeordnet habe."

„Melanie kann es bestätigen. Ich wollte Hübner eigenverantwortlich das Medikament spritzen. Sie wollte warten, wir warteten. Jung nickte es ab. Wenn diese Spritzen Xylocain beinhalten, ist alles gut. Melanie, erinnerst du dich?"

Meine Kollegin schiebt die Unterlippe vor. „Nein, ich erinnere mich nicht daran. In der Nacht war der Teufel los."

Verdammte Lügnerin, will ich am liebsten sagen, doch ich tue es nicht. Stattdessen schaue ich ihr in die Augen. „Warum hast du dann die Spritzen aus dem Abwurfbehälter geholt? Dafür gibt es nur einen Grund: Deshalb sitzen wir jetzt hier. Du willst meinen Kopf, weil ich mehr draufhabe als du. Weil ich dir und deinem neuen Freund Kevin ein Dorn im Auge bin. Du fickst ihn doch, habe ich recht?"

Ein Murmeln geht durch den Raum. „Ich verbitte mir diesen Ton, Herr Becker. Wir sind hier nicht in einer dunklen Eckkneipe."

„Dann soll sie antworten. Mehr will ich nicht."

„Frau Hartmann, stimmt das, was der Kollege behauptet? Bisher ist uns der Grund für diese Sicherstellung nicht bekannt. Können Sie den Vorwurf entkräften?"

Ich bin sicher, dass ich den wunden Punkt getroffen habe. Melanie und Kevin sind ein Paar. Und der karrieregeile Kerl hat sie auf mich angesetzt. Ich bin heilfroh, dass sie keine der Gilurytmal-Spritzen aus dem Abwurfbehälter geholt hat. Dann wäre es eng für mich geworden.

Melanie schüttelt den Kopf. „Ich dachte, Herr Becker hätte schon zuvor mit dem Medikament den Zustand des Patienten ausgelöst. Eine weitere Spritze hätte den Tod bedeuten können."

Es herrscht plötzlich Todesstille im Raum. Sie bezichtigt mich tatsächlich des Mordes. Offen und vor allen Anwesenden.

„Sie wissen, was sie da sagen?", murmelt Doktor Jung leise. Melanie streicht sich das Haar aus der Stirn. „Ja, das weiß ich. Ich bin sicher, dass wir nur eine Dosis Xylocain verabreicht haben. Woher kommt dann die zweite Spritze?"

„Das würden wir allerdings auch gerne wissen", sagt Berger, der als erster der Führungsriege seine Stimme wiedergefunden hat.

„Ich erinnere mich nicht mehr daran, wie hoch die Dosis war, die wir dem Patienten gespritzt haben", sage ich und zucke mit den Schultern. „Doktor Jung, Sie?"

Der Mediziner überlegt, dann schüttelt er den Kopf. „Ich erinnere mich nicht. Diese Nacht hat deutliche Spuren in meinem Gedächtnis hinterlassen, teilweise ist da nur noch ein weißes Rauschen garniert mit dem Klang der Alarme."

Diese Worte retten mir den Arsch. Innerlich bebe ich, doch äußerlich bleibe ich kalt wie ein Eisschrank. Am liebsten würde ich den Mann knutschen. Doch die Dankbarkeit ihm gegenüber ist nicht so groß wie der Hass auf Melanie. Das wird sie bereuen.

Berger schließt die Diskussion vorerst. „Herr Becker, wir werden diese Vorgänge weiter untersuchen. Bis dahin ist es für Sie ratsam, jegliche voreiligen eigenständigen Medikationen zu unterlassen und den Ärzten gegenüber kooperativ zu sein. Wir behalten Sie im Auge."

Die Sitzung endet, und ich verlasse den Raum mit einem bleiernen Gefühl. Annemarie begleitet mich zurück, aber sie schweigt beharrlich. Als wir die Chefetage verlassen, sagt sie knapp. „Konzentriere dich auf deine Arbeit, Jan. Du wirst ab jetzt noch mehr beobachtet."

Dann ist sie weg. Und ich stehe auf dem Flur vor der Intensivstation und denke nach. Meine Reputation ist im Arsch, auch wenn ich mich aus der Affäre habe ziehen können. Melanie und Kevin haben gewonnen, obwohl sie mir keinen Mord nachweisen können. Ich muss gehen, bevor sie es können.

KAPITEL ZWANZIG

Die Ereignisse auf Station 211 haben mich an meine Grenzen gebracht. Noch am Abend nach der Kalium-Konferenz, wie ich sie nun nenne, sitze ich in meiner Wohnung und spüre die dringende Notwendigkeit einer Veränderung. Die herzchirurgische Intensivstation wird mir langsam zu heiß, und ich beschließe, einen Versetzungsantrag für die Anästhesie-OP-Abteilung zu schreiben. Vanessa wundert sich zuerst, doch dann erzähle ich ihr eine Geschichte von der Horrornacht und den Folgen. Sage ihr, dass ich nicht mehr ständig mit dem Tod umgehen kann. Sie versteht es.

Am nächsten Morgen begebe ich mich zum Arzt, um mich krankschreiben zu lassen. Die Diagnose lautet Burnout, ein wenig Jammern und die nötige Überzeugungskraft, und der Arzt gibt nach. Mit Resturlaub in der Tasche, plane ich, eine Auszeit zu nehmen. Vanessa freut sich auf gemeinsame Zeit, doch für mich ist dieser Urlaub vor allem eine Gelegenheit, Abstand zu gewinnen. In Gedanken hoffe ich, dass die Veränderung des Umfelds und die Ruhe mir helfen werden, wieder zu Kräften zu kommen. Auch der Würfel gönnt sich eine Auszeit. Vorerst.

* * *

ANÄSTHESIE OLDENBURG, 2001

Am Mittwoch, den 11. Dezember 2001 parke ich meinen Golf auf dem mir so wohl bekannten Parkplatz der Klinik. Ich habe heute meinen ersten Arbeitstag. Auf der Anästhesie. Meinem Antrag auf Versetzung wurde entsprochen. Ich kann den Text des Antrags auswendig: '*Aufgrund meiner aktuellen beruflichen Situation und persönlichen Umstände sehe ich die Notwendigkeit, eine Veränderung vorzunehmen, um meine berufliche Effizienz und mein Wohlbefinden zu verbessern. Die Anästhesie-OP-Abteilung bietet mir die Möglichkeit, meine Fähigkeiten in einem anderen Umfeld einzusetzen und meine berufliche Entwicklung voranzutreiben.*'

Mein Wohlbefinden zu verbessern. Den Satz hatte sich Vanessa einfallen lassen. Dabei geht es eher darum, den Menschen auf der 211 wieder mehr Überlebenschancen einzuräumen. Ich bin mir sicher, dass nach meinem Ausscheiden dort, die Übersterblichkeit zurückgehen wird; im selben Maße, wie der Verbrauch an Gilurytmal zurückgeht.

Aber das interessiert mich erst einmal nicht.

'*Ich habe bereits Erfahrung und Kenntnisse im Bereich der Anästhesie, die ich gerne weiter vertiefen und nutzen möchte. Diese Versetzung wird nicht nur meine berufliche Zufriedenheit steigern, sondern auch dazu beitragen, dass ich mein volles Potenzial in einem für mich ansprechenderen Arbeitsumfeld entfalten kann.*'

Ein Teil von mir wünscht sich Frieden, kein Sterben mehr. Aber der andere braucht Action, Adrenalin und

Bestätigung. Mein Potential in einem neuen Arbeitsumfeld entfalten. Darum wird es gehen. Ich bin mir darüber im Klaren, dass ich hier viel weniger Action haben werde. Die Anästhesie funktioniert anders als die Herzchirurgie mit ihren schwerstkranken Patienten. Hier werden vor allem Menschen vor und nach ihren Operationen betreut. Hier trifft man auf Kranke aus den verschiedensten Fachabteilungen. Zu Reanimationen kommt es nur selten.

Bis jetzt.

Nun bin ich da.

* * *

Auf meiner Suche nach immer mehr Anerkennung habe ich nun jahrelang Patienten manipuliert. Die hatte alle dieselbe Krankheitsgeschichte, waren teilweise todgeweihte Herzpatienten, die ihre letzte Chance suchten. Die habe ich ihnen oft genommen. Nun ist alles anders. Hier treffe ich auf fröhliche Menschen, denen eine harmlose Blinddarm-Operation bevorsteht, oder Männer mit vergrößerter Prostata, oder auch mal wieder eine Herzgeschichte. Alles in allem habe ich hier kaum die Chance zu manipulieren, jedenfalls theoretisch. Die Station hat mir die heikle Situation im Aufwachraum anvertraut. Dort liegen die Menschen nach den Operationen. Für mich hat es den entscheidenden Vorteil: Sie sind nicht wach. Auf deren Genesung sollte ich mich konzentrieren, statt mich immer weiter in meine Fantasien zu verstricken.

Andererseits wird mir immer klarer, wie wahnsinnig viel meiner veränderten Psyche in mein Leben eingeflossen ist. Am Anfang war ich ein netter Krankenpfleger mit einem großen medizinischen Wissen. Das ist lange her. Nun bin ich ein von Ehrgeiz zerfressener Mensch, der immer auf der Jagd nach dem nächsten Kick ist. Dessen bin ich mir bewusst, aber mir fehlt die Kraft, dagegen anzukämpfen.

Da die Patienten im Aufwachraum nicht mit mir sprechen können, bin ich es, der ihre Signale interpretiert. Oft begegne ich ihnen vor der OP, aber auch danach. Menschen, die operiert werden, haben oft das Bedürfnis, noch etwas loszuwerden. Das lassen sie gerne beim Assistenzarzt, dem Anästhesisten oder beim Pfleger, der sie in die Anästhesie schiebt. Ich höre mir ihre Sorgen und Nöte an und merke sie mir. Was ja an sich kein Verbrechen ist. Doch ich mache etwas anderes daraus: Ich errechne ihre Chance, im Aufwachraum tatsächlich wieder aufzuwachen. Das ist kein bewusstes Töten, es ist mehr eine natürliche Selektion.

Na bitte, schon habe ich eine Rechtfertigung für mein Tun gefunden.

* * *

Im Aufwachraum der Anästhesie herrscht eine gespannte Ruhe, durchbrochen nur vom leisen Surren der medizinischen Geräte. Die Patienten liegen in ihren Betten, noch von der Narkose benommen, während die Krankenschwestern und Pfleger wachsam über ihre Genesung wachen. Per Zufall sind einige Patienten der Herzchirurgie darunter.

Ich betrete den Raum mit einem selbstsicheren Lächeln, das meine wahren Absichten hinter einer Maske der Freundlichkeit verbirgt. Die Patientin, eine ältere Frau, liegt friedlich in ihrem Bett, noch ahnungslos über das, was ich im Schilde führe. Mein Blick gleitet über die Monitore, meine Finger spielen mit den Knöpfen der medizinischen Geräte, während ich nach dem perfekten Moment suche.

Die Krankenschwester am Schwesternstützpunkt wirft

mir einen flüchtigen Blick zu, ahnt jedoch nicht, was ich im Sinn habe. Die Monitore zeigen stabile Werte, die Patientin scheint auf dem Weg der Besserung zu sein. Das ist der Moment, den ich abwarte.

Mit geschickten Handgriffen manipuliere ich die Dosierung eines Medikaments, das ihre Herzfrequenz leicht erhöhen wird. Nicht genug, um Alarm auszulösen, aber genug, um subtile Anzeichen von Unregelmäßigkeiten zu zeigen. Die Herzfrequenz steigt langsam an, und ich beobachte jede Reaktion der Monitore genau.

Die Krankenschwester schaut mich fragend an, und ich zucke nur mit den Schultern, als würde ich meine Unschuld beteuern. Innerlich jubelnd erwarte ich den entscheidenden Moment, in dem die manipulierte Herzfrequenz die Aufmerksamkeit auf sich ziehen wird.

Plötzlich erklingt ein leiser Alarm, und die Krankenschwester eilt zu der Patientin. Die anderen Pflegerinnen und Pfleger werden aufmerksam, und ein hektisches Treiben beginnt im Aufwachraum. Die Patientin wird stabilisiert, und ich stehe abseits, mein Gesicht von einem besorgten Ausdruck überzogen.

Ich habe wieder einmal den perfekten Moment inszeniert, die Illusion von Chaos geschaffen und meine Fähigkeiten im Schatten erstrahlen lassen. Die Manipulation ist geglückt, und ich verlasse den Raum mit einem selbstzufriedenen Lächeln auf den Lippen. Noch halte ich mich und meine Fähigkeiten bewusst zurück. Wer weiß, ob man hier nicht über mein Treiben auf Station 211 informiert ist.

* * *

Ich komme gut klar mit Doktor Neufert, einem der Anästhesieärzte. Er ist ein sportlicher Typ, mit dem mich die Leidenschaft für den Fußball verbindet. Oft diskutieren wir über die Bundesliga und schätzen die Chance unserer Vereine ein, in der verbleibenden Spielzeit noch etwas zu reißen. Er ist Fan von Werder Bremen, seinen PKW ziert ein weiß-grüner Schal vor der Heckscheibe.

„Schalke wird absteigen, Werder bleibt drin. Jede Wette", prognostiziert er. Ich bin kein Schalke-Fan, habe es eher mit Bayern München. „Mir egal", sagte ich beiläufig und schaue auf die Liste der Patienten, die in der nächsten Stunde zu uns kommen werden. „Habe es mit beiden Vereinen nicht so."

Neufert runzelt die Stirn. Werder den Verbleib im Oberhaus nicht zu gönnen, ist fast ein Sakrileg in seinen Augen.

Die quirlige Krankenschwester Ines rettet mich vor einer Standpauke, schiebt gerade eine junge Frau zu uns in die Schleuse. Ihr Name ist Iris Grasmüller. Sie leidet unter einem angeborenen Herzfehler, der in der Herzchirurgie an diesem Nachmittag operiert werden soll. Iris Grasmüller liegt nervös auf dem Krankenbett, ihre Augen spiegeln die Furcht vor der anstehenden Operation wider. Doktor Neufert und ich versuchen, die Atmosphäre mit ein paar locker wirkenden Sprüchen aufzulockern.

„Iris, machen Sie sich keine Sorgen. Wir haben das hier im Griff. Wir sind ein eingespieltes Team, und ich versichere Ihnen, dass wir uns bestens um Sie kümmern werden. Herzoperationen sind für uns Routine, und Ihre Sicherheit hat höchste Priorität. Sie sind in guten Händen, wirklich."

Ein zögerliches Lächeln huscht über ihr Gesicht, aber die Angst bleibt in ihren Augen.

Neufert bereitet die Narkose vor und fährt fort, Iris zu beruhigen. Seine Worte werden von der steigenden Verunsicherung in ihrer Stimme begleitet. Ich stehe daneben, versuche, meine Anspannung zu verbergen und gleichzeitig das Mitgefühl zu zeigen, das ich vortäuschen muss.

Der Moment der Narkose kommt näher. Neufert wendet sich kurz ab, um nach seinem Equipment zu greifen. Das Narkosemittel läuft über den Tropf in die Kanüle in Iris' Arm. In dieser Sekunde nutze ich die Gelegenheit, ziehe unauffällig eine vorbereitete Spritze aus meinem Kittel und setze sie geschickt an Iris' anderem Arm an. Der Stich ist kaum spürbar.

Neufert dreht sich wieder um. „Zählen Sie rückwärts von Zehn..."

„Zehn, neun, acht..."

Iris' Sprache wird verwaschen, ihre Lider blinzeln, und nach kurzer Zeit gleitet sie in einen tiefen Schlaf. Neufert merkt nichts von meiner Aktion. Ein Grinsen huscht über mein Gesicht, als ich mich wieder darauf konzentriere, professionell zu wirken.

Die Patientin wird abgeholt.

„Erledigt", sagt er zufrieden und streift sich die Handschuhe von den Händen. „Wie war das jetzt mit Werder? Du gönnst ihnen also den Abstieg?"

Ich hebe abwehrend die Hände. „Nein, nichts liegt mir ferner. Die dürfen gerne bleiben. Immerhin haben sie vor Jahrzehnten mal auf Augenhöhe mit den Bayer spielen dürfen."

Das ist lange her und ich erinnere mich nur aus Erzählungen meines Vaters daran.

„Gut. Wer ist denn als Nächstes dran?", fragt er, weil er weiß, dass ich die Liste im Kopf habe. „Gallenblase, weiblich. Keine Besonderheiten", rattere ich herunter. Bis die Patienten vor mir gelegen haben, interessiert mich nur die Anamnese. Dann weiß ich erst, ob sie auf die Liste kommen oder nicht. „Du bist unverbesserlich, Jan."

„Wieso? Wenn ich dir den Namen sage, hast du keine

Informationen. Außerdem bin ich das aus der 211 so gewohnt. Da hatten wir selten Zeit für die Namen."

Ich verschweige, dass ich das alleine so sah. Ines schiebt die Gallenblase herein. Auf dem Flur herrscht plötzlich Tumult. Laute Schreie sind zu hören. Ein Arzt in OP-Kleidung tobt herein. „Scheiße! Lukas, was habt ihr mit der Patientin gemacht? Die ist ex", schreit er den Kollegen an. „Was?", ruft Doktor Neufert und wirft mir einen ungläubigen Blick zu. „Das kann nicht sein. Die Vorbereitung ist ganz normal abgelaufen, stimmt's Jan?"

Ich nicke bestätigend. Mir war klar, dass es eng werden würde für Frau Grasmüller. Wenn ein gerade sedierter Mensch stirbt, stirbt er alleine und ohne Anzeichen. Erst als die Ärzte sie in den OP gefahren hatten und die Geräte anschlossen, ist ihnen der Zustand aufgefallen. „Sie reanimieren ... sieht aber schlecht aus", meldet der Arzt und eilt davon. Wieder schaut mich Lukas Neufert ungläubig an. „Gibt's nicht. Wie kann das passieren?"

„Sie hatte einen Herzfehler. Wie häufig ist es, dass das Narkosemittel nicht vertragen wird?"

Neufert schweigt konsterniert. Die Gallenblase hat alles mitanhören müssen. Ihre Augen sind schreckgeweitet. „Bringen Sie mich sofort hier raus!", keift sie schrill los. „Ich habe genug. Ich will hier raus! Haben Sie gehört? Sagen Sie die OP ab. Hier wird man ja getötet ohne Not!"

KAPITEL EINUNDZWANZIG

Die Manipulation während der Narkose und während ein Arzt zugegen ist, bleibt ein Einzelfall. Ich muss mir eine Strategie ausdenken, wie ich meinen Würfel wieder ins Spiel bringen kann, ohne aufzufallen. Da kommt mir der Zufall zu Hilfe. Ich fahre mit einem Patienten zurück auf die Station. Da fallen mir im Fahrstuhl die Steckdosen auf. Wieder zurück auf der Station, frage ich nach.

„Eine Reanimation im Fahrstuhl ist unser Horrorszenario. Hat man dir das nicht erklärt, wofür die Steckdosen da sind?"

Ich verneine. „Du hattest kein Kabel dabei?"

„Nein, kein Kabel."

Der Kollege seufzt tief. „Sei froh, dass alles gut gegangen ist. Mitkommen, sofort!"

Wir nehmen uns ein leeres Bett von Flur, fahren damit bis zum Aufzug. „Und jetzt kommt es", sagt der Kollege, hebt wichtig den Zeigefinger. „Wir müssen immer diesen Wagen dabei haben, fahren dem Patientenbett hinterher." Darauf sehe ich einen Defibrillator, ein Notfalltablett und jede Menge Kabel. Das Krankenbett rollt in den Aufzug, wo es achtlos stehenbleibt. Er erklärt mir haarklein, welches Kabel wo angeschlossen wird und wozu. Die Anwendung des Defis will er mir auch noch erläutern, da erkläre ich ihm, dass ich von der 211 komme. Da schaut er mich kurz fragend an und sagt dann: „Du warst dort der Rettungs-Rambo, stimmt's?“

Ich nicke kurz. Mein Ruf eilt mir voraus. Eigentlich wollte ich das nicht publikmachen, doch jetzt war die Katze aus dem Sack. Jetzt war es auch egal.

* * *

Es ist kurz vor Heiligabend. Vanessa ist schon voller Vorfreude. Mir geht Weihnachten am Arsch vorbei, doch ihr zuliebe mache ich bei dem Brimborium mit. Überall in der Wohnung hängen Lichterketten, Deko versperrt die Sicht aus den Fenstern; es riecht ständig nach Plätzchen und ich kann mir Gott sei Dank eine Schicht auf dem RTW ergattern. Ein bisschen Ruhe vom Weihnachtsstress. Ich möchte gar nicht wissen, wie es daheim über die Feiertage sein wird.

Einige Heißdüsen haben sich die Schichten gekrallt – es wird ja schweinisch gut gezahlt – für mich blieb leider nichts mehr über. Nur eine Schicht vor Silvester habe ich mir sichern können.

Es ist der 22. Dezember, Nachtschicht auf dem Rettungswagen. Bisher hatten wir nur Routineeinsätze, bis die Leitstelle einen schweren Verkehrsunfall meldet. Zwei PKW sind kollidiert, und wir übernehmen.

Adrenalin schießt durch meine Venen, als wir am Unfallort eintreffen. Zwei zerfetzte Karren, verbogenes Blech – Qualm. Wie schnell waren die wohl? Ein illegales Rennen?

Blaulicht, Sirenen – alles verschwimmt vor meinen Augen. Ersthelfer hasten umher, aber ich konzentriere mich auf meine Aufgabe.

Der eine Fahrer ist eingeklemmt, die Feuerwehr ist bereits vor Ort und beginnt mit der Rettung. Ein Spreizer arbeitet, Blech kreischt. Ich wende mich dem anderen zu. Als ich näherkomme, stockt mein Atem. Es ist Kevin, mein ehemaliger Kollege von der 211.

Das kann doch nicht wahr sein.

Die Realität prallt auf mich ein, als ich seine regungslose Gestalt sehe. Sein Gesicht ist blutverschmiert.

„Kevin!", rufe ich, aber er reagiert nicht. Panik steigt in mir auf, während ich meine Handschuhe überstreife. Ich muss einen klaren Kopf bewahren.

Wir beginnen mit der Versorgung, Sven und ich. Ich versuche, meine Emotionen zu unterdrücken, während ich all mein medizinisches Wissen einsetze. Kevin liegt da, still und ohne Lebenszeichen. Ist das jetzt meine Chance zur Revanche?

Wie soll ich das anstellen? Sven steht neben mir, sieht jeden meiner Handgriffe. Da greift das Schicksal ein. Sven wird von einem der Feuerwehrleute gerufen. Meine Chance.

Blitzschnell ziehe ich eine Spritze mit Kalium auf, jage sie Kevin in den Arm. Durch die dicke Jacke hindurch. Scheißegal. Dann presse ich meine Finger an seine Halsschlagader. Das Herz beginnt zu stolpern.

„Sven! Ich brauche dich hier", schreie ich lauthals. „Kammerflimmern. Der geht uns weg!"

Passanten betrachten meine Aktionen mit Ehrfurcht. Ich reiße ihm die Klamotten vom Leib, beginne mit der Herzdruckmassage. Sven eilt herbei. „Scheiße! Was?"

„Der Typ heißt Kevin und ist ein ehemaliger Kollege von der 211 im Klinikum. Ich muss den retten", speie ich ihm entgegen. Sven nickt und kümmert sich um den Beatmungsbeutel.

„Wo bleibt der Scheiß-Arzt?“

In diesem Moment bin ich nicht mehr sein Rivale, sondern ein Retter, der alles tun muss, um sein Leben zu retten. Nur, dass ich ihn vorher erst in Gefahr gebracht habe. Aber das weiß ja niemand.

Die Minuten ziehen sich endlos. Sirenen heulen im Hintergrund, die Kollegen der Feuerwehr arbeiten fieberhaft. Und ich kämpfe um Kevins Leben, in der Dunkelheit dieser einsamen Nacht. Endlich kommt der Notarzt und übernimmt. Wir Sanitäter sind nur noch Gehilfen. Er trägt jetzt die Verantwortung für Kevin.

Kommt er durch, hat das Schicksal es so entschieden. Wenn nicht, dann auch. Ich bin da außen vor.

KAPITEL ZWEIUNDZWANZIG

Der Heilige Abend steht vor der Tür, und Vanessa hat das Zuhause in eine festliche Weihnachtswelt verwandelt. Der Duft von Zimt, Nelken und Tannennadeln liegt in der Luft. Das ganze Haus ist liebevoll geschmückt, von funkelnden Lichtern bis hin zu festlichen Girlanden. Vanessa, eine überzeugte Weihnachtsfanatikerin, hat keine Mühen gescheut, um die perfekte festliche Atmosphäre zu schaffen.

Ich hingegen fühle mich von der Weihnachtsstimmung überfordert. Ich habe keine große Lust auf die Feierlichkeiten und versuche, mich dem Trubel zu entziehen. Dennoch kann ich Vanessas Begeisterung nicht entgehen, als sie mit leuchtenden Augen das prächtig geschmückte Wohnzimmer betritt. Ein üppig dekorierter Weihnachtsbaum steht im Mittelpunkt, vollgehangen mit glänzenden Kugeln und funkelnden Lichtern.

Das Essen verspricht eine wahre Gaumenfreude zu werden. Auf dem Tisch türmen sich Zimtsterne, Dominosteine und andere süße Leckereien. Der Duft von Braten und würzigen Beilagen zieht durch die Wohnung. Vanessa hat sich in der Küche selbst übertroffen, um ein festliches Mahl zuzubereiten. Sie ist schon eine tolle Frau. Weiß ich das eigentlich zu schätzen? Was würde sie wohl denken, wenn sie jemals von meinem Treiben erführe?

Unter dem prächtig geschmückten Baum liegen Geschenke, sorgfältig mit glänzendem Papier verpackt. Ich habe für Vanessa beim hiesigen Juwelier eine Kette ausgesucht, ich hoffe sehr, dass sie ihr gefallen wird. Vanessa hingegen hat mir eine hochwertige Jogginghose besorgt, die perfekt zu meinen sportlichen Aktivitäten passt. Außerdem ein Fan-Shirt des FC Bayern und eine Eintrittskarte zum Konzert von den 'Toten Hosen'. Nach der Bescherung setzen wir uns an den Tisch und beginnen zu essen. Der Braten schmeckt köstlich. „Gefallen dir deine Geschenke?", fragt sie mich und hält ihr Glas zum Anstoßen hoch. „Ja, wirklich toll ausgesucht. Ich freue mich schon auf die 'Hosen'."

Sie lächelt. Ich hebe das Glas und stoße an.

Das festliche Weihnachtsessen ist im Gange. Der Tisch ist reich gedeckt mit köstlichen Gerichten, Kerzen flackern festlich, und der Weihnachtsbaum erstrahlt im warmen Licht. Vanessa und ich sitzen gegenüber, umgeben von der festlichen Atmosphäre. Ich kann nicht anders, als sie immer wieder für ihre Kochkunst zu loben.

Sie nimmt einen Schluck von ihrem Wein und sagt mit einem Lächeln auf den Lippen: „Jan, ich muss dir etwas sagen."

Ich hebe fragend die Augenbrauen und erwidere. „Was gibt's denn?"

Vanessa zögert einen Moment, bevor sie fortfährt. „Ich habe gemerkt, dass unsere Prioritäten sich verändert haben, besonders in dieser festlichen Zeit. Ich kann mir vorstellen, dass es wundervoll wäre, unser eigenes kleines Weihnachtswunder zu erleben."

Ich schaue sie überrascht an, während ich mir einen Bissen Braten auf die Gabel stecke. Doch eigentlich weiß ich, was sie mit 'Weihnachtswunder' meint. Nicht umsonst feiern wir die Geburt eines Kindes. „Du meinst... ein Kind?“

Vanessa nickt lächelnd und scheu. Wie oft schon habe ich ihr vor den Kopf gestoßen mit meiner Ablehnung. „Ja, Jan. Ich meine, wir sind jetzt an einem Punkt unserer Beziehung angekommen, an dem wir darüber nachdenken könnten. Ein kleines Geschenk, das unser Leben noch schöner macht.“

Ich überlege einen Moment, während ich Vanessa in die Augen schaue. Die Vorstellung eines eigenen Kindes scheint plötzlich gar nicht mehr so abwegig zu sein. Meine Gedanken sind allerdings andere als ihre. Könnte ein Kind mich von meinem höllischen Trieb abhalten? Oder wäre eine solche Verantwortung eine zu große Bürde für mich?

„Vielleicht hast du recht. Das könnte wirklich etwas Besonderes sein.“

Vanessa strahlt vor Glück. „Ehrlich? Das wäre wunderbar, Jan!“ Sie legt ihre Hand auf meine und fügt hinzu: „Lass es uns versuchen.“

Die festliche Stimmung und die aufkeimende Vorfreude führen zu einem intensiven Moment zwischen uns. Nach dem Weihnachtsessen, von Liebe und einem neuen gemeinsamen Traum erfüllt, finden wir uns spontan im Schlafzimmer wieder. Die Magie der Weihnachtszeit scheint sich in unserem Zuhause fortzusetzen, als wir uns liebevoll einander hingeben und den Beginn eines neuen Kapitels in unserem Leben feiern.

Doch ich bin mir noch immer nicht sicher, für wen ich es tue. Für wen ich jetzt ficke. Für mich oder um Vanessas Wunsch doch noch zu erfüllen.

* * *

Es ist der 1. Weihnachtstag, und ich stehe am Fenster der zukünftigen Schwiegereltern und betrachte den schneebedeckten Garten. Alles strahlt Frieden und Harmonie aus. Die Familie sitzt gemütlich beisammen, lacht und tauscht Geschenke aus. Doch während ich sie beobachte, fühle ich mich seltsam leer und unnütz.

Die Wärme des Kamins und das Lachen der Eltern dringen bis zu mir durch, aber ich stehe nur da und frage mich, was mit mir los ist. Warum kann ich nicht einfach glücklich sein wie sie? Warum fühle ich mich so, als ob etwas in meinem Leben fehlt, aber ich kann nicht einmal genau sagen, was es ist?

Vielleicht liegt es daran, dass ich mich nach etwas sehne, das ich nicht benennen kann. Nach einer Aufgabe, die größer ist als das, was ich bisher erreicht habe. Oder vielleicht fehlt mir einfach der Nervenkitzel, der mit meinem Job auf der Intensivstation einherging und der mir jetzt fehlt.

Während ich dort stehe und meine Gedanken kreisen, spüre ich eine tiefe Sehnsucht in mir aufkeimen. Eine Sehnsucht nach Bedeutung und Sinn, die ich bisher nicht richtig greifen kann. Und so bleibe ich einfach am Fenster stehen und lasse die Gedanken weiterwandern, in der Hoffnung, dass ich irgendwann eine Antwort finde.

* * *

Der Würfel hat in dieser Nacht sein Urteil gefällt. Mein Glück besteht darin, dass es genügend Schwestern im Aufwachraum gibt. Hier in der Anästhesie kennt man den Mangel an Pflegekräften nicht, daher ist diese Station auch so beliebt. Nach der Versorgung muss ich den Patienten alleine in den Aufzug bringen, um ihn auf die Intensivstation zu transportieren. Ein perfekter Ort für eine heimliche Reanimation.

Der Aufzug gleitet geräuschlos nach oben, nur das Summen der Elektronik ist zu hören. Mein Herz klopft schneller, während ich einen Blick auf den Patienten werfe. Ein perfekter Moment.

Ich zögere nicht lange, halte den Aufzug an. Geschickt ziehe ich eine Spritze mit Gilurytmal aus meiner Tasche. Die kleinen Glücksmomente entstehen manchmal in den ungewöhnlichsten Orten. Ich spritze das Medikament, und es durchströmt den Körper des Patienten. Der Aufzug ist mein abgeschottetes Reich, keine Zeugen, keine Fragen.

Ein Schauer der Vorfreude überläuft mich, als ich beginne, den Patienten zu reanimieren. Der Herzschlag setzt wieder ein, das Leben kehrt zurück. Die Macht, die ich über Leben und Tod habe, durchdringt mich, und doch fehlt etwas. Der Kick, es vor den Augen meiner Kollegen zu tun, diese Befriedigung bleibt aus.

Als wir die herzchirurgische Intensivstation erreichen, fahre ich den Patienten über die Schwelle. „Ich musste ihn reanimieren“, rufe ich den Kollegen an der zentralen Überwachung zu. Ich blicke in die erstaunten Augen von Doktor Jung; Melanie und Lisa lümmeln am Tresen herum. Klar, ich bin ja nicht mehr da, also gibt es hier auch keine Action mehr.

„Was du nicht sagst“, höre ich Melanie sagen. Der Doktor schnappt sich den Patienten und ruft nach Timo.

„Was soll der Scheiß, Mel? Bist du noch immer nicht zufrieden, dass du mich hier weggemobbt hast?“

Sie lacht bitter auf. „Wegmobben? Das hast du ganz alleine geschafft, Jan.“

„Kümmert euch um den Mann, ich bin ab jetzt nicht mehr zuständig. Übergeben, Station verlassen. Punkt."

„Ist auch besser so, wir vermissen dich hier übrigens nicht."

Ihr triumphierender Blick benötigt dringend einen Dämpfer. „Wie geht es denn Kevin?", frage ich und trete ganz langsam auf sie zu.

„Wie? Was?" Sie blinzelt mit ihren zu arg geschminkten Wimpern. Das scheint ihr neuer Stecher zu lieben. Früher war sie kein solcher Farbkasten.

„Kevins Autounfall. Ich habe ihn gerettet. Wie geht es ihm?"

Ich sehe, wie sie einen heftigen Kloß herunterschlucken muss. „Das warst du? Auf dem RTW?"

„Ja, ich. Der Typ, dem du Morde unterschieben wolltest. Kannst dir mal überlegen, ob du nicht was gutzumachen hast. Schöne Schicht noch."

Ich drehe mich um und will loslaufen, als mich jemand am Arm festhält. Es ist Lisa. „Jan, das tut mir leid, dass du nun nicht mehr hier arbeitest. Ich habe übrigens nicht daran geglaubt, dass du ...", sagt sie. Ihr kommen die Worte *'Patienten getötet hast'*, nicht über die Lippen.

Ich schaue ihr in die Augen und sehe Ehrlichkeit. „Lass gut sein Lisa. Ich danke dir, aber das hier ...", sage ich und schaue mich um. Dann blicke ich ihr erneut in die Augen. „Das hier ist für mich Geschichte. Manchmal kommt es mir wie ein böser Traum vor. Machs gut, Lisa."

* * *

Ich betrete den Aufwachraum, das leise Summen der Überwachungsgeräte erfüllt den Raum. Ich bin alleine, keine Krankenschwestern stören meine Intentionen. Die Patienten, die noch im Dämmerzustand nach der Narkose daliegen, sind wie Schachfiguren. Ich nehme den Würfel aus der Kitteltasche und begebe mich zum Bett der Patientin, die ich anhand der Krankenakten als Opfer ausgesucht habe. Ich gehe am Fußende des Bettes in die Knie. Der Würfel glänzt im Morgenlicht, das ins Zimmer fällt. Ich schüttele ihn in beiden Händen, dann lasse ich dem Schicksal freien Lauf. Der kleine weiße Quader rollt über den Linoleumfußboden, stößt sanft gegen ein Rad des Bettes, wo er liegenbleibt. Mein Herz klopft heftig, als ich auf die Oberseite starre.

Eine fünf.

Das Schicksal hat entschieden. Ich richte mich auf und lasse meinen kleinen Freund zurück in die Tasche gleiten.

Die Patientin liegt reglos auf der Liege. Die Routine-Nachsorge nach ihrer OP wird sie wahrscheinlich nicht mehr erleben. Schnell ziehe ich eine vorbereitete Spritze hervor, der Würfel entscheidet über Leben und Tod.

Ich injiziere das Medikament unbemerkt, meine Finger arbeiten geschickt und routiniert. Der Aufwachraum wird zur Bühne meines schattenhaften Schauspiels. Der Würfel hat entschieden. Der Monitor verändert seine Anzeige, ich drücke schnell den Notfallknopf, bevor ich mit der Reanimation beginne.

Es dauert fünf Sekunden, bis die Tür auffliegt. „Was ist?“, ruft Schwester Inga und eilt herbei.

„Das war wie in einem Theaterstück. Ich stehe hier und schaue zu ihr herüber, in dem Moment geht es los“, lüge ich und habe schon den Tubus in der Hand. Inga assistiert. Gemeinsam gelingt es uns, die Frau zurückzuholen.

So wollte es das Schicksal. Ich möchte mich feiern lassen, doch es gibt keinen Applaus. Stattdessen bemerke ich auf dem Flur skeptische Blicke. Immer öfter.

* * *

Selbst mitten am Tag, wenn die Sonnenstrahlen meine neue Abteilung in ein warmes Licht tauchen, hat die Atmosphäre in der Anästhesie etwas Unheimliches. Oder spüre ich das nur so? Bin ich es, der mir selber unheimlich wird? Es ist vier Uhr nachmittags. Die Schwestern sind zusammen mit mir im Aufwachraum, wir haben nur Patienten aus den anderen Fachbereichen, keine aus der Kardio-Anästhesie.

„Na, da sind Sie ja wieder. Wie fühlen Sie sich? Ist Ihnen schwindlig? Möchten Sie etwas trinken?", höre ich meine Kollegin Inga sagen, als eine Patientin aufwacht. Mit einem Lächeln steht sie vor dem Bett der Frau. Und es ist nicht gekünstelt, sie fühlt das so.

Mir kommen solche freundlichen Worte selten über die Lippen. Dabei gehört es zu unseren Aufgaben, die Patienten nach ihren Vitalwerten und ihrem Befinden zu befragen. Am liebsten ist es mir, wenn das die Frauen übernehmen und ich die Betten nur wegkarren darf.

Samt Inhalt.

Alles läuft seinen gewohnten Gang. Ich schiebe erwachte Patienten von hier nach dort, bringe sie auf die Stationen und kehre wieder zurück. Nichts Aufregendes passiert. Es kommt mir dennoch so vor, als würde das Haus permanent unter Spannung stehen. Ich spüre sie mit jeder Faser. Und in der Tasche glüht der Würfel vor Tatendrang. Je später am Tag, desto schlimmer erlebe ich das.

Wenn nicht bald etwas passiert, drehe ich durch.

Die Sonne ist fast untergegangen, der Aufwachraum liegt im gedämpften Licht. Die postoperative Stille wird nur vom sanften Surren der Überwachungsgeräte durchbrochen. Inzwischen liegt nur noch ein Patient in seinem Bett, und dämmert vor sich hin. Der ist keiner auf meiner Todo-Liste, eher ein Zufallskandidat.

Die sterile Luft vermischt sich mit dem Geruch von Desinfektionsmitteln, als meine Finger den Würfel aus der Tasche ziehen. Seine Entscheidung wird über das Schicksal des Patienten bestimmen. Wieder gehe ich in die Knie und mache meine übliche Bewegung, das Schütteln den Würfels macht ihn richtig heiß. Ich spüre das. Fast verbrennt es meine Handinnenflächen, bevor ich ihn freigebe. Das blöde Ding rollt unter das Bett des Patienten. So sehr ich mich auch bemühe, ich kann nicht erkennen, was er entschieden hat. Mühsam krabbele ich halb unter das Bett, greife mit zwei Fingern nach dem Würfel und will ihn vorsichtig herziehen, als ich eine Stimme hinter mir höre. „Jan, was machst du da unter dem Bett?“

Ich fahre zusammen und knalle mit dem Kopf gegen den Hebemechanismus, als ich mich erhebe. Ich zögere einen Moment, spüre den heißen Atem der Panik in meinem Nacken. Ich richte mich auf, halte den Würfel geschickt in meiner Faust verborgen und sehe die neugierige Schwester an.

„Entschuldigung, Inga. Ich habe meinen Stift fallenlassen. Ich wollte nur nachsehen, ob er unter das Bett gerollt ist“, sage ich, während ich mich mühsam aufraffe und das unschuldigste Lächeln aufsetze, das ich in petto habe. Dabei hole ich vorsichtig einen Stift aus meiner Brusttasche, den ich auf den Boden lege.

Die Schwester runzelt die Stirn, doch ich zeige behände auf den Boden. „Ah, da ist er ja. Danke, dass du mich erschreckt hast“, füge ich mit einem nervösen Lachen hinzu. Der Würfel bleibt unsichtbar in meiner Hand, während ich den Stift aufhebe und wie eine Trophäe zwischen den Fingern halte. Sie lächelt milde. „Das passiert mir auch ständig, dass ich etwas fallenlasse. Entschuldige bitte, ich wollte dich nicht erschrecken. Ich dachte nur, jemand Fremdes hätte sich hier eingeschlichen."

„Sehr gut, man weiß ja nie, wer hier eventuell sein Unwesen treibt", sage ich, blicke auf den Patienten. Plötzlich zeigt er Lebenszeichen, blinzelt, schlägt verwirrt die Augen auf. Innerlich fluche ich. Die Chance ist vertan.

„Da sind Sie ja, Herr Unger. Wie geht es Ihnen?", fragt Inga. Für sie ist die Situation geklärt. Und für mich? Das Brennen des Würfels in meiner Kitteltasche wird unerträglich. Ich verlasse den Aufwachraum und renne den Rest der Schicht durch die Gänge wie ein Tiger im Käfig.

* * *

Die Schicht beginnt, und ich kann es kaum erwarten, wieder auf Station zu sein. Vanessa hat gestern Abend nachgefragt, was mit mir los war, als ich nach Hause gekommen bin. Nur mühsam und mit einer ordentlichen Portion Lügen konnte ich sie besänftigen. Jetzt warte ich ungeduldig darauf, dass die Kolleginnen den Aufwachraum verlassen. Draußen halten wir ein bisschen Smalltalk. „Moin Jan, gut geschlafen?"

„Nein, es geht so. War viel wach. Habe eine Menge im Kopf, Vanessa plant schon den nächsten Urlaub, dabei haben wir den kommenden noch nicht hinter uns. Ich frage mich, ob sie denkt, ich sei ein Millionär", antworte ich und zwinkere ihnen zu.

„Millionäre könnten wir alle gebrauchen", antwortet Marion, Inga lacht laut auf. „Das wärs noch. Aber ganz ehrlich, mit den Geldsäcken möchte ich nicht tauschen. Lieber mein beschauliches Leben, hier mit dem Kolleginnen und daheim mit meinem Rüdiger."

Sie nimmt Marion in den Arm, es herrscht eine lockere Stimmung.

„Und da drinnen bei unseren Dornröschen?“, frage ich und nicke in Richtung Tür.

„Kein Prinz in Sicht“, antwortet Inga und grinst.

„Na, dann schaue ich kurz rein und mache mich danach wieder nützlich als Bettschubse.“

„Aber keine Drinks kostenlos ausgeben, hast du gehört?“

Ich lächele als Antwort. Daraufhin verschwinden die Frauen giggelnd den Flur entlang. Endlich.

Die Tür schwingt auf, und ich husche hinein, den Würfel fest in meiner Hand versteckt. Ich fühle den Adrenalinkick bereits, die Vorfreude auf die Manipulation. Jetzt bin ich allein, und meine Aufregung steigt. Der Aufwachraum liegt still da, das gedämpfte Licht taucht die Patienten in eine traumverlorene Atmosphäre. Meine Finger zittern vor Vorfreude, als der Würfel in meiner Hand ruht. Die Monitore flüstern leise die Herzschläge der Patienten im Takt.

Die Nadel gleitet lautlos unter die Haut, unbemerkt von dem schlummernden Patienten. Der Würfel gibt mir die Gewissheit, dass heute der perfekte Tag für eine Manipulation ist. Ich habe bereits daheim gewürfelt, damit mir nicht wieder so ein Missgeschick passiert. Die Überwachungsgeräte melden weiterhin ruhige Werte, während der Aufwachraum stummer Zeuge meiner verräterischen Aktionen ist.

Noch vor dem Frühstückt stirbt Alexander Mittler, 64 Jahre alt. Auf Station wegen einer Gallenblasenoperation. Ich konnte ihn nicht reanimieren.

Nach der missglückten Reanimation begegne ich Marion auf dem Flur. Ihre Augen durchbohren mich mit einem skeptischen Blick.

„Jan, es ist merkwürdig. Du bist immer zur Stelle, wenn hier etwas passiert“, sagt sie, und ich spüre den Druck ihrer Zweifel.

Ein flüchtiges Lächeln spielt um meine Lippen. „Ihr wart gerade weg, als es passierte. Ich konnte nur noch reagieren.“

„Und es kam ganz plötzlich von jetzt auf gleich?“

„Purer Zufall, Marion. Du weißt, wie hektisch es manchmal auf der Station ist.“

„Hier war es früher nie hektisch. In meiner Zeit haben wir hier vielleicht fünf oder sechsmal reanimiert – in zehn Jahren. Bei wie vielen Reanimationen warst du in den letzten Monaten beteiligt?“

Ich zucke mit den Schultern. Dabei weiß ich es ganz genau. Und Marion weiß es sicher auch, sonst würde sie nicht fragen. Ich bin schon wieder aufgefallen.

„Es waren nur ein paar“, will ich mich herausreden, doch sie bleibt unbeugsam. „Du hast jetzt schon mehr in vier Monaten als ich in fünf Jahren, Jan. Es fällt langsam auf.“

„Was meinst du?“

„Du weißt, was ich meine. Ich möchte, dass du dich in Zukunft von meinen Patienten fernhältst.“

Ich stoße die Luft aus. „Wow! Deine Patienten? Erhöhst du dich nicht gerade etwas? Wer auf einem Sockel steht, kann leicht stürzen.“

Sie kommt nahe an mich heran und funkelt mich an. „Davon kannst du ja ein Liedchen singen, stimmt's? Die Station 211 hat sehr schnell deinen Sockel abgeräumt.“

Okay. Nun ist es Zeit für mich, das Feld zu räumen. Ich hebe die Hände und trete einen Schritt zurück. „Wie du meinst, Marion. Vielleicht sind deine Anschuldigungen etwas für den Betriebsrat. Schauen wir mal.“

„Mach, was du für richtig hältst. Aber bleib mir und meinen Patienten vom Leib, ich warne dich."

Mir wird schlagartig bewusst, dass ich auch hier bereits unter Beobachtung der Mitarbeiter stehe, ich spüre einen kalten Schauer über meinen Rücken laufen. Die Aussage, dass man meinen Sockel auf der Station 211 sehr schnell abgebaut hat, macht mir deutlich, dass Sie miteinander geredet haben, sich kennen. Ich habe keine Ahnung, wie ich weitermachen soll. Zweifel und Unsicherheit breiten sich in mir aus, und ich frage mich, ob es mir gelingen wird, meine Manipulationen unauffällig fortzusetzen.

KAPITEL DREIUNDZWANZIG

Um dem Ganzen aus dem Weg zu gehen und der Sache den Wind aus den Segeln zu nehmen, mache ich zwei Wochen Urlaub. Doch auch das bringt mich nicht weiter. Ständig grübele ich darüber nach, wie es weitergehen soll.

Sport hilft immer, um den Kopf freizukriegen. Carsten holt mich zum Fußball ab. Wir plaudern über dies und das, aber ich kann nicht anders, als ihm von meiner angespannten Situation auf der neuen Station zu erzählen. „Carsten, ich weiß einfach nicht, wie es weitergehen soll. Ich fühle mich beobachtet, und ich habe das Gefühl, dass mir langsam die Kontrolle entgleitet."

„Inwiefern?"

„Du weißt ja, dass schon auf Station 211 getuschelt wurde. Ich solle Patienten manipuliert haben, um sie dann zu reanimieren. Voll der Blödsinn, dahinter steckten Melanie und ihr Stecher Kevin. Aber du weißt ja, wenn einmal ein Gerücht die Runde macht, holst du es nicht wieder ein. So geht es mir im Moment. Eine Kollegin hat mich letztens bedroht, ich solle von ihren

Patienten fernbleiben. Wenn nicht, würde ich was erleben!“

Er runzelt die Stirn und wirft mir einen prüfenden Blick zu. „Jan, du musst aufpassen. Es wird immer schwieriger, in unserem Beruf keinen Burnout zu erleiden. Vielleicht solltest du einen Gang zurückschalten. Du bist doch jung. Denk mal über eine Umschulung nach. Nur weil dein Vater sein Leben lang Pfleger war, musst du das nicht auch sein.“

Wäre der Burnout mein Problem, wüsste ich, wie ich das zu lösen hätte. Ich seufze und schaue aus dem Autofenster. „Aber ich brauche das, Carsten. Den Kick, die Aufregung. Das normale Pflegerleben auf der Anästhesie langweilt mich einfach zu sehr.“

Carsten parkt das Auto, und wir steigen aus. „Überleg dir gut, ob der Kick es wert ist, alles zu riskieren, Jan. Du kannst nicht ewig so weitermachen.“

Wir betreten gemeinsam das Fußballfeld, und ich versuche, Carstens Worte zu verdrängen. Doch im Hinterkopf bleibt die unangenehme Erkenntnis, dass mein riskantes Spiel auf Station 211 mich langsam einholt.

* * *

Es ist nun Anfang März 2002. Ich habe Kevins Unfall schon lange aus dem Gedächtnis gestrichen. Doch dann wird er mir zurückgebracht. Die Tür zum Aufwachraum öffnet sich, und Kevin betritt die Szene, gestützt auf Krücken. Ich erkenne ihn kaum wieder – sein Gesicht ist blass, und er hinkt leicht. In mir mischt sich Überraschung mit Unbehagen. Kevin macht ein paar Schritte auf mich zu, und ich hebe den Blick von meinen Unterlagen.

„Jan, ich wollte mich bei dir bedanken.“

Seine Stimme klingt ernsthaft, fast reuevoll. „Mir ist zu

Ohren gekommen, dass du mich aus dem Wrack gezogen hast. Wärt ihr nicht dagewesen, würde ich jetzt die Engelchen singen hören."

Meine Überraschung kann ich nur mühsam verbergen. „Ich hatte Dienst. Und das war ein normaler Einsatz. Ich muss zugeben, ich habe dich gar nicht erkannt – zuerst. Du warst voller Blut."

„Ich habe von Sven was anderes gehört. Du sollst ihn angeschrien haben, ich sei ein ehemaliger Kollege und du müsstest mich retten."

Ich seufze und senke den Kopf. „Ja, so ähnlich war das wohl, wobei ich denke, dass Sven maßlos übertreibt."

„Ich weiß nicht, was ich getan hätte, ich meine, im umgekehrten Fall. Du hattest allen Grund...", er weiß nicht, wie er sagen soll, was er sagen will.

„Ich war nicht sauer in diesem Moment. Ich war sauer zuvor. Aber da warst du jemand den ich kenne, der meine Hilfe benötigt, da ist alles andere egal. Außerdem ... die Gerüchte, an denen ist nichts dran."

„Ich hatte genug Zeit im Krankenhaus und in der Reha, um über alles nachzudenken. Und ich habe erkannt, dass meine Rivalität dir gegenüber ein Fehler war. Melanie hat mich angestachelt, und das war dumm von mir. Es tut mir leid."

Ich schaue ihn einen Moment lang schweigend an. Marion und Inga, die sich in der Nähe aufhalten, scheinen das Gespräch aufzuschnappen. Gut so. So bekommen sie aus erster Quelle einen Dämpfer.

Kevin setzt fort. „Es tut mir leid, dass du jetzt auf der Anästhesie gelandet bist."

Ein Gefühl der Unruhe durchströmt mich. Kevin scheint es ernst zu meinen, doch ich bin misstrauisch. „Warum jetzt, Kevin? Was hat dich dazu gebracht, deine Meinung zu ändern?"

Sein Blick wird nachdenklich. „Die Zeit im Krankenhaus hat mir die Augen geöffnet. Ich habe viel über mein Verhalten nachgedacht, und ich wollte es dir persönlich sagen. Ich hoffe, du nimmst es an."

Einen Moment lang muss ich überlegen, doch dann lege ich ihm die Hand auf die Schulter. Beinahe freundschaftlich. „Schon gut. Mir geht es hier ganz gut. Es gibt natürlich viel weniger Action als auf der 211, aber Ruhe ist auch ganz angenehm."

Er schaut mir zufrieden in die Augen. „Danke. Ich hatte schon mächtig Schiss, dass du mir eine reinhaust, wenn ich hier ungefragt auftauche."

Ich lache auf. „Das habe ich nicht getan, als es akut war. Warum sollte ich es jetzt tun?"

„Schön, dass du das so siehst. Ich will dich auch nicht länger von der Arbeit abhalten."

Ich grinse zu Marion und Inga hinüber. „Meine beiden Kolleginnen sind ja auch anwesend. Wenn eins der Dornröschen erwacht, ist ja jemand für sie da."

Ich sehe, wie Marion die Augen verdreht. Er sieht es nicht.

„Wie lange musst du noch...", sage ich und deute auf die Krücken. Er kneift die Lippen zusammen. Seufzt. „Die werden mich noch eine ganze Weile begleiten. Und schnell werde ich nie wieder sein, die Hüfte hat heftig einen mitgekriegt. Den Job hier im Krankenhaus habe ich gekündigt – und falls es dich interessiert, mit Mel ist auch Schluss. Sie hat gekocht vor Wut, als ich ihr den Laufpass gab. Menschen mit schlechter Energie kann ich nicht mehr gebrauchen in meinem Leben."

Er schaut mich intensiv an, doch ich halte dem Blick stand.

„Ich wünsche dir wirklich alles Gute, Kevin. Tut mir leid, echt jetzt!"

„Danke, Jan, und nichts für ungut.“

Ich nicke knapp und bedanke mich für seine Worte. Doch während er sich unter Schmerzen wieder umdreht und den Aufwachraum verlässt, bleibt in mir die Frage, ob diese plötzliche Läuterung wirklich aufrichtig ist oder ob es nur ein weiteres Manöver in diesem bösen Spiel ist.

* * *

Mittagspause. Ich hocke im Pausenraum und kaue lustlos auf meinem Butterbrot herum. Das Gespräch mit Kevin hängt mir nach. Ist er tatsächlich ehrlich? Soll ich ihm glauben, dass er sich von Melanie getrennt hat. Wen sollte ich fragen? Lisa?

Die Tür öffnet sich leise, und ich hebe den Kopf, um zu sehen, wer hereintritt. Es ist Marion, die mir einen nachdenklichen Blick zuwirft. Ihr Gesicht wirkt ernst, und ich frage mich, was sie wohl im Sinn hat.

„Jan, können wir kurz sprechen?“, fragt sie, während sie die Tür hinter sich schließt.

„Natürlich“, antworte ich und deute auf einen Stuhl neben meinem Tisch. „Setz dich.“

Marion nimmt Platz, und ich spüre eine gewisse Anspannung in der Luft. „Ich habe das Gespräch zwischen dir und Kevin mitbekommen“, beginnt sie zögerlich. „Ich wusste nicht, dass du auf der 211 so viel durchgemacht hast.“

Ich sehe sie an, und für einen Moment bleibt es still. Dann nickt sie leicht und fährt fort: „Ich wollte mich bei dir entschuldigen. Ich habe dich zu schnell verurteilt, ohne die Hintergründe zu kennen.“

Ich nehme einen tiefen Atemzug. „Danke, Marion. Es war eine schwierige Zeit für mich, und ich habe dort Dinge erlebt, die mir noch heute nachhängen."

„Kevin hat berichtet, dass du ihn gerettet hast“, sagt Marion und sieht mich dabei ernst an. "Das hättest du nicht getan, wenn du so wärst, wie behauptet wird.“

„Wer behauptet denn was?“

„Du kennst doch den Flurfunk“, will sie sich rausreden. „Niemand will dabei gewesen sein, aber alle haben etwas zu sagen. Klinik-Tratsch eben.“

„Es ist immer klug, sich da rauszuhalten. Wenn etwas nicht wahr ist, wird es nicht wahrer, wenn viele es behaupten.“

„Du scheinst ein ganz patenter Mensch zu sein. Tut mir leid, dass ich dich so angegangen bin.“

„Das versuche ich zumindest“, erwidere ich aufrichtig. „Es ist nicht einfach, aber ich gehe Schritt für Schritt voran.“

Marion nickt nachdenklich. „Ich denke, jeder verdient eine zweite Chance. Ich hoffe, du kannst das Beste daraus machen.“

„Danke, Marion. Ich werde mein Bestes tun, um die Dämonen zu bekämpfen.“

Damit lüge ich noch nicht einmal. Doch ich weiß nicht, ob es mir gelingt. Und vor allem nicht, ob ich es überhaupt will.

Sie lächelt leicht. „Das ist gut zu hören. Wenn du Unterstützung brauchst, bin ich hier.“

„Okay“, sage ich und packe meine Sachen zusammen. „Pause ist zu Ende. Vielen Dank für deine Worte.“

Ich frage mich manchmal, ob es nur mir so leicht fällt, Menschen zu belügen und zu manipulieren.

* * *

Tags drauf sitze ich am Frühstückstisch und nippe an meiner Tasse Kaffee, als Vanessa strahlend in die Küche kommt. Sie hält einen Schwangerschaftstest in der Hand, und ihre Augen leuchten vor Freude. Ein gemischtes Gefühl durchströmt mich, als ich sie anschaue.

„Jan, schau mal!“, ruft sie aufgeregt und hält mir den Test entgegen. „Wir werden Eltern!“

Ein Lächeln huscht über mein Gesicht, aber gleichzeitig spüre ich eine leichte Unsicherheit. „Das ist großartig, Vanessa. Wirklich großartig.“ Meine Worte sind aufrichtig, aber tief in mir drin gibt es auch einen Teil, der nachdenklich ist.

Vanessa setzt sich mir gegenüber und betrachtet den Test wie einen Schatz. „Kannst du es glauben? Ein Baby, Jan!“

Ich nicke, versuche meine Gedanken zu ordnen. Die Vorstellung, Vater zu werden, löst eine Mischung aus Freude und Sorgen in mir aus. „Das ist wirklich aufregend, Schatz. Aber... ich mache mir auch Gedanken, wie sich unser Leben verändern wird.“

Vanessa legt sanft ihre Hand auf meine. „Natürlich wird sich unser Leben verändern, Jan. Aber ich denke, es wird uns bereichern, uns neue Perspektiven eröffnen. Wir werden zusammenwachsen und gemeinsam durch dieses Abenteuer gehen.“

Abenteuer? Als hätte ich nicht genug Abenteuer. Ich lächle ihr zu, nehme ihre Worte auf, aber tief in mir nagt die Unsicherheit. „Du hast recht, Vanessa. Es ist nur... ich habe Angst, dass ich nicht der Vater sein kann, den unser Kind verdient. Dass ich es nicht schaffe.“

Sie drückt meine Hand beruhigend. „Jan, du wirst ein fantastischer Vater sein. Du bist liebevoll, fürsorglich und stark. Wir werden das zusammen meistern. Ich freue mich auf diese Reise mit dir.“

Ihre Worte berühren mich, und ich spüre, wie sich langsam die Unsicherheit in Vorfreude verwandelt. Vielleicht ist es an der Zeit, mich auf das Neue einzulassen und die Veränderungen als Chancen zu sehen. Wir sind gemeinsam stark, und diese positive Schwangerschaftsnachricht könnte genau der Anstoß sein, den ich gebraucht habe.

Dennoch habe ich Zweifel. Ich kenne keinen Serienkiller, der ein fantastischer Vater ist.

Schließt sich das nicht grundlegend aus?

KAPITEL VIERUNDZWANZIG

Das darauffolgende Wochenende war ereignisreich. Wir hatten eine Besuchsreise bei Vanessas und meinen Eltern, um das frohe Ereignis anzukündigen. Vanessa hatte mir das Versprechen abgerungen, vorab nichts zu sagen. So viele Umarmungen habe ich schon seit Jahren nicht mehr erlebt.

Am Montag darauf ist alles anders. In der Nacht habe ich von meinem Würfel geträumt. Und die übliche Unruhe begleitet mich auf dem Weg zur Arbeit. Ich betrete den Aufwachraum der Anästhesie, die übliche Geräuschkulisse umgibt mich. Die Monitore piepsen, und das gedämpfte Murmeln der beiden Pflegekräfte erfüllt den Raum. Mein Blick fällt auf den Patienten, der bald aus der Narkose erwacht, und ich setze mein professionelles Lächeln auf.

Während ich den üblichen Anweisungen zur Nachbetreuung nachgehe, greife ich unauffällig in meine Kitteltasche. Mein Herzschlag beschleunigt sich, als ich den kalten Glanz meines Würfels fühle. Er ist mein ständiger Begleiter, auch wenn ich ihn stets vor den Augen meiner Kollegen verborgen halte.

Die Gelegenheit bietet sich an, und ich nutze sie. Der Patient ist noch benebelt von der Narkose, die Pflegekräfte sind in anderen Aufgaben vertieft. Geschickt ziehe ich eine vorbereitete Spritze aus meiner Tasche. Ein kurzer Blick in die Runde bestätigt mir, dass niemand meine Bewegungen genau beobachtet.

Die Spritze setze ich behutsam an, und der Inhalt fließt in die Vene des Patienten. Gilurytmal, das Mittel, das Herzkammerflimmern in Sekundenschnelle auslösen kann. Der Würfel in meiner Tasche vibriert fast freudig, als würde er sich auf den bevorstehenden 'Erfolg' freuen.

Nach der Injektion überwache ich andere Patienten, als wäre nichts passiert, bevor ich den Raum verlasse.

Ich bin noch nicht ganz auf dem Flur und auf dem Weg in die Anästhesieschleuse, wo an diesem Morgen etliche Patienten auf ihre Operationen warten. Der Anästhesiearzt Doktor Steuber wirft einen kurzen Blick auf den Flur und grüßt, als die Tür zum Aufwachraum aufgerissen wird.

„Kammerflimmern. Jan, kannst du bitte schnell kommen?“

Erschrocken schaue ich den Doktor an. „Mist, das brauchen wir nicht noch am frühen Morgen“, höre ich ihn sagen, doch da habe ich mich bereits umgedreht und renne im Spurt zurück in den Aufwachraum. Gut, wenn man Zeugen hat, dass man nicht vor Ort war, als der Patient kollabierte.

* * *

Der Pausenraum der Anästhesie ist ruhig, als ich ihn nach dem aufreibenden Einsatz betrete. Die Kollegen gehen ihrer Arbeit nach, und ich steuere auf den Tisch zu, um mich ein wenig zu sortieren. Außerdem habe ich mir Unterlagen für eine Weiterbildung mitgebracht. Der

Patient konnte von mir gerettet werden. Plötzlich taucht mein Kollege Thomas auf, einen neugierigen Blick in seinen Augen.

„Hey, Jan“, sagt er und wirft einen Blick auf meine Unterlagen. „Wie schnell warst du denn da?“

Ich hebe den Kopf und treffe seinen Blick. „Schnell genug, um zu helfen“, antworte ich knapp.

Thomas zieht eine Augenbraue hoch. „Ich meine, bei der Reanimation. Das ging ja ratzfatz.“

Ein schiefes Lächeln huscht über mein Gesicht, während ich mich auf meinen Stuhl zurücklehne. „Manchmal hat man eben einen guten Tag. Nein, Scherz beiseite. Ich war bei Doktor Steuber, als mich die Kolleginnen gerufen haben.“

Thomas lehnt sich gegen die Wand und schaut mich genauer an. „Ehrlich, Jan, du warst wie aus dem Nichts da. Hast du einen Geheimgang oder so?“

Ich lasse meine Unterlagen sinken und sehe Thomas direkt an. „Nein, kein Geheimgang. Einfach nur eine schnelle Reaktion.“

Thomas schüttelt den Kopf. „Ich weiß nicht, das war echt beeindruckend. Als wärst du ein Superheld oder so.“

Ich lache leicht. „Nicht ganz. Ich bin einfach nur gut in dem, was ich tue und war ganz in der Nähe.“

Thomas zieht eine Grimasse. „Na ja, du hast auf jeden Fall einen sehr speziellen Draht zu den Notfällen.“

Ich zucke mit den Schultern. „Vielleicht.“

Die Atmosphäre wird etwas lockerer, und Thomas verabschiedet sich, um zu seiner nächsten Aufgabe zu gehen. Als er geht, spüre ich den Würfel in meiner Tasche, der sich mit jeder Reanimation stärker meldet. Ein unheilvolles Gefühl, das mir sagt, dass ich mein 'Glück' vielleicht doch nicht über Gebühr strapazieren darf.

* * *

Der Sommer kommt sehr schnell, schon vor dem kalendarischen Sommeranfang ist es sehr warm. Vanessa ist im vierten Monat und sie kann ihre Schwangerschaft nun nicht mehr verbergen. Ihr Bauch ist schon rund wie eine Kugel. Ich schiebe fast nur noch Nachtschichten, um die Zulage zu bekommen, weil wir dutzende Dinge für das Baby anschaffen. Es stapelt sich alles in unserem Schlafzimmer. Ich weiß nicht, wie wir das alles in unserer kleinen Wohnung unterbringen sollen, wenn auch noch ein Kinderbett dort hineingestellt wird.

Ich bin im Wohnzimmer und knie vor der Kommode. Ich suche etwas, von dem ich weiß, dass ich es in eine der Schubladen gelegt habe – doch es ist weg. Ich bin gerade dabei zu fluchen, als ich Vanessas Schlüssel in der Tür höre. Schnell ziehe ich die Schublade ganz auf und stopfe die Sachen hinein, dann schiebe ich sie zu.

„Hallo, Schatz", sage ich, als sie ins Wohnzimmer kommt. „Ach hier bist du", sagt sie und wirft mir einen skeptischen Blick zu. „Suchst du was?"

Als sie auf mich zukommt, habe ich eine Hand auf der Kommode, die andere steckt lässig in der Hosentasche. „Ich dachte, ich hätte noch einen Notizblock. Aber der ist wohl schon benutzt worden."

„Schau lieber mal in der Truhe nach, dort bunkerst du doch immer deine Sachen", sagt sie und zeigt auf die kleine alte Fischertruhe, die vor dem Fenster steht.

„Stimmt, da könntest du recht haben."

Ich suche keinen Notizblock, sondern etwas ganz anderes. Nämlich meinen Pass. Was auch immer in den nächsten Wochen passiert, vielleicht muss ich schnell verschwinden. Ich habe da so eine Ahnung. Trotzdem durchwühle ich die Truhe, natürlich ohne Erfolg. Aber auch dort finde ich meinen Pass nicht. Vanessa ist in die Küche gegangen, ich höre sie dort rumoren. Für eine gezielte Suche nach meinem Pass fehlt mir in ihrer Gegenwart die Ruhe. Sollte sie den an sich genommen haben? Blödsinn, warum sollte sie das tun? Ich lege mich noch ein paar Stunden auf die Couch, bevor ich mich auf den Weg zur Arbeit mache.

* * *

Die Anästhesiepfleger rotieren durch die verschiedenen Bereiche der Abteilung, auch durch die Kardio-Anästhesie. So auch ich. An diesem Morgen freue ich mich bereits darauf. Endlich mal wieder Action. Der Operationssaal der Kardio-Anästhesie ist mit hellem Licht geflutet, die Stille durchbrochen von den monotonen Summgeräuschen der medizinischen Geräte. Hier, inmitten des klinischen Ambientes, begegne ich unerwartet meinem alten Chef, Doktor Ungewandt, dem Leiter der Herzchirurgie.

Sein Blick trifft auf mich, und ich spüre eine unangenehme Spannung in der Luft. Die Worte, die er dann ausspricht, treffen mich wie ein Schlag. „Was will der denn hier? Der tötet ja Menschen!“ Seine Stimme ist laut und voller Verachtung, die Blicke der Anwesenden richten sich auf mich.

Entsetzen durchfährt mich, als würde mir jemand den Boden unter den Füßen wegziehen. Die Anklage, dass ich Menschenleben auf dem Gewissen habe, trifft mich bis ins Mark. Ich spüre, wie sich Wut und Scham in mir vermischen. Mein Protest bleibt mir fast im Hals stecken, als ich versuche, die Worte zu finden, um mich zu verteidigen.

„Doktor Ungewandt, ich...“ Meine Stimme klingt unsicher, und ich spüre, wie der Blick des Chirurgen meine

Existenz zu zerschmettern scheint. Es ist, als ob die ganze Welt für einen Moment den Atem anhält.

Die Atmosphäre im OP-Saal wird bedrückend, und ich verlasse den Raum, doch die Worte des Chefarztes hallen weiter in meinen Ohren. Das Gefühl der Verurteilung klebt an mir wie ein unsichtbarer Schatten, und ich frage mich, wie ich meinen Weg fortsetzen soll, wenn selbst diejenigen, die mich kennen, mich als einen 'Lebensvernichter' entlarven.

* * *

Das lasse ich mir nicht bieten. Ungewandt hat sie nicht alle, mich vor versammelter Pflegerschaft zu denunzieren. Das ist ein Fall für den Betriebsrat. Die müssen mir helfen. Wozu gibt es die denn sonst? Im Betriebsratsraum, einem Raum voller Neutralität und Diskretion, finde ich mich inmitten der Mitglieder wieder. Die Entscheidung steht fest: Der Weg zur Geschäftsleitung muss angetreten werden. Zwei Betriebsratsmitglieder begleiten mich auf diesem nicht leicht zu beschreitenden Pfad. Innerlich bebe ich, in meiner Kitteltasche glüht der Würfel. Das erste Mal denke ich darüber nach, einen der Mitarbeiter zu töten. Die Gelegenheit dazu habe ich allemal.

„Das ist schon eine starke Anschuldigung", sagt einer der beiden Betriebsräte. „Hoffentlich haben sie genügend Handhabe gegen Sie, Herr Becker. Sonst geht das für die nicht gut aus."

Der Gang durch die korridorähnlichen Flure führt uns schließlich in die Büros der Geschäftsleitung. Ein dumpfes Klopfen meines Herzens dröhnt in meinen Ohren, als wir vor der Tür stehen, die zu einer klärenden Konfrontation führen wird.

Die Betriebsratsmitglieder und ich treten ein, und ich

spüre die beobachtenden Blicke der Geschäftsleitung auf mir ruhen. Natürlich ist Doktor Ungewandt dort, sowie auch Annemarie Dentler und Professor Doktor Berger als ärztlicher Direktor.

„Herr Becker, ich muss Ihnen sagen, dass wir solche Gespräche selten und sehr ungern führen. Aber in Ihren Fall sind wir dazu genötigt“, beginnt Berger mit seiner sonoren Stimme. Ich ahne Schlimmes.

„Es ist uns zu Ohren gekommen“, sagt Berger und öffnet seine Handfläche in Richtung von Annemarie, die bisher betreten schweigt. „Dass die Vertrauensbasis ärztlicherseits in der Herzchirurgie und der Kardio-Anästhesie nicht mehr gegeben ist.“

Geschwafel. Ungewandt schaut mich an wie ein Inquisitor eine zum Tode geweihte 'Hexe'. Aber dieser Inquisitor hält gerade über mich Gericht ab.

„Es ist so, dass der Oberarzt und der Chefarzt nicht mehr mit Ihnen zusammenarbeiten wollen, Herr Becker. Wir machen Ihnen keine Vorwürfe, aber man muss sich dieser Unsicherheit entledigen. Daher entbinden wir Sie von Ihren Verpflichtungen in der Kardio-Anästhesie. Ihre Aufgabe in den anderen Bereichen der Anästhesie bleibt davon unangetastet.“

Die Betriebsratsmitglieder vermerken alles sorgfältig. Ich bin geschockt. Einerseits. Andererseits weiß ich jetzt, dass sie nichts Konkretes gegen mich in der Hand haben. Es gibt keine Spritzen, die jemand aus einem Abwurfbehälter gezaubert hat. Niemand hat diese Verdachtsmomente der Polizei gegenüber geäußert. Alles läuft intern. Bloß keine schlechte Presse, bloß kein neuerlicher Skandal. Ich bin eigentlich safe, obwohl sich wieder ein Schatten über meine Person legt.

Die Tür schließt sich hinter mir, und ich stehe allein da, während die Entscheidung über meine berufliche

Zukunft in meinem Kopf nachhallt. Es bleibt die Frage, wie ich mit dieser Einschränkung umgehen werde und wie ich mein berufliches Schicksal in den nächsten Tagen und Wochen gestalten kann. Und wie sich meine Kollegen und Kolleginnen verhalten werden.

Die Antwort erhalte ich sofort. Der Flurfunk läuft schon jetzt heiß. Das bekomme ich sofort mit, als ich zurück auf Station erscheine. Natürlich hat sich Ungewandts Ausraster wie ein Lauffeuer verbreitet. Marion verhält sich dabei wie ein Lakmusstäbchen. Als ich ihr im Aufwachraum begegne, wirft sie mir einen bitterbösen Blick zu, spricht aber kein Wort mehr mit mir.

Auch in den kommenden Tagen bin ich eine Persona non grata. Niemand will mehr Kontakt mit dem Killer haben.

Okay. Dann erst recht.

* * *

Die Schicht an diesem Freitag hängt wie Blei in der Luft, es fühlt sich an, als würde jeder auf eine Explosion warten. Misstrauische Blicke treffen mich, als ich die Station betrete. Die Kollegen tuscheln hinter vorgehaltener Hand, und die Stimmung ist so angespannt, dass man sie schneiden könnte.

Ich unterhalte mich mit dem Arzt, der an diesem Morgen Dienst in der Anästhesie hat. Er ist einer der wenigen, die noch mit mir reden.

Plötzlich schrillt der Alarm im Aufwachraum. Ein frisch operierter Patient kollabiert. Ein Mann mit einem schwer operablen Krebsgeschwür im Gesicht, das sich unter einer weißen Maske aus Mullbinden und Verbänden verbirgt. Man hatte ihn bei der OP schon fast verloren, weil sein Kreislauf instabil war. Ich stürze mich in die

Notfallsituation, versuche alles, um sein Leben zu retten. Doch die Realität holt mich ein, und der Mann stirbt vor meinen Augen. Ein Schatten fällt über die Station, und das Misstrauen nimmt erneut zu.

Niemand glaubt an meine Unschuld. Die Blicke der Kollegen sind jetzt nicht nur skeptisch, sondern regelrecht anklagend. Ich kehre geknickt in die OP-Vorbereitung zurück.

„Herr Becker, das war es für Sie heute. Sie können heimgehen", sagt der Chef der Anästhesieabteilung, der plötzlich zu mir in den Vorbereitungsraum tritt. Der Arzt staunt ebenso wie ich.

„Wie?", frage ich erstaunt. „Warum das?"

„Fragen Sie nicht, verlassen Sie jetzt die Station", antwortet der Chefarzt barsch. Zur Verstärkung deutet er mit der flachen Hand auf die Tür,

„Ich habe doch das Recht zu erfahren, warum", sage ich, hebe die Arme.

„Der Vorfall heute früh war ein Vorfall zuviel, Herr Becker", antwortet er und ich merke, dass er keine Lust auf eine weitere Kommunikation verspürt.

„Ich habe versucht, ihn zu retten. Jeder, der mit dabei war, kann das bestätigen", versuche ich als letzte Verteidigung anzubringen.

Die Kommunikation bricht ab, und die Entscheidung steht fest: Ich soll nach Hause. Der Freitag, der plötzlich wie ein Auszug aus der Hölle wirkt, endet für mich in Enttäuschung und Wut. Ich habe meinen Würfel nicht benutzt, sondern mich wirklich um diesen Mann gekümmert. So wird es mir gedankt.

Aber ich ahne, was nun nach dem Wochenende auf mich zukommt.

KAPITEL FÜNFUNDZWANZIG

Im kalten, sterilen Büro des Chefarztes der Anästhesie spüre ich die Spannung in der Luft, als er mich zu einem klärenden Gespräch ruft. Das harte Neonlicht lässt das Ganze noch bedrohlicher erscheinen. Ein Schatten der Vorahnung legt sich über meine Gedanken.

Der Chefarzt, ein Mann mit ernstem Blick und einem Hauch von Entschlossenheit, konfrontiert mich direkt.

„Haben Sie am letzten Freitag Medikamente vertauscht?" Die Frage schwebt wie ein Damoklesschwert über mir.

„Nein, ich war überhaupt nicht mit der Medikamentenausgabe betraut. Das haben die Kolleginnen gemacht. Wie kommen Sie darauf, dass ich etwas vertauscht haben könnte?"

„Ihnen eilt ein gewisser Ruf voraus, Herr Becker. Oder ist es nicht so, dass die Kollegen aus der 211 mit Ihnen auch nichts mehr zu tun haben wollten?"

„So kann man das nicht sagen."

„Wie kann man es denn sagen? Es geht das Gerücht

um, dass sie absichtlich die Patienten in eine Notlage bringen, um sie dann effektvoll zu retten."

Ich zögere kurz, bevor ich antworte: „Sehen Sie mich als Feuerwehrmann, der das Feuer selbst legt, um dann zur Stelle zu sein?"

Genauso ist es ja. Natürlich muss ich mich dagegen wehren.

„Darum geht es nicht."

Die Antwort ist knapp, aber die Ernsthaftigkeit in seiner Stimme ist nicht zu überhören. Das Angebot, das darauf folgt, trifft mich wie ein Schlag: „Wir bieten Ihnen an, im Hol- und Bringdienst des Hauses zu arbeiten. Oder Sie kündigen von selbst. In diesem Haus werden Sie an keinem Patientenbett mehr eingesetzt."

Der Arsch will mich tatsächlich zum Laufburschen machen, der Medikamente im Haus herumträgt. Das ist selbst für Praktikanten eine Strafarbeit. Ich möchte auf der Stelle explodieren, diesem Arschloch die Meinung geigen, doch meine innere Stimme warnt mich davor. Es ist immer noch kein Wort von der Polizei gefallen. Denen geht der Arsch auf Grundeis. Sie wollen, dass ich wortlos gehe.

Kein Becker, kein Skandal.

Ich bleibe ihm eine Antwort schuldig, was den Mann ein wenig aus dem Gleichgewicht bringt. Sicher hat er gedacht, ich würde sofort in alles einwilligen.

„Selbstverständlich erhalten Sie bis Jahresende Ihr Gehalt weiter, sollten Sie von sich aus kündigen", erklärt er mir noch

Die Kälte der Worte, gepaart mit der Aussichtslosigkeit meiner Situation, drängt mich in die Ecke. Doch ich bleibe hart. „Und was machen Sie, wenn ich nicht von mir aus kündige?"

„Dann sehen wir uns zu außergewöhnlichen

Maßnahmen genötigt...“, ringt sich der Kerl nun ab. Eine unverhohlene Drohung. Ich spüre den Würfel in meiner Kitteltasche explodieren. Dort befindet sich auch noch eine Spritze mit Gilurytmal. Wie wäre es, wenn ich dem Arschloch das Ding in seinen aufgeblasenen Hals jage? Kurz spiele ich mit dieser Möglichkeit. Ich sehe mich in seinem Zimmer um. Alles hier ist ebenso kalt wie dieser Typ. „Haben Sie eigentlich die Befugnis, dieses Gespräch mit mir zu führen? Unter vier Augen? Ohne Betriebsrat? Weiß die Geschäftsführung von Ihrer Eigenmächtigkeit?“

„Seien Sie versichert, es ist alles abgesegnet.“

„Was wohl der Betriebsrat dazu sagt?“, frage ich und erhebe mich langsam. Er bleibt sitzen. „Wie bereits gesagt, es ist alles mit der obersten Etage abgesprochen.“

„Dann ist das so. Ich werde mir Ihr Angebot durch den Kopf gehen lassen. Sie hören – oder besser gesagt, die Pflegedienstleitung, hört von mir – und vom Betriebsrat.“

Ich verlasse den kahlen Raum ohne ihm einen weiteren Blick zuzuwerfen. Schnurstracks gehe ich in die Umkleide, packe meine Sachen zusammen. Als ich fast fertig bin, geht die Tür auf und ein junger Kollege kommt rein. „Moin Jan, wie geht es dir?“

„Gut, ich packe. Ich haue hier in den Sack.“

Die Überraschung ist ihm ins Gesicht gemeißelt. „Wie bitte? Du hörst auf?“

„Ja, ich höre auf. Noch viel Spaß mit denen hier. Machs gut!“

* * *

Die Haustür fällt mit einem gedämpften Knall ins Schloss, als ich nach meinem abrupten Rauswurf aus dem Klinikum nach Hause fahre. Wie mache ich das nur Vanessa klar? Sie ist hochschwanger und wir brauchen das

Geld. Sie rechnet mir jetzt schon jeden Tag vor, wieviel die Erstanschaffungen für ein Baby verschlingen. Die Wut und der Frust brennen in mir, während ich die Lügen bereits vor meinem inneren Auge weben kann.

Gott sei Dank bin ich noch alleine daheim. Ich lasse die Tasche mit meinen Klamotten im Flur fallen und setze mich in die Küche, wo ich mir einen Kaffee zubereite. Dann höre ich den Schlüssel im Schloss. Ich atme kurz durch. Vanessa betritt die Küche und ihre besorgten Augen suchen die meinen. „Was ist passiert Jan, Warum bist du hier? Und warum hast du deine Sachen dabei?“

Ohne Zeit zu verlieren, beginne ich mit meiner Inszenierung. „Vanessa, du kannst dir nicht vorstellen, was für ein Albtraum das heute war. Die Klinikleitung hat keinerlei Verständnis gezeigt, wie hart ich arbeite. Alles nur politische Spielchen und gemeine Intrigen.“

Ich lasse die Lügen wie Perlen auf sie regnen, von einer unmenschlichen Klinikleitung, die ihre Mitarbeiter nicht schätzt, bis hin zu dubiosen Machenschaften hinter den Kulissen. Dabei erweitere ich das Bild meiner Möglichkeiten um Delmenhorst als dem rettenden Hafen, der uns ein besseres Leben bieten wird.

„Ich habe Kontakte zur Klinik in Delmenhorst. Dort schätzt man noch einen hart arbeitenden Pfleger und wirft ihn nicht unter dubiosen Gründen aus der Intensivstation. Aber dieser Kevin hat ja seinen Preis für die Lügen gezahlt“, füge ich an.

Vanessa schaut mich an. „Du hast aber nichts mit seinem Unfall zu tun, Jan?“

„Ich habe ihm damals den Arsch gerettet. Habe ich dir nicht gesagt, dass er angekrochen kam auf seinen Krücken und sich entschuldigt hat?“

„Jaja, ich erinnere mich.“ Sie geht wie immer den Weg des geringsten Widerstands.

„Der Gipfel ist: Man hat mir angeboten, im Hol- und Bringdienst zu arbeiten! Stell dir das vor? Der Top-Intensivpfleger trägt anderen die Medikamente hinterher. Was für eine Demütigung. Nur, weil ich mir nicht alles gefallen lasse und konsequent gegen das Mobbing angegangen bin. Nein, ich bin froh, dass ich mir eine neue Perspektive suchen kann."

Vanessas Stirn legt sich in besorgte Falten, als sie meine Worte aufsaugt. „Jan, das ist furchtbar! Du solltest sofort einen neuen Job finden, irgendwo, wo man dich schätzt und respektiert. Allein schon wegen unseres Babys."

Sie nimmt meine Hand und legt sie auf ihren Bauch, der eine beachtliche Wölbung aufweist. Aber sie glaubt es. Ihre Worte sind wie der perfekte Köder, den ich geschickt platziert habe. „Du hast recht, Vanessa. Ich werde mich umgehend nach Stellen umschauen. Delmenhorst hat eine wirklich vielversprechende Klinik mit einer guten Intensivstation. Dort könnte ich wieder glücklich werden."

Mit diesen Worten leite ich das nächste Kapitel meiner Karriere ein, ein neues Kapitel, das in Delmenhorst beginnen soll.

Ich spüre, wie der Würfel in meiner Hosentasche brennt.

Irgendjemand wird für diese erlittene Schmach leiden müssen. Noch am selben Abend melde ich mich bei Carsten und bitte ihn, für mich Schichten auf dem RTW zu finden.

* * *

Der Betriebsrat sitzt ratlos in einem abgedunkelten Raum. Die Köpfe rauchen nicht nur vor Zigarettenrauch, sondern vor Verwirrung und Unverständnis. Die Frage, wie ein

Chefarzt überhaupt eine Entlassung aussprechen kann, durchzieht die bedrückende Stille.

„Das ist doch nicht sein Job“, wirft jemand ein, Stirnrunzeln und fragende Blicke gehen durch den Raum. „Die Pflegedienstleitung ist dafür verantwortlich, nicht der Chefarzt der Anästhesie.“

„Irgendetwas ist da im Busch. Mit Becker haben sie in den letzten Monaten immer wieder Probleme. Denkt an die Gerüchte, die sich um den Mann ranken.“

„Gerüchte, Gerüchte“, unkt ein anderer. „Wenn hier Personalpolitik aufgrund von Gerüchten betrieben würde, hätten wir bald kein Personal mehr hier. Jeder hat immer irgendjemanden auf dem Kieker.“

„Wir machen uns schlau und tagen dann erneut.“

Zwei Tage später, es ist der 26. September 2002, treffen sich die Mitglieder zu einem weiteren Gespräch. Man hat sogar bei der Geschäftsleitung vorgesprochen. Von Dr. Thomas Meier waren aber nur unklare Formulierungen zu bekommen auf die Frage, warum der Pfleger Becker gehen sollte. „In der Vergangenheit auf Station 211 und in der Anästhesieabteilung sei es zu Notfallsituationen gekommen, bei denen Herr Becker stets zugegen gewesen sei. Man mache Becker den Vorwurf, dass er diese Notfälle absichtlich herbeigeführt habe“, zitiert einer aus seinem Protokoll mit Meier. „Ich habe nachgehakt, weil ich das zu krass fand“, sagt er und zitiert dann wieder Meier. „Der Leiter hält das für nahezu ausgeschlossen. Das Vertrauensverhältnis in allen Bereichen der Klinik sei so gestört, dass es zu keiner Weiterbeschäftigung mehr kommen kann. Dies geschehe ausdrücklich zum Schutz der Patienten, aber auch zum Schutz von Herrn Becker selber.“

„Das ist doch ein Witz. Die werfen ihm unverschleiert Mord vor. Wenn das so wäre, dann muss die Polizei und die Staatsanwaltschaft eingeschaltet werden.“

Ein anderer Betriebsratsvertreter schüttelt den Kopf und gibt zu bedenken. „Es scheint, als wäre das keine überstürzte Entscheidung gewesen. Die Klinikleitung musste handeln, um einen möglichen Imageschaden abzuwenden. Die Umstände sind allerdings mehr als fragwürdig."

„Korrekt. Das passt zu dem letzten Satz, den Meier uns diktiert hat. Er hat uns zu absoluter Verschwiegenheit verpflichtet. Das sagt doch alles, oder?"

„Verschwiegenheit? Wie kann er das unter solchen Umständen verlangen?", murmelt einer der Betriebsräte skeptisch, während die anderen zustimmend nicken.

Die Gemüter sind verwirrt, und die Betriebsräte stehen vor einem Rätsel, das sie zu entwirren versuchen.

Doch es wird ihnen nicht gelingen. Vierzehn Tage später unterschreibt Annemarie Dentler ein vorläufiges Zeugnis für Jan Becker.

'Herr Becker ist ein verantwortungsbewusster, interessierter Mitarbeiter. Er arbeitete umsichtig, gewissenhaft und selbständig. In kritischen Situationen handelte er überlegt und sachlich richtig. Im Umgang mit Patienten und Angehörigen war er einfühlsam, fürsorglich und verständnisvoll. Herr Becker scheidet zum 14. 12.2002 auf eigenen Wunsch aus dem Klinikum Oldenburg aus.'

* * *

Ich sitze daheim und tippe meine Kündigung in den Rechner. Die besteht aus nur einem Satz: *'Hiermit kündige ich mein Arbeitsverhältnis fristgerecht zum 31.12.2002.'*

Mehr braucht es nicht. Annemarie hatte mich dazu genötigt, meine Kündigung selber zu verfassen. Dass ich später in meinem vorläufigen Zeugnis lese, ich hätte aus freien Stücken gekündigt, stimmt ja so nicht. Annemarie hat mir die Pistole auf die Brust gesetzt. „Entweder kündigst du freiwillig, oder du bekommst ein schlechteres Zeugnis."

„Du weiß schon, dass ihr 'wohlwollend' formulieren müsst", habe ich eingeworfen. Da hat sie nur milde gelächelt. „An deiner Stelle würde ich alles nehmen, was man dir anbietet. Du weißt, warum!"

Seis drum. Ich habe das vorläufige Zeugnis meiner Bewerbung in Delmenhorst angefügt, die ich am 16. Oktober geschrieben habe.

'Hiermit bewerbe ich mich als Krankenpfleger auf Ihrer Intensivstation/Anästhesieabteilung zum nächstmöglichen Zeitpunkt. Das positive Zwischenzeugnis aus dem Klinikum Oldenburg liegt der Bewerbung bei. Aufgrund meines voraussichtlichen Wohnortwechsels, der meine berufliche Laufbahn nicht behindern soll, würde ich mich freuen, wenn Sie mir die Möglichkeit geben, mich persönlich bei Ihnen vorzustellen.'

Selbstverständlich weiß Vanessa nichts davon. Die Bewerbung schicke ich ab, ihr zeige ich einen anderen Ausdruck, damit sie nicht ausflippt. Für sie steht fest, dass ihre Eltern einen großen Teil der Erziehung unseres Kindes übernehmen werden, da sie so schnell wie möglich wieder in ihren Job zurückkehren möchte. Eine Tatsache, mit der ich überhaupt nicht einverstanden bin. Warum will sie dann partout ein Kind? Ziehen wir tatsächlich ins 38 Kilometer entfernte Delmenhorst, kann sie ihren Eltern das nicht zumuten, jeden Tag diese Strecke mehrfach zu bewältigen.

Mein Job, meine Regeln.

KAPITEL SECHSUNDZWANZIG

Delmenhorst

Am westlichen Stadtrand von Delmenhorst liegt das Klinikum Delmenhorst. Das Haus ist heute denkmalgeschützt und blickt auf eine bewegte Vergangenheit zurück. Von der Straße führt eine ansteigende Auffahrt zum Hauptportal. Ich habe am Vortag einen Anruf vom Klinikum erhalten. Man fragte an, ob ich nicht 'sehr schnell hospitieren könne'. Die Klinik sucht eine Nachfolge für eine Schwester, die in den Erziehungsurlaub geht. Es pressiert. Das höre ich aus den Worten des Arztes, den ich schon bei meinem kurzen Vorstellungstermin kennengelernt hatte. Man hatte sich nicht mit Worten begnügt, sondern mich schon auf der Intensivstation herumgeführt. Das wäre mein Traumarbeitsplatz. Endlich wieder Action.

Eine Schicht soll ich machen – auf Intensiv. Die Station befindet sich im ersten Obergeschoss. Ich muss zugeben, ich bin sehr gespannt, was mich erwartet, als ich dort ankomme. Empfangen werde ich von einer dunkelhaarigen Ärztin um die vierzig, die in dieser Nacht die Schicht leitet. Die Tür schwingt nach Kartenfreigabe auf, wie ich es auch aus Oldenburg gewohnt war. Baulich ist alles älter, obwohl mir mein Blick auf die Geräte verrät, dass diese sehr modern sind. Ungewöhnlich ist allerdings die Station aufgebaut. Es gibt 12 Behandlungsplätze, die rund um eine Überwachungskanzel angeordnet sind. Wer zu diesen Zimmern will, muss immer am Arztzimmer vorbei. Zwei bauliche Barrikaden für eine erfolgreiche Manipulation. Dem Arztzimmer gegenüber liegt die Stationsapotheke, daneben gibt es Räume für das Personal, die Angehörigen, sowie für Geräte und die Reanimation. Einen extra Raum für die Rea. Wie ungewöhnlich.

„Gibt es keinen Notfallwagen mit Defi und Notfalltablett etc?", frage ich interessiert nach. „Doch, den gibt es", erfahre ich von der Ärztin, „Aber wir haben hier nicht so viele Reanimationen. Daher steht der immer im Geräteraum." Ich nehme dies zur Kenntnis. Das werde ich ändern.

„Kommen Sie, ich stelle Sie den Kolleginnen und Kollegen vor", sagt sie und lässt mich vorgehen. Die Pflegekräfte grüßen freundlich, verhalten sich aber reserviert. Sicher, ich hospitiere ja nur für eine Nacht. Da werden sicher keine Freundschaften geknüpft. Uschi und Janos finde ich sympathisch, die lächeln und machen auch mal einen Scherz. Hier wirkt allerdings niemand so gestresst wie in Oldenburg. Ob das an den selteneren Operationen liegt? Ich werde es herausfinden, sollte ich den Job bekommen.

Die Schicht verläuft ereignislos. Keine Vorkommnisse, keine Reanimation. Die Pflegekräfte langweilen sich auf der Überwachungskanzel, die mir vorkommt wie die Brücke auf einem Raumschiff. Man kann sich daran schlecht vorbeischleichen. Das wird meine erste Herausforderung, die ich zu meistern habe. Denn eins spüre ich schon jetzt: Der Würfel meldet sich. Er will wieder Action erleben. Und ich habe keine Probleme, ihm seinen Willen zu lassen. Man hat mir aus Oldenburg die Absolution erteilt. Es wäre leicht gewesen, die ganze Geschichte an die Polizei weiterzugeben. Es hätte genug Beweise gegeben. Die Maschinerie wäre angelaufen, man hätte Leichen ausgegraben, um nach Ajmalin zu suchen. Ein Wirkstoff, der auch nach Jahrzehnten noch in den Körpern der von mir mit Gilurytmal getöteten Patienten gefunden werden kann.

Aber nichts dergleichen ist passiert. Sie hatten Angst um einen neuen Skandal.

Irrer Pfleger tötet jahrelang hilflose Patienten. Wie konnte das nicht auffallen?

Doch die Presse kommt um diese Schlagzeile herum. Ich bin unantastbar. Wenn ich mich geschickt anstelle, wird es uns – mir und dem Würfel – auch hier gelingen, dem langweiligen Pflegeralltag ein wenig Würze einzuhauchen.

Am Morgen gehe ich mit der Gewissheit nach Hause, dass ich den Job in der Tasche habe.

Das Klinikum stellt mich mit Wirkung zum 15.12.2002 ein.

Lasset die Spiele beginnen.

* * *

Eigentlich müsste alles gut sein.

Vanessas Schwangerschaft verläuft ohne Komplikationen. Wir haben uns darauf verständigt, die Probezeit abzuwarten und dann zu entscheiden, ob ein Umzug nach Delmenhorst in Frage kommt. Doch Vanessa will überhaupt nicht umziehen. Ich bin mir sicher, dass ihre Mutter dahintersteckt, die alte egoistische Kuh. Sie hat sie aufgestachelt. Die Spannungen zwischen Vanessa und mir haben sich in den letzten Tagen verdichtet. Der Streit bricht schließlich wie ein aufziehendes Unwetter über uns herein. Sie sitzt auf dem Sofa, einen verärgerten Ausdruck auf ihrem Gesicht.

„Jan, das kann so nicht weitergehen! Ich verstehe nicht, warum du nicht bereit bist, deine Interessen hinter die der Familie zu stellen", sagt sie mit einem leichten Zittern in der Stimme.

Ich atme tief durch, versuche, ruhig zu bleiben. „Vanessa, ich tue doch alles, um für uns zu sorgen. Die Probezeit in Delmenhorst ist entscheidend für unsere Zukunft. Ich fahre bald jeden Tag achtzig Kilometer."

Sie winkt ab. „Das machen andere Männer auch und ohne das ständig zu betonen."

„Ich habe aber auch einen verantwortungsvollen Beruf und hantiere nicht mit irgendwelchen Paketen."

Das ist eine Spitze gegen ihren Vater, der als junger Vater bei der Post auch oft lange Strecken in Kauf genommen hat. Sie sieht mich mit großen Augen an. „Aber die Familie ist jetzt wichtig, Jan! Du verstehst das nicht. Meine Eltern wollen ihre Enkelkinder in der Nähe haben."

Ich spüre, wie sich Wut in mir aufstaut. „Deine Eltern *wollen* und ich *muss* liefern. So geht das nicht, Vanessa. Wir können das doch später klären. Lass uns erstmal abwarten, wie es in der Klinik läuft."

Vanessa springt vom Sofa auf. „Abwarten, Jan? Das ist doch keine Lösung! Ich will, dass du das verstehst."

Ich versuche, meine Gefühle zu kontrollieren, aber die Situation entgleitet mir. Vanessa wird immer lauter, ihre Worte treffen mich wie Schläge. „Du denkst nur an dich und deine Karriere. Was ist mit unserer Familie, unserem Kind?"

Ich stehe auf, spüre, wie sich mein Puls beschleunigt.

„Vanessa, das ist egoistisch! Ich kämpfe auch um unsere Zukunft."

„Unsere Zukunft?", sie lacht bitter. „Für mich sieht es so aus, als würdest du unsere Gegenwart opfern."

Der Streit artet aus, jede Bemühung, die Wogen zu glätten, scheint vergeblich. Unsere Worte werden schärfer, die Emotionen kochen hoch. Irgendwann breche ich ab, setze mich auf einen Stuhl und reibe mir die Schläfen.

„Ich kann das nicht mehr", sagt Vanessa leise, fast resignierend.

Die Worte hallen in der Stille des Raums nach. Wir stehen an einem Wendepunkt, und es fühlt sich an, als würde die Zukunft zwischen uns zerbrechen.

* * *

Es ist ein Tag vor Nikolaus. Vanessa sieht aus wie ein Luftballon kurz vor dem Platzen. Ich muss ihr alles hinterhertragen, so unbeweglich ist sie geworden. Und natürlich muss die Bude wieder in ein Weihnachtsparadies verwandelt werden. Das bleibt nun an mir hängen. Das läuft so ab: Vanessa sitzt auf dem Sofa und dirigiert mich. „Das muss höher! Häng die Lichterkette bitte über das Sideboard, so wie letztes Jahr auch! Der Weihnachtsbaum ist mir eigentlich viel zu klein, wieso haben wir keinen größeren gekauft?"

Ich bin endgenervt, aber tue brav, was sie sagt. Ich will keinen Streit haben. Eher aus Rücksicht auf mein Nervenkostüm als aus Verständnis für ihren Zustand.

„Jan, die Lichterkette muss höher! Und den Weihnachtsbaum könnten wir wirklich höher stellen", sagt Vanessa mit einem angespannten Tonfall, der mir zeigt, dass sie sich unwohl fühlt.

Ich nicke und versuche, ihre Anweisungen umzusetzen,

als sie plötzlich laut stöhnt. Sie greift sich an den Bauch und ihre Miene verzieht sich vor Schmerz.

„Was ist los, Vanessa? Geht es dir gut?“, frage ich besorgt.

„Ich glaube, die Wehen setzen ein. Und... oh Gott, das ist Fruchtwasser", stöhnt sie und Tränen treten in ihre Augen. Tatsächlich ist ein dunkler Fleck auf ihrer Hose zu sehen.

Panik steigt in mir auf, als ich sehe, wie das Fruchtwasser abgeht. Instinktiv greife ich zum Telefon und wähle den Notruf. Der Krankenwagen kommt mit Blaulicht und Vanessa wird ins St.-Elisabeth-Krankenhaus gebracht, wo sie auch arbeitet. Ich fahre im RTW mit.

„Jan, du hier?“, fragt der Fahrer des Rettungswagens.

„Ja, ich hier. Das ist meine Frau. Jetzt laber nicht lange rum, fahr los! Wird's bald!“, herrsche ich ihn an. Der junge Kerl zieht den Schwanz ein und steigt ein. In Windeseile erreichen wir das Krankenhaus. Hilflos muss ich mit ansehen, wie sie in den Kreißsaal geschoben wird.

Die Zeit vergeht quälend langsam, während ich auf Nachrichten über den Zustand von Vanessa und unserem ungeborenen Kind warte. Endlose Stunden des Wartens und der Sorge zehren an meinen Nerven. Schließlich, nach einer gefühlten Ewigkeit, kommt der Arzt zu mir.

„Herr Becker, wir haben einige Komplikationen festgestellt“, beginnt der Arzt mit ernster Miene. „Vanessas Gebärmutter hat sich ungewöhnlich stark zusammengezogen, was zu einer Verengung des Geburtskanals geführt hat. Das Kind steckt fest und wir müssen sofort eine Notoperation durchführen, um es zu retten.“

Die Nachricht trifft mich wie ein Schlag. Angst und Panik überfluten meinen Geist, während ich versuche, die Worte des Arztes zu verarbeiten.

„Was bedeutet das für Vanessa und das Baby?", frage ich mit zitternder Stimme.

„Die Operation birgt Risiken für beide. Vanessa wird unter Vollnarkose gesetzt und wir müssen einen Kaiserschnitt durchführen, um das Baby zu befreien. Es besteht die Gefahr von Blutverlust und anderen Komplikationen, aber wir müssen handeln, um das Leben von Mutter und Kind zu retten."

Die Worte des Arztes treffen mich wie ein Hammer. Die Aussicht auf die Operation und die ungewisse Zukunft von Vanessa und unserem Kind lassen mich innerlich erzittern. Ich kann nur hoffen und beten, dass sie beide die Operation überstehen werden. Wie ein Tiger renne ich auf dem Flur vor dem Kreißsaal auf und ab.

* * *

Die Stunden vergehen und die Komplikationen nehmen zu. Ich stehe am Rand des Abgrunds, während Vanessa um das Leben unseres Kindes kämpft. In mir wächst die Ungeduld und der Drang, etwas zu tun.

Am Abend, als ich das Krankenhaus verlasse, frage ich bei der Einsatzzentrale sofort nach einem Einsatz auf dem Rettungswagen. Ich muss etwas tun, irgendetwas, um die Zeit bis zur Geburt meines Kindes zu überbrücken. Sonst drehe ich durch. Die Arbeit auf dem Rettungswagen ist meine Flucht vor der Hilflosigkeit und der Angst um Vanessa und unser Baby.

Ich habe Glück. Ein Rettungssanitäter hat sich krankgemeldet. Eine Stunde später sitze ich auf dem Beifahrersitz. Der Fahrer ist ein Bekannter.

„Vani liegt in den Wehen", berichte ich ihm. „Es gibt Komplikationen. Ich halte es im Krankenhaus nicht aus. Daher bin ich hier."

Seinem kritischen Blick entgegne ich nichts. „Jeder muss sehen wie er klarkommt im Leben." Mehr sagt er nicht.

* * *

Kurz vor Schichtende erreicht mich ein Anruf. Vanessa und dem Kind geht es gut. Als ich das Krankenhaus betrete, spüre ich eine Mischung aus Erschöpfung und Erleichterung. Die Anspannung der vergangenen Stunden sitzt noch tief in meinen Knochen, doch der Gedanke, Vanessa und unser Baby wohlbehalten vorzufinden, gibt mir Trost.

Als ich das Zimmer betrete, sehe ich Vanessa friedlich schlafen. Ein Hauch von Erleichterung durchströmt mich, als ich sehe, dass sie sich erholt. Sie sieht friedlich aus, trotz allem, was sie durchgemacht hat.

Als ich mich zu dem Bettchen unserer Tochter schleiche, spüre ich ein seltsames Gefühl der Ehrfurcht. Sie liegt dort, so winzig und zerbrechlich, und doch so voller Leben. Mein Herz schwillt vor Stolz und Liebe, als ich sie betrachte. Tränen sammeln sich in meinen Augenwinkeln, als ich meine Hand vorsichtig auf ihre winzige Stirn lege.

„Hey, Kleines", flüstere ich leise, als ob ich sie nicht wecken wollte. „Du hast es geschafft. Willkommen in unserer Welt."

Ein warmes Gefühl der Dankbarkeit durchströmt mich, als ich die kleine Hand meiner Tochter halte. Trotz der Müdigkeit und der Strapazen des Tages fühle ich mich lebendig und erfüllt, als ich dort stehe, neben meiner schlafenden Frau und unserem neugeborenen Kind.

Ich trete ans Fenster und schaue hinaus. Der Morgen graut noch nicht, dafür ist es viel zu früh. Ich denke an den Notfalleinsatz, den wir hatten. Leider hat es eine Patientin nicht geschafft. Meine Hand fährt in die Tasche meiner Sanitäterjacke, die ich noch trage. Sie fördert eine leere Ampulle Kalium hervor. Achtlos werfe ich sie in den Mülleimer.

Ich konnte nicht anders. Die Anspannung war zu groß.

* * *

Die Tage bis zu meinem neuen Job in Delmenhorst vergehen wie im Flug, und doch fühlt es sich an, als würden sie sich endlos dehnen. Das Leben zu Hause ist völlig verändert seit der Geburt unserer Tochter. Jeder Tag ist eine Achterbahnfahrt der Emotionen, voller Höhen und Tiefen.

Die Nächte sind besonders herausfordernd. Der Schlafmangel zerrt an meinen Nerven, und doch kann ich es nicht übers Herz bringen, mich über die nächtlichen Fütterungen und Windelwechsel zu beklagen. Es ist ein Privileg, für meine kleine Familie da sein zu können, auch wenn es bedeutet, dass meine eigenen Bedürfnisse oft hintenanstehen müssen.

Tagsüber versuche ich, mich nützlich zu machen, wo ich kann. Ich helfe Vanessa bei den täglichen Aufgaben, wie dem Füttern und Wickeln der Kleinen. Es ist erstaunlich, wie schnell man sich an diese neuen Routinen gewöhnt. Und doch spüre ich auch eine tiefe Sehnsucht nach der Aufregung und dem Adrenalin, das mein Job im Krankenhaus mit sich bringt.

Die Vorfreude auf meine neue Stelle mischt sich mit einem Hauch von Wehmut, wenn ich an die bevorstehende Trennung von meiner Familie denke. Es wird schwer sein, sie für einige Zeit zu verlassen, aber ich weiß, dass es für uns alle das Beste ist.

Inmitten all dieser Gefühle versuche ich, jeden

Moment mit meiner Frau und unserer Tochter zu genießen. Ich weiß, dass diese kostbaren Tage der frühen Elternschaft nur einmal kommen und dass ich sie in vollen Zügen auskosten sollte, bevor die Realität meines neuen Jobs mich einholt.

* * *

Die ersten Tage in Delmenhorst sind vor allem von bürokratischen Formalitäten geprägt. Doch als die Nachtschichten beginnen, merke ich, dass mir hier eine goldene Gelegenheit geboten wird. Die Kanzel in der Mitte der Behandlungszimmer bietet mir eine perfekte Ausgangslage. Monitore auf einer Seite sollen das Geschehen in den Zimmern und Fluren überwachen, aber ich bemerke, dass die Aufmerksamkeit der Kollegen darauf begrenzt ist.

Die Blickrichtung der Kollegen ist so gewählt, dass jemand unbemerkt hinter der Kanzel vorbeigehen kann. Ich teste das aus, indem ich wild gestikulierend vorbeischlendere. Niemand hebt den Kopf, keine Reaktion. Perfekt.

In den ersten Tagen in Delmenhorst merke ich schnell, dass meine Fähigkeiten in der Reanimation und Notfallversorgung mir rasch Respekt unter den Pflegekräften verschaffen. Einige Kollegen beginnen, auf meine Erfahrung und meine Fertigkeiten zu vertrauen.

Besonders gut verstehe ich mich mit zwei Kollegen, Anna und Markus. Sie sind offen für neue Ideen und schätzen meine Herangehensweise in kritischen Situationen. Mein Vorschlag, den Notfallwagen direkt neben der Kanzel zu deponieren, stößt auf Beifall. Bei einem plötzlichen Notfall im Zimmer 7 zeigen wir als Team vollen Einsatz. Der Patient ringt um Luft, der Monitor piepst nervenaufreibend. Wir ergreifen sofort die Initiative.

Ich übernehme die Führung, instruiere Anna, die den

Arzt ruft, und Markus, der mir bei der Reanimation assistiert. Wir arbeiten effektiv zusammen, und ich spüre, wie das Vertrauen in meine Fähigkeiten wächst. Als der Arzt eintrifft, haben wir den Patienten stabilisiert. Die Kollegen schauen beeindruckt, und Anna gibt mir ein anerkennendes Nicken.

Solche Situationen wiederholen sich, und bald erkennen die Pflegekräfte meine Fähigkeiten an. Die Zusammenarbeit wird harmonischer, und ich spüre, wie ich mir meinen Platz in diesem Team erkämpfe.

Jetzt wird es Zeit. Der Würfel wartet.

* * *

Alfred und Ernie Michalczyk genießen entspannte Tage auf Mallorca. Sie schlendern durch malerische Gassen, genießen das mediterrane Essen und die wärmende Sonne. Doch eines Abends ändert sich die Stimmung schlagartig. Alfred, der sich zunehmend unwohl fühlt, bekommt auf einmal starke Schmerzen in der Brust.

Die beiden setzen sich auf eine Terrasse und versuchen, die Sorge zu verdrängen. Doch die Schmerzen werden immer intensiver. Ernie zückt ihr Handy und ruft den Notarzt. In einem kleinen Krankenhaus auf Mallorca wird Alfred untersucht, und die Ergebnisse sind besorgniserregend. Der behandelnde Arzt, Dr. Rodriguez, teilt dem Ehepaar mit, dass Alfred möglicherweise einen schweren Herzfehler hat und dringend operiert werden muss.

Die Nachricht trifft die Michalczyks wie ein Schock. Ihr Urlaubstraum zerplatzt, und die Angst um Alfreds Gesundheit überwiegt. Sie brechen sofort den Urlaub ab und fliegen zurück nach Friesland. Der Flug ist geprägt von gedrückter Stimmung, während Ernie und Alfred sich festhalten und sich gegenseitig Trost spenden.

Zwei Tage nach ihrer Rückkehr wird Alfred in Delmenhorst operiert. Der Chirurg erklärt Ernie, dass es sich um eine notwendige Bypass-Operation handelt. In einem ruhigen Gespräch vor der OP berichtet Dr. Müller von den Risiken, aber auch von den Erfolgen solcher Eingriffe. Er versichert Ernie, dass sie ihr Bestes tun werden.

Während Alfred im OP ist, warten Ernie und ihre Freundin Änne gemeinsam. Die Zeit scheint stillzustehen.

Frau Michalczyk sitzt nervös im Krankenhaus-Wartebereich, während Änne ihr einen Kaffee reicht und sich zu ihr setzt.

Ernie seufzt. „Es alles so plötzlich gekommen sei. Eben waren wir noch im Urlaub und jetzt muss Alfred operiert werden.

Änne nickt und drückt Ernies Hand, um ihre Unterstützung zu zeigen. Sie ermutigt Ernie dazu, stark zu sein und glaubt fest daran, dass Alfred das durchstehen wird.

Ernie nickt wieder, aber ihre Unsicherheit bleibt spürbar. Sie erzählt Änne von Dr. Müllers Erklärungen zur Bypass-Operation und dass Alfreds Herz mehr Durchblutung braucht.

„Ich bin ja in solchen Dingen nicht so bewandert, ich habe eine Konstitution wie ein Esel. Daher entschuldige meine dumme Frage: Ist das eine hilfreiche Maßnahme?“

Ernie schmunzelt, bevor sie wieder ernst wird. „Darauf hoffen wir.“

Wie in Trance nippt sie an ihrem Becher. „Ich mache mir trotzdem Sorgen, hoffentlich nerve ich dich nicht damit.“

Änne versucht Ernie zu beruhigen und erinnert sie daran, dass Alfred stark ist und sie an seiner Seite hat. Sie betont die Unterstützung der Ärzte und die Erfahrung des medizinischen Teams.

„Es tut so gut, dich bei mir zu haben. Du kennst mich ja, ich male gerne den Teufel an die Wand."

„Ich bin ja bei dir, mein Liebes. Wenn irgendetwas ist oder du etwas brauchst, melde dich bei mir. Du kannst jederzeit auf mich zählen!"

* * *

Der Chirurg, Dr. Müller, tritt in den Wartebereich und sucht nach Ernie. Als er sie findet, lächelt er und sagt, dass die Operation erfolgreich verlaufen ist. Alfred habe die Bypass-Operation gut überstanden, und sie haben die notwendigen Maßnahmen ergriffen, um die Blutzirkulation im Herzen zu verbessern.

Ernie fällt ihrer Freundin um den Hals und bedankt sich bei Dr. Meier für die gute Nachricht. Änne umarmt Ernie ebenfalls und freut sich über den positiven Ausgang der Operation.

Dr. Müller erklärt weiter, dass Alfred jetzt im Aufwachraum ist und dass sie ihn bald sehen können, sobald er auf Intensiv liegt. Er betont, dass Alfred Zeit brauchen wird, um sich zu erholen, aber sie haben alles getan, um seine Herzgesundheit zu unterstützen.

KAPITEL SIEBENUNDZWANZIG

Der Streit mit Vanessa eskaliert in den frühen Morgenstunden, bevor ich zur Arbeit muss. Die Spannungen liegen schon seit Tagen in der Luft, aber heute brechen sie hervor wie ein Sturm.

Ich komme jeden Tag gestresst von der Arbeit nach Hause, müde und erschöpft von den Herausforderungen des Tages. Doch anstatt auf Verständnis zu stoßen, scheint Vanessa nur Augen für das Baby zu haben. Ihr Blick haftet an dem kleinen Bündel in ihren Armen, während ich mich unsichtbar fühle.

„Kannst du nicht auch mal an mich denken?", platzt es aus mir heraus, die Frustration in meiner Stimme ist unüberhörbar. „Ich bin auch noch da, weißt du."

Vanessas Augen flackern auf, ihre Miene ist erschöpft, aber auch verteidigend. „Jan, das Baby braucht mich. Ich kann nicht einfach aufhören, mich um es zu kümmern."

„Und was ist mit mir?", frage ich, mein Herz schmerzhaft in meiner Brust. „Bin ich nicht mehr wichtig für dich?"

„Natürlich bist du wichtig“, murmelt sie, ihre Stimme sanft, aber die Worte fühlen sich leer an, als ob sie nur gesagt werden, um mich zu besänftigen. „Aber wir haben jetzt eine neue Verantwortung.“

„Eine Verantwortung, die mich überflüssig macht“, schieße ich zurück. Ich mag den Schmerz in meinen Worten kaum verbergen. „Ich fühle mich nutzlos.“

„Typisch Mann, typisch Jan. Anstatt sich zu freuen, dass es uns gut geht, meckerst du rum. Männer haben nach der Geburt keine Prioritäten mehr, daran musst du dich gewöhnen. Wir leben nicht mehr im Mittelalter, Jan.“

„Das ist mir durchaus klar. Aber mal ein liebes Wort, eine kleine Geste wäre schön“, verteidige ich meine Position, doch ich erkenne, dass ich auf verlorenem Posten sitze.

Vanessa wird von ihrer Mutter immer und ständig in ihren Ansichten bestärkt. Der Vater zuckt dann nur resignierend mit den Schultern, er kennt es offenbar nicht anders. „Mach dir nichts draus, Jan. Wie die Mutter, so die Tochter“, hat er mir letztens zugeflüstert. Damit muss ich wohl leben.

* * *

Ich bin traurig und fühle mich ungerecht behandelt. Ich bereue es, mich auf Vanessas Kinderwunsch eingelassen zu haben, doch jetzt ist es zu spät. Für mich bleibt kein Raum mehr, ich muss funktionieren.

Ich rase viel zu schnell über die Autobahn, noch beseelt von dem Streit mit Vanessa. Daher bin ich weit vor meiner Zeit in Delmenhorst. Ich treibe mich noch eine Weile in der Gegend herum, doch dann betrete ich mit noch immer schlechter Laune das altehrwürdige Gebäude.

Als ich auf Intensiv ankomme, studiere ich die Patientenblätter, mache meine Runde durch die Zimmer. Vor einem mache ich Halt. Ein Neuzugang, frisch operiert. Ich bekomme mit, wie liebevoll Frau Michalczyk mit ihrem gerade operierten Mann Alfred spricht.

„Mein Schatz, schlaf gut. Ich werde nachher ein Schlafmittel nehmen und die Nacht alleine ohne dich verbringen. Versprich mir bitte, dass du alles machst, was dir die Ärzte sagen. Sei kein Sturkopf, hörst du“, sagt sie, lächelt, und tätschelt die Hand ihres Mannes. Der Alte lächelt ebenfalls. So sieht Glück aus.

Was er antwortet, kann ich nicht verstehen. Ein Rauschen breitet sich in meinem Kopf aus. Wie bei einem drohenden Ohnmachtsanfall. Ich halte mir die Ohren zu und gehe schnell weiter.

Niemand soll mich so sehen.

So etwas ist mir auf der Arbeit noch nie passiert. Die Gefühle übermannen mich. Ich renne auf Toilette und übergebe mich. Kotze, wie ich noch nie gekotzt habe. Als ich mich ausgereihert habe, wasche ich mich und schaue in den Spiegel über dem Waschbecken; erblicke mein bleiches Mördergesicht. „Wieso haben diese Alten etwas, was ich nicht haben kann?“, flüstere ich meinem Spiegelbild entgegen.

Es antwortet nicht. Dafür meldet sich der Würfel in meiner Kitteltasche und ein brennend starker Hass auf die beiden so vertrauten Menschen breitet sich in mir aus.

Wenn ich das nicht haben darf, soll es auch kein anderer erleben.

* * *

Der Würfel hat das Opfer nicht ausgewählt, das habe ich erledigt. Obwohl nun schon mehrere Stunden vergangen sind, rauscht das Adrenalin noch immer durch meine Adern. Ich kann nicht sagen, ob es noch vom Streit mit Vanessa her resultiert, oder ob mich mein eigenes Spiegelbild so verunsichert hat. Jedenfalls bin ich heute ungewöhnlich nervös. Ich wage es nicht, auf direktem Weg zur Tat zu schreiten, sondern mache mehrere Anläufe, um meine Kollegen abzuschütteln. Immer wieder begegnet mir einer von ihnen auf dem Flur und ich muss mein Vorhaben abbrechen.

Erst nach Mitternacht starte ich einen neuen Versuch. Juliane, eine sehr hübsche junge Kollegin, sitzt vor den Bildschirmen. Max ist zwar auch auf Schicht, doch jetzt ist er irgendwo unten im Haus unterwegs. Doch sein Ankommen werde ich hören, denn der elektronische Mechanismus der Etagentür zur Intensiv macht einen Höllenlärm, den man mitten in der Nacht gar nicht überhören kann. Ich schleiche mich davon, wobei ich im Rücken der Überwachungskanzel mehr die Tür zum Arztzimmer im Auge behalten muss. Ich weiß allerdings, dass der diensthabende Arzt Dr. Unger gerne liest, meist Fachliteratur. Manchmal aber auch ganz profan einen guten Krimi, um sich abzulenken.

Ich drücke langsam die Klinke herunter, und sobald ich die Tür geschlossen habe, drücke ich mein Gesicht an die Scheibe und schaue hinaus auf den Flur. Dort ist niemand zu sehen. Ich gehe schnell durch den Raum, in dem nur das Bett des Patienten steht, trete ans Fenster und schaue durch die Gardine auf den Parkplatz hinunter. Wie erwartet ist dort um diese Uhrzeit nichts los. Mit anderen Worten, es sieht so aus, als hätte ich freie Bahn. Mein potentielles Opfer schläft. Ich atme tief ein und aus. Ohne die nötige Konzentration wird es nicht gelingen. Was in den letzten Monaten immer wie von selbst ging, wird zur Nagelprobe. Ich bin aus der Übung. Ganz einfach.

Ich schließe die Augen, atme. Irgendwie fühle ich mich nicht bereit. Zögere ich? Habe ich plötzlich ein Gewissen? Ich verharre regungslos vor dem Fenster. Doch dann plötzlich durchfährt mich die Energie, die ich brauche. Blitzschnell ziehe ich die Spritze aus der Tasche, die ich schon kurz nach Schichtbeginn aufgezogen habe – die Kontrollen der Medikamentenbestände sind hier in Delmenhorst noch lascher als in Oldenburg – und trete an das Bett von Alfred Michalczyk heran. Die Überwachungsmonitore spenden genügend Licht. Ich setze die Spritze an und zucke zusammen. Michalczyk öffnet die Augen und blickt mich an. Nicht wie ein schwerkranker Herzpatient, sondern wie jemand, der auf mich gewartet hat. Wie jemand, der ahnt, was gerade passiert. Und dann packt er meinen Arm, hält mich fest mit einem Griff wie ein Schraubstock. „Ernie", murmelt er vor sich hin, mit einer Stimme, der man die Anstrengung anmerkt. Ich schaffe es nicht, den Kolben durchzudrücken. „Ernie, was tust du?"

Er hält mich für seine Frau. „Alles gut, Schatz, nur eine Spritze", antworte ich leise.

„Du bist nicht Ernie!"

Ich versuche, den verdammten Kolben durchzudrücken, Schweißperlen treten mir auf die Stirn. „Du halluzinierst, Alfred", antworte ich leise. Meine letzten Worte gehen im Gepiepe des Alarms unter, Puls einhundertfünfzig. Jetzt ist höchste Not. In spätestens fünf Sekunden steht ein Kollege hier im Zimmer.

Fünf!

Notgedrungen lasse ich die Spritze los. Ohne Wirkung. Ein leises Stöhnen entweicht seinen Lippen, und ich spüre, wie sich sein Griff intensiviert. Panik macht sich in mir breit. Was ist hier los?

Vier!

Der Alarm schrillt durch das Zimmer, und die Monitore blinken aufgeregt. Alfreds Puls schießt in die Höhe, und die Situation wird kritisch.

Drei!

Mit der linken Hand fege ich die Spritze weg. Sie landet irgendwo zwischen Gardine und Patiententisch. Keine Sekunde zu früh.

Zwei!

Max stürmt herein, stutzt, als er mich sieht.

„Patient halluziniert. Ich wollte nach ihm sehen, da hat er mich gepackt. Wir müssen ihn beruhigen, sonst…“, sage ich noch, da wird aus den hektischen Zacken des Herzdiagramms eine flache Linie. Die Hand des Patienten lockert ihren Griff sofort, fällt zurück auf das Bett. Seine Augen starren ins Leere.

„Scheiße, der geht uns ex“, brüllt Max. Dr. Unger und Juliane stürmen hinzu. Ein Schock durchfährt mich, als ich die Realität der Situation erkenne. Sofort leite ich eine Reanimation ein, drücke kräftig auf seine Brust, während Max und Unger den Defibrillator vorbereiten. Juliane setzt den Tubus. Trotz unserer schnellen Reaktionszeit und den Bemühungen, Alfred Michalczyk zu stabilisieren, bleibt das Herzdiagramm eine flache Linie.

Die Zeit scheint stillzustehen, und das ansteigende Fiepen des Defibrillators hallt durch den Raum. Jeder Moment nach der elektrischen Entladung fühlt sich wie eine Ewigkeit an. Einmal. Zweimal. Dreimal. Viermal.

Doch trotz aller Bemühungen kehrt Alfred Michalczyk nicht ins Leben zurück. Ein Gefühl der Hilflosigkeit überkommt mich, als der Tod in diesem sterilen Raum Einzug hält.

Alfred ist nicht mehr. Und ich habe noch nicht einmal

meinen Plan in die Tat umsetzen können. Zusammen mit dem Trachealtubus, den ich achtlos auf den Boden geworfen habe, fische ich die Spritze von Boden.

Glück gehabt.

KAPITEL ACHTUNDZWANZIG

Das Leben auf der Intensivstation geht weiter. Ein Bett wird frei. Doch es wird nicht lange frei bleiben. Für den kommenden Morgen stehen weitere Operationen an. Als Max den toten Michalczyk an mir vorbeischiebt, werfe ich einen flüchtigen Blick auf seinen Arm. Man sieht nichts von meiner versuchten Injektion. Sehr gut. Was ich nicht brauchen kann, ist ein Hinweis auf mein Tun.

„So ist es hier, Herr Becker", sagt Unger, der meinen Blick missdeutet. „Wir können nicht jedes Leben retten."

Ich seufze und fahre mir mit der flachen Hand über das Gesicht. „Ich weiß. Aber es ist jedes Mal schlimm, wenn man nichts mehr tun kann."

„Warum waren Sie eigentlich in seinem Zimmer?"

Ein Kloß bildet sich in meinem Hals, aber ich lüge ihn an. Ich erkläre, dass ich während meines Rundgangs kurz die Tür geöffnet habe, um nach dem Patienten zu sehen, weil ich ein seltsames Geräusch gehört habe.

„Ich habe mich über ihn gebeugt, als er mich gepackt

hat. Für einen frisch Operierten hatte er mächtige Kräfte. Ich denke, er hat nicht mehr gewusst, wo er sich befindet. Er hat mich mit Ernie angesprochen." Es ist eine flüchtige Ausrede, aber Unger scheint sie zu akzeptieren.

Nachdem er meine Erklärung entgegennimmt, übernimmt er die unangenehme Aufgabe, Ernie Michalczyk die herzzerreißende Nachricht vom Tod ihres Mannes zu überbringen. Ein beklemmendes Gefühl begleitet mich, als ich daran zurückdenke, dass es wirklich sehr knapp war. Ein paar Sekunden früher und Max hätte mich mit der Spritze im Arm des Mannes erwischt.

* * *

„Frau Michalczyk, es tut mir unsagbar leid, Ihnen mitteilen zu müssen, dass Ihr Mann Alfred verstorben ist. Es gab Komplikationen nach der Operation, und wir konnten trotz aller Bemühungen nichts mehr für ihn tun."

Für einen Moment hört Unger nichts. Nicht mal ein Atmen, oder einen Aufschrei. Er hätte erwartet, dass ihre Worte jetzt auf ihn einprasseln würden, wie die Kugeln eines Maschinengewehrs. Doch nichts dergleichen geschieht. „Frau Michalczyk?"

„Nein, das kann nicht wahr sein. Alfred... nicht mein Alfred..."

„Es tut mir so leid. Wir haben alles versucht, aber sein Herz hat aufgehört zu schlagen."

Aus dem Telefon erklingt ein verzweifeltes Schluchzen, dann hört er einen dumpfen Schlag. Unger zuckt zusammen. „Frau Michalczyk? Hören Sie mich? Frau Michalczyk?"

Schon stürmt er mit dem Telefon aus dem Arztzimmer. „Scheiße! Schnell, ich brauche die Adresse der Michalczyks. Die Frau ist offensichtlich zusammengebrochen. Ich hätte sie nicht anrufen dürfen, verdammte Scheiße!"

Juliane nennt ihm die Adresse und er übernimmt es, vom Handy aus die Polizei und die Kollegen von der Rettung zu verständigen. „Frau Michalczyk, wenn Sie mich hören können – Hilfe ist unterwegs – können Sie mich hören?"

Ich stehe die ganze Zeit neben Juliane auf der Kanzel und sehe die Verzweiflung in den Augen des Arztes, auch Juliane hat Tränen in den Augen.

„Wie furchtbar, stell dir vor, sie stirbt jetzt auch noch", sagt sie und schaut mich mit wasserhellen Augen an. Ich kann nicht mehr. Damit meine Begeisterung dafür nicht deutlich wird, täusche ich einen Husten vor, um ein paar Sekunden lang die Augen schließen zu können.

Dass ich beide auf einen Schlag erledigen würde, hätte ich in meinen kühnsten Träumen nicht ersinnen können.

„Ja, das wäre wahrhaftig fürchterlich. Sie sahen so glücklich aus noch vor ein paar Stunden", sage ich mit belegter Stimme. Heucheln kann ich gut.

Eine halbe Stunde später haben wir Gewissheit: Ernie Michalczyk hatte einen Herzinfarkt erlitten. Der Notarzt konnte nur noch ihren Tod feststellen.

* * *

Ich komme nach Hause und spüre diesen Triumph in mir. Trotz des eigentlich schmerzhaften Vorfalls im Krankenhaus fühlt es sich an, als hätte ich etwas Einmaliges erreicht. Zwei Menschen sind tot, ohne mein reales Zutun. Ein Erfolg, den ich mit niemandem teilen kann, aber der mich dennoch mit Stolz erfüllt. Als ich Vanessa mit dem Kind sehe, zeigt sich eine milde Seite in mir. Ich verspreche ihr, die Sache mit dem Umzug zu überdenken. „Jan, ich habe über deine Worte nachgedacht. Vielleicht sollten wir uns wirklich überlegen, ob ein Umzug nicht doch in Frage kommt. Die Situation hier ist zwar nicht einfach, aber ich will, dass es uns gutgeht."

Vanessa wiegt das Baby im Arm, sieht mich überrascht an, eine Mischung aus Hoffnung und Verwunderung in ihren Augen. Der Moment birgt eine leichte Versöhnung, ein kleines Licht am Ende des Tunnels. „Echt jetzt? Das wäre großartig, Jan. Ich weiß, es ist nicht leicht für dich, jeden Tag diese große Strecke zu fahren."

„Es ist Zeit, dass wir uns Gedanken über die Zukunft machen. Ich möchte, dass es uns drei weiterhin gutgeht."

Vanessa legt das Kind in die Wiege, und nimmt mich so fest in den Arm, dass mir fast die Luft wegbleibt. Wir setzen uns zusammen, und für einen kurzen Moment scheint der Druck, der auf unserer Beziehung lastete, etwas nachzulassen.

Bringt uns das Baby doch wieder näher zusammen, so wie ich es erhofft habe?

* * *

Ich hätte mir nie gedacht, dass ein Kleinkind so viel Unruhe mit sich bringt. Es plärrt jede Nacht und raubt uns den Schlaf. Ich frage mich, wieso die Menschheit nicht schon längst ausgestorben ist. Allein aus Schlafmangel. Morgens fahre ich wie gerädert zur Arbeit. Hier ist es zwar nicht ruhig, aber es gibt kein Kindergeschrei.

Apropos Ruhe. Die Ruhe hier in Delmenhorst ist beinahe unheimlich im Vergleich zu Oldenburg. Weniger Notfälle bedeuten auch weniger Stress, aber auch weniger Gelegenheiten für meine besondere 'Hilfe'. Wenn ich sicher bin, dass meine Kollegen in der Küche oder im

Aufenthaltsraum versammelt sind, nutze ich die Gelegenheit. Ich schleiche mich in die Zimmer, verabreiche meine manipulierten Injektionen und bringe die Dinge in Bewegung.

Die Herausforderung besteht darin, den Alarm so zu setzen, dass er erst nach 30 Sekunden bis zu einer Minute ertönt. Das gibt mir genug Zeit, das Zimmer zu verlassen und mich unauffällig in eine andere Ecke der Station zu begeben. So kann ich sicherstellen, dass niemand auf die Idee kommt, mich mit dem aufgetretenen Notfall in Verbindung zu bringen. Ein riskantes Spiel, aber die Befriedigung, die ich daraus ziehe, ist es wert. Das Adrenalin pulsiert durch meine Adern, und ich fühle mich lebendiger als je zuvor. Die Macht, die ich über Leben und Tod zu haben scheine, gibt mir ein beispielloses Hochgefühl. Die stillen Gänge der Klinik sind meine Bühne, und ich agiere im Verborgenen, ohne dass jemand meine dunklen Absichten erahnt. Die Kollegen, ahnungslos, plaudern in der Kaffeeküche oder gönnen sich eine Pause, während ich mich im Schatten bewege und meine Spiele spiele.

Es ist, als würde ich mit den Fäden des Schicksals jonglieren, als könnte ich nach Belieben Einfluss nehmen. Die Gedanken an meine finsteren Taten sind wie ein Rausch, der mich durchdringt. Doch im Hinterkopf bleibt die ständige Frage: Wie lange kann ich dieses gefährliche Spiel weiterspielen, bevor jemand meine dunklen Machenschaften entdeckt? Die Spannung treibt mich an, und ich kann nicht anders, als weiterzumachen.

Oft ertappe ich mich dabei, mir einzureden, ich sei gar kein Serienkiller. Es sei nur dieser Drang zu helfen. Mir fehle der Tötungsvorsatz, schließlich würde ich ja anschließend alles versuchen, den Patienten doch noch zu retten. Ich sehe mich als Forscher, der ein gewagtes Experiment durchführt, ohne dafür den verdienten Lohn zu erhalten.

* * *

Trotz etlicher Todesfälle in meinen Schichten hat mich niemand in Verdacht. Ganz im Gegenteil, meine Stellung im Team festigt sich sogar. Zwar munkelt man unter den Pflegern und Schwestern, dass ich ja wirklich sehr häufig zur Stelle sei, aber mehr ist da nicht dran. Die Ärzte freuen sich, wenn ich in der Schicht anwesend bin, weil ich handwerklich gut bin und sicher intubieren kann, wenn jemand wiederbelebt werden muss. Eine Kollegin fasst es mit den Worten zusammen: „Das ist schon alles ein bisschen merkwürdig mit dir. Du ziehst die Notfälle an wie die Fliegen."

Mehr passiert nicht. Ich lächele diese Kritik einfach weg und lade sie auf einen Kaffee ein.

Die Ärzteschaft vertraut mir. Die Bestellung der Medikamente ist nun meine Aufgabe, und ich kann es kaum fassen, wie perfekt sich die Dinge für mich fügen. Direkt aus der Apotheke in Oldenburg, die auch das Delmenhorster Krankenhaus beliefert, ordere ich die Mittel, die meine dunklen Spielchen am Laufen halten. Ein bitteres Lächeln schleicht sich auf meine Lippen: Oldenburg, die Stadt meiner vergangenen dunklen Taten, liefert nun die Werkzeuge für meine neuen Missetaten.

In meinem Versteckspiel fühle ich mich unantastbar. Niemand in Oldenburg ahnt, wer hinter den Bestellungen steckt. Der Gedanke, dass ausgerechnet die Stadt, die mich verbannt hat, nun Teil meiner perfiden Pläne ist, erfüllt mich mit einer teuflischen Freude. Die Ironie des Schicksals spielt mir in die Hände, und ich genieße jeden Moment dieser finsteren Komödie. Es ist, als hätte das

Universum sich auf meine Seite geschlagen, und ich tanze auf dem dünnen Grat zwischen Macht und Wahnsinn.

* * *

Es ist ein Dienstag im Mai 2003. Das Wetter ist traumhaft, ein laues Lüftchen weht durch das geöffnete Wohnzimmerfenster. Vanessa und ich haben an diesem Morgen noch einmal über unseren möglichen Umzug gesprochen. Der anfängliche Enthusiasmus hat deutlich nachgelassen, und die Diskussionen nehmen wieder belastende Formen an, weil wir nichts Passendes finden. Doch dann finden wir per Zufall eine Wohnung in einem Zeitungsinserat. Vanessa ist total begeistert. Ich finde, die Wohnung ist zu klein, um ein Kinderzimmer einzurichten, Vanessa empfindet das anders. Sie sagt, in der Anfangszeit wäre das Baby sowieso bei der Mutter, also im Bett. Ich sehe meinen Schlaf wieder flöten gehen. Dann müssen wir auch nicht umziehen, wenn sich räumlich nichts ändert. Die Schwangerschaft verschärft die Situation. Vanessa ist emotional, ich bin angespannt. Es gibt Momente, in denen ich bereue, mich auf dieses neue Leben eingelassen zu haben. Doch ich kann es mir nicht leisten, Schwäche zu zeigen. Vanessas Eltern beobachten alles, was wir tun, was mich ganz besonders nervt.

Am späten Morgen versuche ich, mich zu beruhigen, indem ich ein paar Runden jogge. Der Lauf tut gut, aber die Gedanken an die bevorstehende Schicht lassen mich nicht los. Ich weiß, dass ich meine Strategie überdenken muss, um weiterhin unentdeckt zu bleiben.

Als ich an diesem Tag die Intensivstation betrete, spüre ich sofort eine gewisse Unruhe in der Luft. Und ich behalte recht: Es hat einen Todesfall gegeben, und die Ärzte sind in Aufregung wegen eines falsch eingesetzten Medikaments. Gut, dass ich dafür nicht verantwortlich sein kann. Ich beschließe, mich aus der Schusslinie zu halten, klettere die paar Stufen hoch, setze mich auf den Stuhl in der Kanzel und beobachte die Monitore.

Doktor Unger und Doktor Jung sind beide zugegen, bei ihnen steht eine junge Krankenschwester, die ich bisher noch nicht gesehen habe. Ihr scheint der Fauxpas passiert zu sein. So unauffällig ich auch lausche, außer ein paar Wortfetzen höre ich nichts. Dann entfernen sich die beiden Mediziner, die bedauernswerte junge Frau im Schlepp.

Timo kommt hinzu, lässt sich auf den zweiten Stuhl fallen und raunt mir zu: „Megadicke Luft, der Kleinen ist was passiert, heilige Scheiße."

Ich lasse interessiert den Patientenbogen sinken. „Lass hören, was denn?"

Er berichtet, dass sie nicht etwa ein Medikament verwechselt hat, sondern zwei Patienten. „Sie sagt, sie hätte statt der 1 eine 7 gelesen hätte. Fataler Fehler, der Mann auf der 7 ist ex."

„Scheiße, ehrlich?"

Timo nickt. „Die beiden Ärzte sind richtig angespitzt. Nach der Sache mit dem Albert Michalczyk und dessen Frau steht Unger sowieso unter Beobachtung von oben", erklärt und zeigt gegen die Decke. Er meint natürlich die Klinikleitung.

„Das war auch eine Schnapsidee, die Frau mitten in der Nacht anzurufen", finde ich.

„Was denn? Hätte er hinfahren sollen?"

Ich erinnere mich an die Todesnachricht, die ich damals Ewelyn Heger überbracht habe. Ebenfalls nachts. Und nicht eben einfühlsam.

Ich zucke mit den Schultern. „Hier ist Intensiv, hier wird gestorben."

„Egal. Es kann sein, dass der Unger nun geschasst wird. Es täte mir leid um ihn, ist ein fähiger Arzt."

Timo schürzt die Lippen und nickt bedächtig. Mir ist Unger scheißegal.

„Dann müssen wir aufpassen, dass uns kein Scheiß passiert. Irgendwelche schweren Fälle?"

Mein Blick fällt auf den Monitor des Patienten mit einer chronischen Herzerkrankung. Dann werfe ich einen Blick in die Patientenakte, er ist definitiv ein Kandidat für den Würfel. Die Zahlen darauf sind besorgniserregend. Timo bemerkt meinen Blick.

„Genau der ist kritisch. Ob der das heute schafft?", sagt Timo und zuckt mit den Schultern. Dann springt er auf. „Ich muss mal pissen, hast du die im Blick?"

Ich hebe als Zeichen den rechten Zeigefinger in die Höhe, Timo sprintet davon. Ich überlege kurz, ob ich die Situation nutzen soll, um eine Manipulation vorzunehmen. Die Tagschicht ist jedoch vollzählig anwesend, und die Wahrscheinlichkeit, unbemerkt zu bleiben, ist gering. Ich entscheide mich dafür, vorerst abzuwarten und die Gelegenheit später in der Schicht zu nutzen, wenn die Aufmerksamkeit nachlässt.

Der Würfel hat sich Otto Berger ausgesucht. Otto Berger ist ein 60-jähriger frühpensionierter Lehrer. Seit seiner Jugend leidet er an einer angeborenen Herzrhythmusstörung, die in den letzten Jahren zunehmend problematischer wurde. Trotz mehrerer medizinischer Eingriffe verschlechterte sich sein Zustand weiter, was schließlich zu einer schweren Herzinsuffizienz führte. Er wurde im

Klinikum operiert und liegt seit vorletzter Nacht auf der Intensivstation.

Ich mache meinen Rundgang. Als ich Berger in seinem Bett sehe, weiß ich, dass Timo das richtig einschätzt. Die Haut des Mannes ist aschfahl, er sieht bereits aus wie eine lebende Leiche. Das braucht nicht viel, um ihm den letzten Weg einfach zu gestalten. Ich schließe den Rundgang ab und kümmere mich dann um meine Aufgaben. Im Medikamentenraum nehme ich eine Packung Gilurytmal aus dem Schrank. Die bringe ich heimlich in meinen Spind zusammen mit einem anderen Medikament: Sotalex. Ein Betablocker, der ebenso bei Herzrhythmusstörungen eingesetzt wird. In der falschen Dosierung wirkt er genauso tödlich wie Gilurytmal. Langsam und in kleinen Dosen verabreicht, können beide Medikamente die Herzrhythmusstörungen hemmen.

Fix ziehe ich zwei Spritzen auf und gehe zurück zu Berger. Aber ich bin nicht alleine. Eine altgediente Krankenschwester ist bei ihm. Mich reitet in diesem Moment der Teufel. Ich drücke mich an der Frau vorbei, nestele eine Weile geschäftig an der Kanüle herum und injiziere Berger heimlich das Sotalex.

„Jan, was machst du? Was hast du ihm gespritzt?“

„Ich habe nur die Kanüle mit Kochsalzlösung gespült, die hatte jemand nicht ordentlich gereinigt.“

„Du bist aber pingelig, Jan“, wirft sie mir vor und verdreht die Augen. Ich lächele. „Was hältst du von einer Kippe? Ich habe Schmacht!“

Das lässt sich die starke Raucherin nicht zweimal sagen. Zusammen verlassen wir den Raum. Ich blicke mich noch einmal zu Berger um. Mach's gut Alter, denke ich und zwinkere in seine Richtung.

Um halb zwei stirbt der Patient auf der Intensivstation. Als wir von Rauchen zurückkehren, finden wir Doktor

Jung aufgelöst vor. „Wer war zuletzt bei Herrn Berger drin?“

Ursula und ich wechseln Blicke. „Wir, gemeinsam. Was ist?“

„Berger ist verstorben. War irgendetwas Besonderes als sie bei ihm waren?“

„Ich habe die Kanüle noch mit Kochsalzlösung gereinigt, weil sie mir dreckig vorkam, die Kollegin hat es gesehen“, antworte ich mit betroffener Stimme, Ursula nickt.

„Das scheint wieder einer dieser Scheißtage zu werden, es ist nun schon der zweite Patient, der heute stirbt. Hoffentlich bleibt er der letzte“, sagt Jung und kneift die Lippen zusammen. „Was ist mit Doktor Unger?“, will ich wissen.

„Unger? Der ist bis auf weiteres freigestellt“, antwortet der Arzt bitter, dann verschwindet er in seinem Büro.

„Dann wird es die Kleine auch erwischt haben“, seufzt Ursula. Dann schaut sie mich fragend an. „Hast du eben wirklich nur die Kanüle gespült?“

„Du hast es doch gesehen, Usch“, sage ich und setze meinen Dackelblick auf. „Meinst du wirklich, ich bin so abgebrüht, einem Patienten in der Gegenwart eines Kollegen eine letale Dosis von Irgendwas zu spritzen?“

Gespannt warte ich auf ihre Antwort. Sie seufzt erneut. Dann schüttelt sie den Kopf. „Nein, natürlich nicht. War nur so eine blöde Idee, Jan.“

„Wir sind alle etwas durch den Wind. Kein Wunder, wenn hier alles drunter und drüber geht“, antworte ich und ziehe die Augenbrauen hoch. Ich habe einen Plan: Ein dritter Toter würde doch gut in dieses Chaos passen.

* * *

Ich drücke die Zigarettenkippe in den Sand. Rauchpause beendet. Der Regen hat nachgelassen. Ich fülle meine Lunge mit frischer Luft, bevor ich wieder zurückkehre in den Mief der Intensivstation. Ich habe das Gefühl, mit verbundenen Augen an einem Abgrund zu stehen. Die Suspendierung von Doktor Unger und die Entlassung von Schwester Ria ist das Thema. Die Leitung fährt eine Null-Toleranzlinie. Es kann auch jederzeit mich erwischen, das ist mir klar. Doch mir bleibt nichts anders übrig, als genau wie die anderen weiterzuarbeiten. Ich setze mich an die Monitore. Niemand sitzt hier gerne lange, weil es die Augen ermüdet und mit der Zeit die Konzentration flöten geht. Der Kollege ist froh, dass ich ihn ablöse. Die Kameraaugen in den Zimmern sind mein Feind. Jederzeit kann man meine Taten darauf bemerken. Daher habe ich die Kameras unbemerkt in einen anderen Winkel geschoben – nicht viel, aber so viel, dass man in jedem der zwölf Zimmer einen uneinsehbaren Winkel vorfindet. In einem der Zimmer ist eine Menge Betrieb, ich sehe Kinder, die an einem Bett stehen. Es ist die sieben. Sofort nehme ich mir die Patientenakte und beginne zu lesen.

Anna Schneider ist eine 40-jährige alleinerziehende Mutter von zwei Kindern. Sie arbeitete als Verwaltungsangestellte und führte ein aktives Leben, bis bei ihr eine seltene genetische Herzerkrankung diagnostiziert wurde: das Lange QT-Syndrom. Die Krankheit verlief lange Zeit symptomlos, aber vor kurzem verschlechterte sich ihr Zustand dramatisch, was zu häufigen Krankenhausaufenthalten führte. Von den Kolleginnen weiß ich, dass Anna besorgt um die Zukunft ihrer Kinder ist und tapfer gegen die Herausforderungen ihrer Krankheit ankämpft.

Ich fische den Würfel aus der Tasche. Soll ich wirklich? Für die Kinder wäre der Verlust der Mutter eine Tragödie. Doch sie hat eine 50:50 Chance. Ich finde es fair. Wieder lasse ich den Würfel in beiden Händen rotieren, bis ich ihn freigebe. Er taumelt auf der Akte, macht dabei kaum Geräusche. Fast bleibt er auf der Kante liegen, erst dann siegt die Schwerkraft. Ich starre auf den einen schwarzen Punkt. Okay. Der Würfel hat entschieden.

Ungerade tötet.

KAPITEL NEUNUNDZWANZIG

Die Zeit wird knapp. Meine Schicht endet um 16:25 Uhr, jetzt ist es schon viertel nach drei. Und die Kinder sind noch immer bei Anna Schneider im Zimmer. Selbst wenn sie nicht mehr dort wären, es wäre gefährlich. Nachdem der Würfel mir die Entscheidung abgenommen hat, überlege ich fieberhaft. Ich bin immer nur wieder zu dem Schluss gekommen, dass ich, egal wie ich es anstelle, ein enormes Risiko eingehe.

Schwester Karin reißt mich aus meinen Gedanken. „Die Patientin aus Zimmer sieben wird morgen auf Normal gebracht. Es ist ihre letzte Nacht hier. Ich schicke jetzt trotzdem ihre Kinder heim, die sind schon anderthalb Stunden hier. Noch mehr Augen kann ich beim besten Willen nicht zudrücken", sagt sie mit einem milden, verständnisvollen Lächeln.

„Sehr gut, einer weniger", sagte ich und lächele sie an.

„Wir haben noch genug, die Hütte ist voll. Außerdem wird ja fast täglich genug Nachschub produziert", seufzt sie und marschiert davon. Ich kann auf dem Monitor sehen, wie sich die Kinder von Frau Schneider beschweren, wie sie betteln. Doch Karin bleibt eisern. Sie herzen ihre Mutter, verlassen den Bereich der Kamera, dafür tauchen sie gleich darauf live vor meinen Augen auf. Ein blondes Mädchen, das seiner Mutter wie aus dem Gesicht geschnitten ähnelt und ein Junge, ein oder zwei Jahre jünger, der mehr nach seinem Erzeuger kommt.

„Mama, bis morgen", ruft der Junge und winkt ins Zimmer. „Psst", mahnt Karin. „Hier liegen noch mehr Patienten."

Er legt ertappt die Hand vor den Mund, doch seine Augen leuchten vor Freude. Die Kinder strahlen mich an, der Kleine hebt die Hand und ruft: „Tschüss, wir sehen uns nicht mehr. Mama wird morgen verlegt!"

„Ja, eure Mama hat Glück gehabt", antworte ich und hebe auch kurz die Hand. Karin verschwindet im nächsten Zimmer.

Ich springe auf, renne in Richtung Zimmer sieben. Die Tür ist noch geöffnet. Schneider liegt auf dem Bett, ein Lächeln umspielt ihre Lippen. „Haben Sie gehört, ich komme morgen auf die Normalstation. Wie es aussieht, kann ich dann bald wieder zu meinen Kindern."

„Das ist die beste Nachricht des Tages, Frau Schneider", antworte ich. Dabei ziehe ich wortlos die Spritze aus der Tasche und beginne sofort mit der Injektion.

„Was spritzen Sie da?", fragt sie und zieht die Stirn in Falten.

„Nur etwas zur Beruhigung. Sie sind hier auf Intensiv und wollen doch morgen verlegt werden. Wenn dann die Werte nicht stimmen, wird daraus nichts."

Schneider seufzt. Ich werfe die Spritze in den Abwurfbehälter, trete an den Monitor, wo ich den Alarm für 1 Minute abstelle.

„Sie sollten sich jetzt ausruhen", sage und stehe neben ihrem Bett. Es ist das erste Mal, dass ich bei einem

Menschen manipuliere, der mir in die Augen schaut. Wie sollte ich dastehen? Ich komme mir steif und unbeholfen vor. Und ich habe keine Zeit.

„Ich sehe später noch einmal nach Ihnen“, sage ich und eile aus dem Zimmer. Als der Alarm losschrillt, sitze ich seelenruhig vor den Monitoren. „Nummer sieben, Frau Schneider“, schreie ich Doktor Jung entgegen, der mit Panik im Gesicht aus dem Arztzimmer stürmt.

„Kommen Sie, Jan! Worauf warten Sie denn?“

Darauf, dass Sie mich ansprechen, denke ich und springe in einem Satz die wenigen Treppenstufen hinunter, greife mir den Notfallwagen und bin noch vor dem Arzt bei der Patientin. Wie sich das Gesicht eines Menschen in so kurzer Zeit verwandeln kann, versetzt mir einen Schock. Die ebenmäßigen Gesichtszüge der Frau haben sich in eine Todesfratze verwandelt.

* * *

Da war nichts mehr zu machen. Schweißgebadet sitze ich im Personalraum, vor mir auf dem Tisch steht eine halb leergetrunkene Cola. Schwester Karin steht mit bleichem Gesicht vor mir. „Wir hatten keine Chance mehr, Jan. Du musst dir keine Vorwürfe machen, hörst du?“

Ich halte meine Hände gefaltet, damit Karin nicht sieht, wie ich zittere. „Es gibt immer eine Chance, Karin. Ich habe versagt. Wir hätten sie retten können, da bin ich sicher.“

„Wir können nur Menschen retten, die noch zu retten sind. Hier kamen wir zu spät.“

Ich hebe den Kopf und schaue ihr in die Augen. „Hast du ihr Gesicht gesehen? Was ist da passiert?“

„Sie muss Höllenqualen gelitten haben, und wie es der Doktor schon sagte, der Alarm hätte viel früher auslösen müssen. Die Firma soll nun herausfinden, warum der nicht auslöste."

Ich nehme die Cola und trinke sie in einem Schluck leer. „Denkst du, dass die Kinder vielleicht?", frage ich. Diesen Grund hatte ich mir als möglichen Grund für das verzögerte Auslösen des Alarms ausgedacht. Karin überlegt. Dann zuckt sie mit den Schultern. „Ich bin Krankenschwester, kein Medizintechniker. Das sollen andere klären. Meine Sorge gilt den armen Kindern. Was passiert jetzt mit denen?"

„Und wer überbringt ihnen diese Nachricht? Nicht wieder jemand aus unserer Klinik. Das geht schief, wie wir wissen."

Karin rümpft die Nase. „Du bist manchmal unmöglich, Jan."

„Jeder geht so mit der Sache um, damit er es nicht mit nach Hause nehmen muss. Und ich gehe nun mal etwas rustikaler damit um. Das bedeutet nicht, dass ich ein grober Klotz bin. Ich lasse es eben nicht so an mich ran, verstehst du?"

Karin zieht sich das Haargummi aus dem blonden Haar und nestelt sich den Zopf neu. „So ist es wohl. Jeder nach seiner Fasson. Und du gehst jetzt heim, Jan. Du bist eh schon über die Zeit."

Sie nickt mir aufmunternd zu. Dabei benötige ich keine Aufmunterung. Ich habe mein Ziel erreicht, noch vor Schichtende eine Manipulation zu haben. Mit diesem Ausgang hätte ich allerdings nicht gerechnet.

„Danke, ich bin völlig alle. Hoffentlich schafft es Vani, mich wieder aufzurichten."

* * *

Als ich im Auto sitze und zurück nach Oldenburg fahre, habe ich ständig das Bild der Toten vor Augen. Dieses zu einer Fratze entstellte Gesicht verfolgt mich. Ich sehe es, wenn ich in den Spiegel schaue, ich sehe es, wenn ich an einer Ampel kurz in Gedanken versinke.

Ich habe Angst vor der kommenden Nacht.

Daher bin ich mehr als dankbar, dass mich Carsten anruft und mich auf ein Bier abholen will. Die Kneipe ist gedämpft beleuchtet, das Gemurmel der Gäste begleitet unser Gespräch. Mein Kumpel und ich sitzen an einem der Tische, jeder mit einem Bier vor sich. Das Thema des heutigen 'Schwarzen Tages' auf der Intensivstation lässt mich nicht los. Er hört meinem Bericht bis zum Ende zu.

„Jan, das war echt heftig. Was passiert mit den Kindern?“ Mein Kumpel nippt an seinem Bier und sieht mich ernst an.

„Ja, wirklich. Drei Tote an einem Tag sind verdammt viel“, antworte ich und versuche, die bedrückende Stimmung zu umgehen. „Ich kann es dir nicht sagen. Verwandte oder das Jugendamt. Ich kenne den privaten Background der Familie nicht.“

„Darum müssen wir uns Gott sei Dank nicht kümmern, dafür gibt es andere Spezialisten.“

Ich hebe das Glas und wir stoßen an. „Und dann die Umzugsdiskussion mit Vanessa. Das belastet mich zusätzlich."

Ein paar Tische weiter höre ich eine Frau sagen: „Hast du gehört, was mit der Mutter passiert ist? So traurig.“

Ich kann nicht anders, als zuzuhören, während ich mein Bier in Gedanken betrachte. Das kann nicht sein. Sie kann nicht Frau Schneider meinen. Oder doch? Das Gespräch versinkt im allgemeinen Gemurmel und Gläserklirren der Wirtschaft. In mir brodelt eine Mischung aus

Schuldgefühlen und der Unsicherheit über die bevorstehenden Veränderungen in meinem Leben.

Mein Kumpel lenkt das Gespräch geschickt ab. „Übrigens, wie läuft es eigentlich mit deinem neuen Job in Delmenhorst? Bist du zufrieden?"

Ich zögere einen Moment, bevor ich antworte. „Ja, es ist okay. Es gibt ein paar Unterschiede zu Oldenburg, aber ich gewöhne mich langsam daran."

Mein Kumpel nimmt einen Schluck Bier und schaut mich an. „Hey, Jan, du wirkst heute echt abwesend. Alles in Ordnung?"

Ich seufze und überlege kurz, wie viel ich ihm von meiner wahren Gefühlslage erzählen soll. Schließlich entscheide ich mich für einen abgeschwächten Ausdruck. „Naja, der potentielle Umzug und die neue Station, das ist alles nicht so einfach. Und dann diese toten Patienten heute..."

Carsten greift meine Hand und drückt sie. „Klar, das ist heftig. Aber du kannst das nicht alles auf dich nehmen, Mann. Du bist nicht Gott", sagt mein Kumpel mit einem aufmunternden Lächeln.

„Ich weiß", erwidere ich und zwinge mich zu einem Lächeln. Aber ich spiele Gott, denke ich. „Vielleicht wird es ja besser, wenn wir erst mal in Delmenhorst angekommen sind."

Die Stunden in der Kneipe ziehen vorüber, und ich merke, wie der Alkohol meine Gedanken einhüllt und betäubt. Vanessa ruft an, um zu fragen, wann ich nach Hause komme. Ich versuche, meine Stimme aufzuhellen, bevor ich antworte. „Bin gleich da, Liebes. Nur noch ein Bier mit meinem Kumpel Carsten."

Nachdem ich aufgelegt habe, lehne ich mich zurück und starre ins Leere. Mein Kumpel schaut mich nachdenklich an. „Jan, du musst aufpassen. Das alles kann dich auffressen, verstehst du?“

Ich nicke, obwohl ich nicht sicher bin, ob ich wirklich verstehe. Der Gedanke, dass ich von einem Moment zum nächsten die Kontrolle über alles verlieren könnte, drängt sich hartnäckig in meine Gedanken.

Die Kneipe wird lauter, die Menschen um uns herum werden fröhlicher. Aber für mich fühlt es sich an, als ob sich eine dunkle Wolke über meinem Inneren zusammenzieht. Trotzdem stehe ich auf und verabschiede mich von meinem Kumpel. Der Heimweg liegt vor mir, und ich frage mich, ob ein Weg mich je aus diesem düsteren Labyrinth führen wird.

KAPITEL DREISSIG

Die Medikamentenbestellung wird momentan im Delmenhorster Klinikum auf Computer umgestellt. Nicht jeder im Kollegenkreis ist affin mit den neuen Medien, erst recht nicht mit den neuen Abläufen bei der Bestellung. Auf unserer Station sind die Medikamente im großen Raum gegenüber dem Arztzimmers gelagert und in Regale einsortiert. Daran befinden sich Schilder, die die Sollmenge angeben. Ist zu wenig da, kann jeder nachbestellen. Eine Überprüfung durch die Ärzte ist nicht vorgesehen. Die Medikamente sind mit Barcodes versehen, die über das EDV-Bestellsystem abgescannt werden. Nach Anschluss des Scanners an den Computer wird die Bestellung direkt an die Apotheke in Oldenburg abgesandt. Für mich sind diese Arbeiten mit moderner Technik kein Problem, andere drücken sich davor. Allerdings gibt es jetzt auch eine gewisse Kontrolle über die Medikamente, die ich für meine 'Hilfe' benötige, Xylocain, Cordarex, Kalium, Sotalex und natürlich auch Gilurytmal.

Aber zuerst fällt niemandem auf, dass sich der Verbrauch des Medikaments seit meiner Einstellung versiebenfacht hat. Dieser in die Höhe geschossene Verbrauch und die Bestellung von Gilurytmal fallen dann aber doch bei einer Zählung auf. Es wird vereinbart, dass nur noch Ärzte diese Bestellungen auslösen dürfen. Es gibt bald Ärger seitens der Mediziner, die ständig nach Unterschriften gefragt werden. Diese Anweisung wird kurzfristig wieder gekippt, aus dem Sondermedikament wird ein Standardmedikament gemacht. Für mich ein Segen, komme ich doch nun noch einfacher an meine Hilfsmittel heran.

* * *

In dieser Nacht herrscht Ruhe auf der Intensivstation. Das gedämpfte Licht gibt den Gängen eine geheimnisvolle Aura. Wieder habe ich mich auf dem Feldherrenhügel eingenistet. Die Kollegen haben der Kanzel diesen Spitznamen verpasst. Ich finde ihn passend. Ich sitze auf der Überwachungskanzel und lasse meinen Würfel in meinen Händen tanzen. Die Monitore um mich herum zeigen die Parameter der Patienten auf der Intensivstation. Es ist fast wie ein Spiel zwischen mir und dem Unbekannten, eine eigenartige Verbindung, die ich durch den Würfel zu spüren glaube.

Magda Müllers Akte liegt vor mir, und mein Würfel hüpft scheinbar zufällig darauf. Ein Lächeln schleicht sich auf mein Gesicht, während ich versuche, eine Art verborgene Verbindung zu dieser Frau herzustellen. Der Würfel wird erneut zu meinem Komplizen in dieser Welt des Lebens und Sterbens.

Fünf. Ungerade tötet.

Mein Herz pocht, als ich mich leise in das Zimmer von Frau Müller schleiche. Ihr Atem ist gleichmäßig, und die Monitore zeigen stabile Werte.

Vorsichtig ziehe ich eine Spritze aus meiner Tasche. Das Gilurytmal darin glänzt im gedimmten Licht. Mein Herzschlag wird schneller, als ich die Nadel behutsam in den Schlauch der Infusionsspritze einführe. Ein kleiner Widerstand, dann sitzt sie fest. Ich drücke den Kolben nach unten, während meine Augen ständig auf die Monitore gerichtet sind.

Die Zeit scheint stillzustehen. Ich spüre den Adrenalinkick, die Macht, die ich über das Leben meiner Patienten habe. Die Überwachungsgeräte reagieren auf die manipulierte Infusion, und ich kann meinen Triumph kaum verbergen. Die Minuten ziehen sich hin, jede Sekunde fühlt sich wie eine Ewigkeit an.

Plötzlich ein leises Piepsen. Der Monitor zeigt eine minimale Veränderung. Ich halte den Atem an. Das Gilurytmal entfaltet seine Wirkung. Ein Lächeln huscht über mein Gesicht, als die Werte sich stabilisieren. Eine erfolgreiche Manipulation mehr, ein weiterer Beweis meiner Macht über Leben und Tod.

Mit einem letzten prüfenden Blick verlasse ich das Zimmer, so lautlos wie ich gekommen bin. Der Flur liegt im Halbdunkel, und ich schleiche mich zurück in die Überwachungskanzel.

Das leise Piepsen, das immerwährend auf der Station zu vernehmen ist, wird zu einem schrillen Alarm, der die Stille der Nacht durchbricht. Das gedimmte Licht auf der Intensivstation wird durch das grelle Blitzen der Alarmleuchte über der Tür zu Frau Müllers Zimmer durchbrochen. Sofort reagieren meine Kollegen auf den Alarm. Der Klang von schnellen Schritten und sich öffnenden Türen erfüllt die Luft.

„Wo?“, ruft Doktor Jung.

„Müller, Zimmer acht“, antworte ich, doch dieses Mal halte ich mich bewusst zurück. Ich lasse den anderen den

Vortritt. Die Hektik steht im starken Kontrast zur vorherigen Ruhe. Unsere gemeinsame Aufgabe ist das Leben von Frau Müller retten.

Die Monitoranzeigen zeigen dramatische Veränderungen. Die Herzfrequenz schießt in die Höhe, und der Blutdruck sinkt bedrohlich. Die Atmung wird flacher, während das Team sich koordiniert und in Position bringt. Ein Pfleger übernimmt die manuelle Beatmung, während ein anderer die Herzdruckmassage beginnt.

Ich stehe bereit, die erforderlichen Medikamente in die Infusion zu leiten. Der Raum ist erfüllt von schnellen, präzisen Handlungen und dem Klang der Rettungsgeräte. Die Zeit wird zu einem unsichtbaren Feind, und die Verantwortung liegt schwer in der Luft.

Doktor Jung übernimmt die Führung, koordiniert die Maßnahmen, und alle kommunizieren klar miteinander. Der Puls meiner Patientin wird schwächer, und das Team intensiviert seine Bemühungen. Wir arbeiten synchron, jeder Handgriff sitzt, jede Entscheidung wird rasch getroffen.

Die Minuten ziehen sich hin, und doch vergeht die Zeit wie im Flug. Wir setzen alles daran, das bedrohte Leben zu bewahren. Die Geräte piepen weiterhin in einem nervenaufreibenden Rhythmus. Jede Sekunde zählt, und wir sind entschlossen, nicht aufzugeben.

Plötzlich, nach einem schier endlosen Moment, stabilisieren sich die Werte. Der Alarm wird abgestellt, die Herzfrequenz normalisiert sich, und der Blutdruck kehrt zurück in akzeptable Bereiche. Ein erleichterter Atemzug geht durch das Team, und der Raum füllt sich mit einem Gefühl der Erleichterung.

Die Rettungsmaßnahme war erfolgreich. Die alte Dame darf weiterleben. 50 Prozent für das Leben.

Mir ist das zu wenig

* * *

Sie sollen sterben.

Ich vertraue wieder einmal auf den Würfel.

Sie haben es nicht verdient weiterzuleben.

Die Stimme in mir regiert.

Du kannst machen, was du willst. Du weißt das.

Ich weiß es. Dennoch zögere ich. Die letzten zwei Wochen ist viel passiert. Der Würfel hat fast jede Nacht seinen Tribut gefordert. Weil ich tagsüber daheim nur Streit und Gemecker erfahren habe, musste ich mich abends abreagieren. Jeden Morgen stehen leere Betten auf dem Flur, wenn die Frühschicht eintrifft. Ich höre Gemurmel, dass verstummt, wenn ich auftauche, sehe ihre verstohlenen Blicke. Das alles kommt mir verdammt bekannt vor. Doch ich kann nichts tun.

Mein Kollege Fabian bleibt neben mir stehen, ich sehe die dampfende Tasse Tee in seiner Hand. „Auf wen tippst du denn heute?“, fragt er.

„Was meinst du?“

„Welcher Patient ist denn heute Nacht dran?“

Ich drehe mich zu ihm herum und schaue in sein grinsendes Gesicht. „Woher soll ich das denn wissen, Fabian?“, antworte ich und drehe mich wieder den Bildschirmen zu.

„Ich dachte, du bist doch so erfahren.“

„Bin ich, stimmt.“

„Deine Quote hat stark nachgelassen, als du hier angefangen hast, konntest du mehr Menschen das Leben retten.“

Fabian nimmt sich Zeit, seinen Tee zu genießen. Doch ich weiß, dass er auf eine Antwort brennt. „Hast du keine Lust mehr, oder nimmst du deinen Job nicht mehr ernst, Jan?“

Fabian ist erst seit einigen Wochen auf der Intensivstation beschäftigt. Wir klagen über Fachkräftemangel, besonders in den Nachtschichten. Nach der Suspendierung von Doktor Unger und dem Rauswurf von Ria erst recht. Daher ist er aus einer anderen Station zu uns gestoßen. Obwohl er über keine besonderen Fähigkeiten verfügt, hält er sich für super gut. Er erinnert mich in seiner Selbstgefälligkeit an Kevin. Doch Kevin war eine andere Liga, der war talentiert, konnte fast ebenso gut intubieren wie ich und seine Medizinkenntnisse waren ebenfalls herausragend. Fabian ist dagegen ein Stümper. Ein Maulheld.

„Wenn du deine ersten Reanimationen erfolgreich abgeschlossen hast, darfst du dich hinter mir anstellen. Bis dahin will ich von dir solche Sätze nicht hören, kapiert? Sonst treffen wir uns mal draußen irgendwo und dann stopfe ich dir dein vorlautes Maul, du Spinner. Und jetzt geh Bettpfannen auslecken, zu mehr taugst du nicht.“

Fabian schluckt. Ich sehe die Unsicherheit in seinen Augen. Dann nimmt er einen Meter Abstand zu mir. „Ich würde an deiner Stelle den Mund nicht zu voll nehmen, Jan.“

Ich seufze theatralisch und sage, ohne ihn anzuschauen: „Jeder hat seine eigene Art, die Dinge zu regeln. Du wirst sehen, wie es hier läuft.“

* * *

Ich werfe einen Blick auf die Uhr auf dem Monitor. Es ist schon halb zwei. Wie konnte ich die Zeit nur so vergessen?

Nach dem Streit mit Fabian hat der sich verdrückt. Nur einmal habe ich ihn gesehen, als er aus einem Patientenzimmer herauskam und in ein anders hineinging. Ich weiß, dass die anderen Kollegen ähnlich denken, keiner kann ihn richtig leiden. Jetzt brauche ich Bewegung. Wie gerufen kommt Schwester Karin vorbei. „Kannst du mich bitte hier ablösen? Ich muss für kleine Königstiger", sage ich und warte ihre Antwort gar nicht erst ab. Ich schlüpfe auf die Toilette, von dort direkt rüber in den Personalraum. Im Spind liegen ein paar Ampullen Gilurytmal bereit. Ich stecke sie eilig in die Kitteltasche. Ich habe keine Zeit sie noch erst aufzuziehen.

Am Feldherrenhügel schleiche ich mich unbemerkt vorbei. Karin ist auf ihr Handy konzentriert. Ich betrete das Zimmer von Herrn Schmidt, einem älteren Herrn mit diffusen Herzproblemen. Diskret überprüfe ich die Infusionsbeutel und wechsle sie aus, um einen Grund für mein Hiersein zu haben. Mit geübten Händen ziehe ich eine Spritze auf, injiziere die manipulierte Substanz und entsorge dann die Ampulle mitsamt der Spritze im Abwurfbehälter. Als ich mich umdrehe, um das Zimmer zu verlassen, taucht Fabian auf dem Flur auf. Schnell verstecke ich meine Hände hinter meinem Rücken und versuche, möglichst unauffällig zu wirken. Ich atme erleichtert auf, als Fabian weitergeht. Jetzt noch den Alarm für eine Minute ausstellen. Passt. Ich bin schon wieder bei Karin und verwickele sie in ein Gespräch, als der Alarm losschrillt.

Da bin ich wieder in meinem Element. Gebe vor, auf der Seite des Guten zu stehen, weise meine Kollegen zurecht, vor allem Fabian, der sich auch noch ungeschickt anstellt. „Fabian, gehen Sie und versuchen in einem anderen Zimmer keinen Schaden anzurichten", weist ihn der Arzt zurecht. In Fabians Augen blitzt kurz Wut auf, doch er schluckt den Ärger herunter. So professionell ist er immerhin.

Was will ich mehr? Doch das zufriedene Grinsen verkneife ich mir. Immerhin habe ich alle Mühe, den Brustkorb des Mannes mit meinen kräftigen Händen zu bearbeiten. Vergebens. Der Patient verstirbt trotz Einsatzes der Sonde. Wieder einmal durfte ich diese spezielle Behandlungsmethode anwenden. Dabei werde ich immer sicherer.

„Sie haben das mittlerweile echt gut raus, Herr Becker", höre ich vom Arzt, als wir den Flur entlang in Richtung Feldherrenhügel gehen. Fabian steht oben bei Karin. „Fabian, Sie können im Zimmer aufräumen", ruft ihm der Doktor zu. Dann senkt er die Stimme: „Da kann er wenigstens keinen Scheiß bauen."

Er schüttelt den Kopf, klopft mir auf die Schulter und geht in sein Zimmer. Jeder Todesfall muss zeitnah dokumentiert werden. So lautet die Vorgabe der Klinikleitung.

Ich melde mich zur Zigarettenpause ab und verlasse die Intensivstation.

KAPITEL EINUNDDREISSIG

Fabian ist zutiefst empört, als er den Raum betritt, weil er sich von Jan und dem Arzt ungerecht behandelt fühlt. Die Demütigung, auch noch den Raum aufräumen zu müssen, verschärft seine Wut. Dennoch geht er äußerst gründlich vor, um seine Pflichten gewissenhaft zu erfüllen. Als er den Spritzenabwurfbehälter inspiziert, stößt er auf zwei Ampullen Gilurytmal, die dort definitiv nicht hingehören. Wie es der Name sagt, gehören in den Behälter nur Spritzen. Ein Gefühl der Beklemmung überkommt ihn, während er die Ampullen mit einer Kornzange herausfischt und die Beschriftung kontrolliert. Sind sie vielleicht abgelaufen? Aber selbst dann gehören sie nicht in den Behälter. Das Verfallsdatum ist noch lange nicht erreicht. Mit Handschuhen steckt er sie in einen sterilen Beutel. Die Frage, wie sie dorthin gelangt sind, nagt an ihm, als er sie in seine Kitteltasche steckt und später in seinen Spind bringt. Für ihn kann es nur einer getan haben: Jan Becker.

In Gedanken versunken beschließt Fabian, den brisanten Fund am nächsten Morgen der stellvertretenden

Stationsleiterin zu übergeben. Sein Entschluss steht fest: Hier stimmt etwas nicht, und er ist entschlossen, der Sache auf den Grund zu gehen.

* * *

Fabian wartet geduldig, bis die stellvertretende Stationsleiterin, Astrid Wehrhoff, zum Frühdienst erscheint. Er sucht sofort das Gespräch und drängt sie in den Umkleideraum, wo sie unbeobachtet sind. Mit ernstem Gesicht zeigt er ihr den sterilen Beutel, in dem er die beiden Ampullen Gilurytmal verstaut hat.

„Frau Wehrhoff, ich muss Ihnen etwas Wichtiges zeigen", beginnt Fabian, seine Stimme ernst und bestimmt. „Ich habe diese beiden Ampullen aus dem Abwurfbehälter im Zimmer des verstorbenen Patienten gefischt. Sie sind weder abgelaufen noch kann ich einen Grund erkennen, warum dieses Medikament eingesetzt worden sein könnte. Es wurde auch nicht verordnet."

Astrid Wehrhoff nimmt den Beutel entgegen und betrachtet die Ampullen mit nachdenklicher Miene. „Das ist in der Tat höchst ungewöhnlich", murmelt sie, während sie die Etiketten auf den Ampullen studiert. „Ich danke Ihnen, Fabian, dass Sie das so schnell gemeldet haben. Ich werde mich persönlich darum kümmern und die Angelegenheit untersuchen."

Fabian nickt entschlossen. „Ich wollte nur sicherstellen, dass dieser Fund nicht unbeachtet bleibt. Es scheint mir äußerst merkwürdig zu sein."

„Ich verstehe", erwidert Astrid, „und ich werde alles daransetzen, Licht ins Dunkel zu bringen. Vielen Dank für Ihre Aufmerksamkeit, Fabian. Ich halte Sie auf dem Laufenden."

Mit einem dankbaren Nicken verlässt Fabian den

Umkleideraum, erleichtert darüber, dass er die Angelegenheit gemeldet hat. Doch zugleich bleibt ihm ein nagendes Gefühl der Sorge, und er hofft inständig, dass Astrid Wehrhoff der Sache gründlich nachgehen wird.

* * *

Astrid Wehrhoff betrachtet die Ampullen in ihren Händen mit einem Ausdruck nachdenklicher Entschlossenheit. Sie weiß, dass dies kein gewöhnlicher Fund ist und dass sie handeln muss. Zunächst entscheidet sie sich jedoch dafür, die Ampullen sicher in ihrem Spind zu verwahren, um sicherzustellen, dass sie ordnungsgemäß aufbewahrt werden und keine Spuren verloren gehen.

Doch ihre Neugierde lässt sie nicht lange ruhen. Schließlich siegt der Drang, schnellstmöglich zu handeln und die vermeintlichen Beweismittel an ihren Vorgesetzten, den Leiter der Intensivstation, weiterzugeben. Mit einem entschlossenen Gesichtsausdruck und einem klaren Ziel vor Augen macht sie sich auf den Weg zu dessen Büro.

Als sie den Leiter der Intensivstation erreicht, drückt sie ihm die Ampullen in die Hand und erklärt die Situation knapp und präzise. „Herr Dr. Müller, wir haben diese Ampullen in einem Zimmer gefunden, in dem kurz zuvor jemand verstorben ist. Das Medikament Gilurytmal wurde nicht ärztlich verordnet“, informiert sie ihn. Der leitende Mediziner blickt auf den Beutel, dann missbilligend auf seine Untergebene.

„Echt jetzt? Sie wollen aus zwei Ampullen Gilurytmal einen Mord konstruieren? Haben Sie zu viele Krimis gelesen? Die kann ein Kollege versehentlich dort reingeworfen haben. So etwas ist mir auch schon im Stressmoment passiert. Werfen Sie den Mist in den Müll und vergessen Sie das Ganze!“

Enttäuschung und Unverständnis ziehen sich wie ein Schleier über Astrid Wehrhoffs Gesicht, als sie die unerwartete Reaktion von Dr. Müller vernimmt. Sie hatte gehofft, dass ihr Vorgesetzter genauso entschlossen sein würde wie sie, die Angelegenheit aufzuklären und die Sicherheit der Patienten zu gewährleisten.

Doch Dr. Müllers Worte treffen sie unerwartet hart. Seine Bestimmtheit, die Ampullen verschwinden zu lassen, stößt auf Widerstand in ihr. „Aber Herr Dr. Müller, das ist doch nicht richtig. Wir müssen herausfinden, wie diese Ampullen in das Zimmer gelangt sind und ob sie mit dem Tod des Patienten in Verbindung stehen", argumentiert sie vehement.

Doch Müller bleibt ungerührt. Seine Autorität ist deutlich spürbar, als er sie eindringlich ermahnt. „Überschreiten Sie jetzt nicht Ihre Kompetenzen, Frau Wehrhoff. Ich trage die Verantwortung für diese Station, und ich entscheide, was in solchen Situationen zu tun ist. Lassen Sie das verschwinden!"

Astrid fühlt sich hilflos und frustriert angesichts der klaren Ablehnung ihres Vorgesetzten. Sie weiß, dass sie sich nicht weiter gegen seine Anweisungen auflehnen kann, ohne ihre Position zu gefährden. Dennoch nagt das Gefühl der Unzufriedenheit an ihr, als sie sich resigniert zurückzieht. Als Fabian sie darauf anspricht, schickt sie ihn weg. Das Ganze sei doch nur sein Versuch, sich wichtig zumachen.

* * *

Nach der Frühbesprechung am darauffolgenden Tag tritt Karin an mich heran. „Hast du einen Moment?", sagt sie und zieht mich in eine unbeobachtete Ecke. Sie berichtet mir über einen Vorfall, den Fabian angeleiert hat. „Stell dir mal vor, Jan, der Fabian hat irgendwoher leere Ampullen gefischt und ist damit zur Stationsleitung gerannt, wollte einen Mordversuch konstruieren."

Der Bericht von Karin über den Vorfall mit Fabian lässt mich aufhorchen. Ein unbehagliches Gefühl kriecht in mir hoch, als ich mir bewusst werde, dass ich einen Feind in den eigenen Reihen habe, der mir nachstellt. Fabians Aktion ist nicht nur unkollegial, sondern könnte auch meine Pläne gefährden.

Ich weiß, dass ich gegenüber Karin Ruhe bewahren muss, also lächle ich sie freundlich an und gebe vor, überrascht zu sein. „Das ist ja interessant", antworte ich mit einem gelassenen Tonfall. „Hast du irgendeine Ahnung, warum er das gemacht hat?"

Innerlich brodelt es in mir, während ich versuche, meine Besorgnis zu verbergen.

Karin zuckt mit den Schultern und schüttelt den Kopf. „Keine Ahnung. Vielleicht hat er irgendetwas falsch interpretiert oder sich über irgendetwas geärgert. Aber ich finde es trotzdem nicht in Ordnung, dass er so etwas in die Wege leitet, ohne mit den betroffenen Kollegen zu sprechen."

Ich nicke zustimmend, während ich meinen Gedanken nachhänge, wie ich mit dieser neuen Entwicklung umgehen soll. Fabian ist eine Bedrohung, die ich nicht ignorieren kann, und ich muss vorsichtig vorgehen, um meine Pläne zu schützen.

„Ich denke, dass er sich wegen der gestrigen Geschehnisse während der Reanimation rächen wollte. Ich habe ihn ziemlich auflaufen lassen, weil er Mist gebaut hat. Er wurde dann vom Doc aus dem Patientenzimmer geschickt und musste später dort aufräumen. Das dürfte ihm quergegangen sein", rate ich ins Blaue hinein. Karin nickt. Das Thema ist durch und wir gehen unserer Arbeit nach.

Fabian legt es auf Konfrontation an. Dabei bin ich sicher, dass er die beiden Ampullen gefunden hat, die ich in den Abwurfbehälter geworfen habe. Diese Nachlässigkeit wäre mir beinahe zum Verhängnis geworden. Die kleine Ratte. Ich muss mich wohl um ihn kümmern.

* * *

Die Niederlage nagt schwer an Fabians Ego. Er war fest überzeugt, dass die stellvertretende Stationsleiterin in seinem Sinne agieren würde. Doch der Frau war das Hemd näher als die Hose. Was genau im Büro des Leiters gesprochen worden war, wusste er nicht. Doch schien es dem Chef egal zu sein, dass hier etwas nicht stimmte. Also musste er weitere Beweise finden. Je früher, desto besser.

Fabian spürt, wie sich die Anspannung in seinem Körper aufbaut, als er Jan an diesem Abend beobachtet. Der sonst so ruhige Pfleger scheint heute nervöser als üblich zu sein. Fabian kann nicht anders, als sich zu fragen, was Jan vorhat.

Als Jan sich unauffällig in Richtung der Medikamentenzimmers bewegt, beschließt Fabian, ihm diskret zu folgen. Er kann nicht genau sagen, warum er plötzlich ein so ungutes Gefühl hat, aber sein Instinkt sagt ihm, dass hier etwas nicht stimmt.

Jan greift nach einer Ampulle und hält sie einen Moment lang in der Hand, bevor er sie schnell in seine Kitteltasche steckt. Was er da genau gegriffen hat, kann er nicht sehen. Aber er merkt sich die Etage und die ungefähre Position des Medikaments. Fabian beobachtet alles aus dem Schatten heraus und kann seinen Augen kaum trauen. Was hat Jan vor?

Als Jan sich umdreht, um den Raum zu verlassen, presst Fabian sich gegen die Wand, um nicht entdeckt zu werden. Er spürt, wie sein Herz schneller schlägt, als Jan den Raum verlässt. Fabian wartet einen Moment, bevor er ihm folgt, bereit, jede Bewegung genau zu beobachten.

Plötzlich hört Fabian Stimmen von den anderen Pflegern, die sich nähern. Er duckt sich schnell hinter einer Ecke und lauscht gespannt. Die Pfleger sprechen über einen unerklärlichen Medikamentenverlust und erwähnen Jan's Namen.

Fabian erstarrt. Hat Jan etwas mit den verschwundenen Medikamenten zu tun? Ein Schauer läuft ihm über den Rücken, als er an die möglichen Konsequenzen denkt. Er weiß, dass er handeln muss, bevor es zu spät ist.

* * *

Die Dunkelheit der nächtlichen Station schützt mich, als ich mich durch die Gänge bewege. Meine Schritte sind leise, aber mein Herz schlägt laut vor Aufregung. Heute ist der Tag gekommen, an dem ich meinen Plan in die Tat umsetze.

Als ich mich dem Medikamentenraum nähere, spüre ich einen Adrenalinschub durch meinen Körper rasen. Meine Hände zittern leicht, als ich nach der Ampulle greife. Ich weiß, dass es riskant ist, aber ich habe keine andere Wahl.

Ein flüchtiges Lächeln huscht über mein Gesicht, als ich die Ampulle in meine Tasche stecke. Es ist ein kleiner Schritt auf meinem Weg, aber er wird sich auszahlen. Ich werde meinem Feind zeigen, dass ich nicht zu unterschätzen bin.

Als ich mich umdrehe, um den Raum zu verlassen, spüre ich plötzlich einen eisigen Schauer über meinen Rücken laufen. Hat mich jemand beobachtet? Ich halte inne und lausche angestrengt, aber es ist nichts als Stille zu hören.

Entschlossen setze ich meinen Weg fort und verlasse den Raum. Doch ein unangenehmes Gefühl nagt an mir. Habe ich einen Fehler gemacht? Nein, ich kann es mir nicht leisten, Zweifel zuzulassen. Ich muss weitermachen, koste es, was es wolle.

KAPITEL ZWEIUNDDREISSIG

Ich sitze auf dem Feldherrenhügel, nicht alleine, wie ich es gerne hätte, sondern Ulrike sitzt neben mir. Lustlos starre ich auf die Bildschirme. Wann haut sie endlich ab? Hat sie nichts zu tun? Wie aus dem Nichts taucht plötzlich Fabian auf, doch nicht nur er, zwei weitere Kollegen sind dabei. Ihre Blicke beunruhigen mich, stumm und anklagend.

Mein Herz klopft bis in die Haarspitzen, als Fabian mich mit einem Vorwurf konfrontiert. Er tritt nahe an mich heran, vergewissert sich erst der Unterstützung der anderen, bevor er spricht.

„Ich habe dich eben beobachtet, Jan. Du hast ein Medikament aus dem Schrank genommen und in deine Kitteltasche gesteckt. Um welches Medikament handelt es sich?"

Hatte ich also recht. Der kleine Arsch hat mich beobachtet. Ich könnte leugnen, ihn verarschen. Doch das wäre unklug. Jetzt ist Kooperation angesagt. Ich spüre den Blick der anderen Kollegen auf mir, während ich in die Tasche greife und ihnen das Medikament zeige. Es ist nicht das

Gilurytmal, das Fabian erwartet hat, sondern ein anderes Medikament. Eine Ampulle Midazolam.

Fabian schaut mich skeptisch an und fragt direkt: „Ein Sedativum? Was hast du damit vor, Jan?“

Ich halte seinen Blick aus und erwidere ruhig: „Das geht dich nichts an, Fabian.“

Ein Raunen geht durch die Gruppe der Kollegen, und ich fühle den Druck, eine Erklärung abzugeben. Doch ich lasse mich nicht aus der Ruhe bringen. Es ist besser, nichts zu sagen, als sich in Widersprüche zu verwickeln.

Fabian lässt nicht locker. „Das glaubst du doch wohl selbst nicht, Jan. Was zum Teufel hast du vor?“

Ich bleibe beharrlich. „Das geht dich nichts an, Fabian“, wiederhole ich und schließe meine Kitteltasche.

Die Spannung in der Luft ist förmlich greifbar, während Fabian und ich uns weiter anstarren. Mein Plan war, ihm einen Teil des Sedativums in sein Getränk zu mischen. Das wäre nicht gefährlich für ihn, Midazolam wird vor Operationen in der Anästhesie eingesetzt. Aus Oldenburg bringe ich einschlägige Erfahrungen diesbezüglich mit. Er wäre sanft eingeschlafen und ich hätte ihn publikumswirksam geweckt. Der Plan war grandios gescheitert. Stattdessen stehe ich jetzt selber am Pranger.

„Du hast ein Sedativum aus der Apotheke entwendet und willst uns nicht sagen, was du damit vorhattest?“, fragt mich nun Ulrike. In ihren Augen sehe ich denselben Zweifel aufkeimen wie bei den anderen beiden Kollegen auch.

Diese Kollegen mischen sich nun ebenfalls ein, und die Spannung steigt weiter an. Einer versucht zu vermitteln, während der andere seine Verwirrung und Besorgnis zum Ausdruck bringt. Fabian hetzt hingegen weiter gegen mich.

„Hey, Leute, lasst uns das nicht hier klären“, schlägt

Ulrike vor. „Wir sollten das dem verantwortlichen Arzt melden und ihn entscheiden lassen, was zu tun ist."

Als wir an Doktor Jungs Tür klopfen, spüre ich die Anspannung in der Luft. Der Arzt sieht uns erwartungsvoll an, und ich kann Fabians Nervosität förmlich spüren, als er mit der Erklärung beginnt.

„Dr. Jung, wir haben ein Problem", beginnt Fabian zögerlich. „Seit Tagen kommen Medikamente weg und heute habe ich Herrn Becker dabei beobachtet, wie er ein Sedativum aus der Medikamentenschublade genommen hat. Er hat es noch immer in seiner Kitteltasche."

Dr. Jung runzelt die Stirn und richtet seinen Blick auf mich. Ich nicke zustimmend. „Jan, warum hast du das Sedativum genommen?", fragt er direkt.

Ich schweige und senke den Blick. Ich weiß, dass jede Antwort, die ich gebe, gegen mich verwendet werden könnte. Aber bevor ich etwas sagen kann, springt Fabian ein und berichtet von den Ampullen. „Ich habe vor ein paar Tagen zwei leere Ampullen mit Gilurytmal im Zimmer einer verstorbenen Patientin gefunden. Astrid Wehrhoff weiß darüber Bescheid."

Dr. Jung überlegt einen Moment und sagt dann: „Ich werde keine Entscheidung treffen. Ich werde diesen Vorfall morgen früh Astrid Wehrhoff melden. Sie wird darüber entscheiden, wie weiter vorgegangen wird."

Ich nicke stumm, während sich die Gewissheit in mir festigt, dass ich in große Schwierigkeiten geraten bin. Meine Rachegelüste haben mich an den Rand des Rauswurfs gebracht.

* * *

Die Schicht zieht sich endlos in die Länge, keine Notfälle, keine Gespräche. Es fühlt sich an, als sei die ganze Station in eine Art Schockstarre gefallen. Am nächsten Morgen treffen Fabian und ich uns mit Astrid Wehrhoff, nachdem Dr. Jung bereits mit ihr gesprochen hat. Als sie uns hereinbittet, spüre ich die Anspannung in dem kahlen Raum. Astrid Wehrhoff sieht uns ernst an, und ich kann die Sorge in ihren Augen erkennen.

„Jan, Fabian, bitte setzen Sie sich", sagt sie mit ruhiger Stimme. Wir nehmen auf den Stühlen vor ihrem Schreibtisch Platz, und ich spüre, wie sich mein Magen zusammenzieht.

„Dr. Unger hat mir von dem Vorfall berichtet", beginnt Astrid Wehrhoff. „Er hat mir erzählt, dass Sie, Jan, ein Sedativum aus der Medikamentenschublade genommen haben. Was war der Grund dafür?"

Ich schlucke schwer und senke den Blick. Wie soll ich ihr erklären, dass ich das Sedativum genommen habe, um es Fabian 'unterzujubeln'? Ich kann und will das nicht zugeben. Wer so leichtfertig mit Medikamenten umgeht, hat auf einer Intensivstation nichts zu suchen.

„Jan, ich muss Sie dringend bitten, mir die Wahrheit zu sagen", sagt Astrid Wehrhoff mit Nachdruck. „Es geht hier um die Sicherheit unserer Patienten und das Vertrauen in unsere Pflegekräfte."

Ich spüre, wie sich der Druck auf mich erhöht, aber ich kann nicht anders, als zu schweigen. Mein Schweigen spricht Bände, aber ich kann nicht riskieren, mich in noch größere Schwierigkeiten zu bringen.

„Jan, ich verstehe Ihre Situation, aber ich kann Ihnen nur helfen, wenn Sie offen mit mir sprechen", sagt Astrid Wehrhoff einfühlsam.

Ich schlucke erneut und ringe innerlich mit mir. Ich könnte sie anlügen, ihr sagen, ich würde das Medikament für meinen Vater benötigen, der nicht schlafen kann. Doch da gäbe es andere Mittel und Wege. Diese Lüge würde mir auf die Füße fallen. Letztendlich kann ich nicht anders, als stumm zu bleiben. Die Worte bleiben mir im Hals stecken, und ich weiß, dass ich nun die Konsequenzen tragen muss.

* * *

Die Stimmung auf der Station ist düster und geladen, als ich an einem Morgen zur Arbeit komme. Der Verdacht gegen mich liegt schwer in der Luft, und ich spüre die skeptischen Blicke meiner Kollegen auf mir ruhen. Fabian hat die Geschichte mit dem Midazolam mittlerweile jedem erzählt, der ihm zuhört, und auch die Sache mit den Gilurytmal-Ampullen macht die Runde. Es verbreitet sich wie ein Lauffeuer, und ich kann förmlich die Gerüchte in den Gängen flüstern hören.

Als ich an den leeren Betten auf dem Flur vorbeigehe, höre ich die leisen Gespräche meiner Kollegen. „Oh, was ist passiert? Ist Jan wieder da?"

Die Worte treffen mich wie ein Schlag ins Gesicht, und ich kann den bitteren Geschmack der Verleumdung in meinem Mund spüren.

Ich fühle mich isoliert und unverstanden, und der Gedanke daran, dass meine Kollegen mich für gefährlich halten, lässt mich verzweifeln. Ich habe das Vertrauen meiner Mitmenschen verloren, und nun stehe ich alleine da, umgeben von Misstrauen und Verdächtigungen. Ich erinnere mich an die letzten Tage in Oldenburg. Da fühlte ich mich genauso aussortiert.

* * *

An einem grauen Morgen im April, als ich zur Arbeit gehe, schlägt mir die bittere Realität ins Gesicht. Ich werde von der Kollegin ins Zimmer der stellvertretenden Stationsärztin geschickt. Dort erfahre ich, dass die Ärzte mich ausgeschlossen haben.

„Herr Becker, es tut mir leid, aber ich muss Ihnen mitteilen, dass Sie nicht mehr reanimieren dürfen."

Sie sagt das ohne große Emotionen, ich erkenne auch kein Bedauern. „Sie sagen mir das einfach so? Wie kann das sein?"

„Herr Becker, denken Sie nach. Erst die Sache mit den Ampullen, dann der Ausraster mit dem Kollegen Fabian, dann stehlen Sie ein Medikament. Wie soll man Ihnen gegenüber denn noch Vertrauen haben?"

„Sie sprechen von Vertrauen? Man will mich wegmobben, weil jemand etwas gegen mich hat. Und da darf ich mich nicht einmal wehren?"

„Sie habe natürlich die Möglichkeit, den Betriebsrat einzuschalten, das steht Ihnen offen. Der Ausschluss ist auch zeitlich begrenzt, vielleicht hebt der Chefarzt diesen auch bald wieder auf."

Ich stoße einen bitteren Laut aus und lasse sie einfach auf ihrem Stuhl hinter ihrem kahlen Schreibtisch in ihrem unpersönlichen Büro sitzen. Draußen atme ich durch die Nase ein und geräuschvoll durch den Mund wieder aus.

Ich bin nicht mehr Teil der Reanimationsmannschaft. Ein kalter Schauer durchläuft meinen Körper, als ich die Konsequenzen dieser Entscheidung des Chefarztes der Intensivabteilung begreife. Wenn ich nicht mehr reanimieren darf, brauche ich auch nicht mehr manipulieren. Es wäre sinnlos. Aber ist es das nicht ohnehin bereits?

Ich betrete die Station mit schweren Schritten, mein Herz ist schwer vor Enttäuschung und Demütigung. Die Blicke meiner Kollegen sagen mehr als tausend Worte. Einige schenken mir mitleidige Blicke, andere wenden sich ab, als ich vorbeigehe. Ich spüre den Schmerz des

Ausschlusses, wie eine tiefe Wunde, die mich innerlich zerreißt.

Ich gehe in den Umkleideraum und hole mein Handy hervor, Vanessa muss von der Sache erfahren. „Schatz, stell dir vor, ich bin raus aus dem Reanimationsteam, ich soll nur noch normalen Pflegedienst absolvieren“, überfalle ich sie. Nach einem Schockmoment versucht sie, mich zu trösten. „Das ist doch lächerlich, Jan. Du bist ein großartiger Pfleger. Lass dich von dieser Ungerechtigkeit nicht unterkriegen.“

Aber ihre Worte können den Stich des Verrats, den ich von meinen Kollegen fühle, nicht lindern. Niemand nimmt Notiz von mir, keiner überträgt mir eine Aufgabe.

Als ein Alarm losgeht, steigt mein Puls für einige Sekunden, doch ich nehme meine gewohnte Arbeit nicht auf, jemand anderes schnappt sich den Notfallwagen, eilt davon. Ich folge ihm wie ein Zombie, sehe meinen Platz am Krankenbett von einem anderen Kollegen besetzt. Seine Hände sind dort, wo einst meine waren, während andere um das Leben der Patienten kämpfen. Ein leises Gefühl der Hilflosigkeit überkommt mich, als ich erkenne, dass ich nicht mehr gebraucht werde.

Ich stehe an der Seite und beobachte, wie das Leben weitergeht, ohne mich. Die Gespräche meiner Kollegen sind gedämpft, als ob sie nicht mehr zu mir durchdringen. Doch ihre Blicke sprechen Bände, voller Bedauern und vielleicht sogar Dankbarkeit, dass sie nun ohne mich auskommen müssen.

Ich stehe am Rand des Geschehens, ein Zuschauer in meinem eigenen Albtraum. Schließlich ziehe ich geräuschvoll einen Patientenstuhl heran, setze ich mich darauf

„It's a long way to Tipperary, it's a long way from home,“ singe ich leise vor mich hin, meine Stimme bricht durch die Stille des Krankenzimmers. Es ist ein bitterer

Spott, ein Ausdruck meiner Verzweiflung und meines Zorns. Ich fühle mich wie ein Fremder in meiner eigenen Welt, ein Ausgestoßener, der nicht mehr dazugehört.

Die Kollegin neben mir, die den Patienten reanimiert, schaut mich mit einem Ausdruck der Verwunderung an.

„Du bereitest mir eine Gänsehaut, Jan“, sagt sie leise, aber ich kann ihren Worten keinen Glauben schenken. Was für eine Ironie, dass ausgerechnet ich, der ausgestoßene Pfleger, jetzt bewundert werde für meine Unfähigkeit zu handeln.

Ich lache bitter auf, ein hohles und trostloses Lachen, das von meiner inneren Leere kündet. Es ist lächerlich, dass ausgerechnet jetzt, in meinem tiefsten Tiefpunkt, jemand in mir etwas Bewundernswertes sieht. Aber ich bin zu verbittert, um ihr dafür dankbar zu sein. Vielleicht verstehe ich das auch alles nur noch falsch.

KAPITEL DREIUNDDREISSIG

Das Datum brennt sich in mein Gedächtnis wie ein Brandmal. Der 22. Juni 2003. Ein Tag, der mein Leben für immer verändern wird. Die Sonne scheint hell durch das Fenster des Krankenzimmers, doch in mir ist es dunkel, düster, wie ein Sturm, der sich über mir zusammenbraut.

Ich bin mir bewusst, dass ich unter ständiger Beobachtung stehe, dass meine Schritte von meinen Kollegen verfolgt werden wie die eines Gejagten. Aber in diesem Moment ist mir das egal. Ich kann nicht anders, ich muss handeln, so wie es mein innerer Dämon von mir verlangt.

Der Würfel rollt über das abgewetzte Holz. Mit Schwung. Über die auf dem Tresen des Feldherrenhügels liegenden Patientenakten. Ich verberge ihn nicht mehr. Wozu auch? Niemand kennt seine wahre Bedeutung. Die kenne nur ich. Er stößt gegen den Topf mit der vertrockneten Pflanze, die seit Wochen ohne Wasser dort steht. Wir sind uns ähnlich. Ich bekomme auch keine Zuwendung mehr. Ein Lächeln huscht über mein Gesicht, als ich den Würfel betrachte.

Ungerade tötet. Eine drei.

Ohne großes Aufsehen entferne ich mich, hole mir mein Gilurytmal, ziehe die Spritze auf und mache mich auf den Weg. Ich beobachte, wie Karin und ein Praktikant in Dieter Müllers Zimmer verschwinden, offenbar zeigt sie ihm etwas. Ich gehe in den Raum nebenan und warte, bis sie gegangen sind. Dann schleiche ich mich rüber. Die Spritze liegt schwer in meiner Hand, ein Instrument der Manipulation, das ich beherrsche wie kein anderer. Ich spüre das Pochen meines Herzens, das wild gegen meine Brust hämmert, während ich mich dem Bett eines Patienten nähere, bereit, mein dunkles Werk zu vollbringen.

Neben dem Krankenbett steht der Perfusor, eine Infusionspumpe. Müller erhält darüber 7 Milliliter Arterenol, das seinen Blutdruck stabil halten soll. Ich drehe ihn auf null. Sofort geht der Alarm los, ich stelle ihn ab.

Doch dann geschieht das Unerwartete. Eine Tür knarrt, ein schneller Schritt nähert sich, und plötzlich steht sie da, wie eine Erscheinung aus meinen schlimmsten Albträumen. Meine Kollegin Karin, mit einem Ausdruck auf dem Gesicht, der mir sagt, dass sie alles gesehen hat.

Meine Hand zittert, die Spritze fällt beinahe zu Boden, als ich sie rasch hinter meinem Rücken verberge. Ich kann ihr nicht in die Augen sehen, ich kann das Urteil darin lesen, bevor sie auch nur ein Wort gesprochen hat. Die Stille in diesem Moment ist ohrenbetäubend, während meine Gedanken wie wild umherirren, auf der Suche nach einer Ausflucht, nach einer Erklärung, die es nicht gibt.

Ich spüre die Blicke meiner Kollegin auf mir ruhen, spüre den Schweiß auf meiner Stirn, die Hitze in meinem Inneren, als ich mich gezwungen sehe, das Unausweichliche zu akzeptieren. Mein Herz schlägt einen verzweifelten Takt, während ich dem Blick der Wahrheit ins Angesicht trete und mir eingestehen muss, dass meine dunkle Seite mich wieder einmal überwunden hat. Dass sie sofort das Kommando übernimmt, bekomme ich nur wie in einem weißen Rauschen mit. „Was hast du gespritzt, Jan?"

Ich antworte nicht. „Hast du was gespritzt?"

„Nichts."

„Der Perfusor steht auf null. Hast du den ausgestellt?"

„Nein. Glaubst du, ich habe den Perfusor ausgemacht? Es hört sich so an!"

Ich schüttele entsetzt den Kopf.

„Wer denn? Du musst das getan haben. Eben war er noch an."

„Nein, ich habe nur die Kanüle überprüft", schaffe ich noch zu sagen. Dann renne ich aus dem Zimmer, pralle gegen Kollegen, die herbeieilen.

„Jan, was ist los?", fragt mich einer. Ohne Antwort renne ich weiter, stoppe erst auf Toilette, wo ich darauf warte, dass mich jemand dort wegholt.

Warte auf die Polizei.

Doch nichts passiert.

* * *

Karin hat mich erwischt. Das war Mittwoch. Bisher ist nichts geschehen. Keine Gespräche, kein Besuch der Polizei. Nur Dauerzoff mit Vanessa. Hatte sie zuerst noch Verständnis für mich, bombardierte sie mich schon am Abend mit Vorwürfen und Ängsten. Baby und kein Job – für sie eine Katastrophe wie der Ausbruch des Dritten Weltkriegs. Ich sitze da und halte mir ab einer gewissen Zeit nur noch die Ohren zu. Abschalten. Alles ist gegen mich. Tief in mir weiß ich allerdings, dass ich alleine daran die Schuld trage. Oder ist es der Würfel?

Ich war gerade einmal ein paar Stunden daheim,

brauche Ruhe. Trotzdem bin ich an diesem Morgen schon früh aus dem Haus, noch bevor sich die morgendlichen Nebelschwaden gelichtet hatten, war ich schon in Delmenhorst. Aber nicht an der Klinik. Ich treibe mich in der Innenstadt rum. Normalität. Ich sehne mich nach Normalität. Die habe ich nicht. Schon Jahre nicht mehr. Nur Arbeit, Stress, Manipulationen und Lügen. Jede Menge Lügen. Mein ganzes Leben ist eine Lüge. Ich lebe mit Vanessa zusammen und wir haben ein Kind – was ich überhaupt nicht will. Ich arbeite als Pfleger, bin für das Wohlergehen meiner Patienten verantwortlich – ich töte sie, wenn der Würfel es verlangt. Was für ein Leben ist das?

Schließlich fahre ich zur Arbeit, gehe in den Umkleideraum, wo mein Blick auf meinen Spind fällt. Sofort schießt mein Puls in die Höhe. Mit Klebeband ist dort ein DIN A4 Blatt befestigt.

MÖRDER.

Das steht in Großbuchstaben darauf. Wütend reiße ich das Papier ab, zerknülle es und werfe es in Richtung Mülleimer. Doch ich treffe nicht.

MÖRDER.

So hallt es in meinem Kopf nach. Das Knäuel liegt da und ich habe das Gefühl, dass sich die Buchstaben wie Feuer nach außen brennen. Ich lasse es liegen, habe Angst, mich daran zu verbrennen. Ich gehe zum Feldherrenhügel. Doch der ist nicht besetzt. Der neugierige Teil von mir will wissen, warum. Er muss immer besetzt sein. Immer.

Da kommen die Kollegen aus dem Arztzimmer heraus. Sie diskutieren und gestikulieren. Ihnen folgt Doktor

Unger. Er ist wieder im Team. Als sie mich sehen, verstummt die Unterhaltung. Eine betretene Stimmung kommt von einem zum anderen Moment auf.

„Moin Jan, gut, dass Sie da sind. Auf ein Wort“, sagt Unger und bedeutet mit einer Geste, ihm zu folgen. Er verschwindet im Büro, ich laufe durch das Spalier der Kollegen und Kolleginnen. Zwei grüßen, der große Rest nicht. Beide Schichten sind da, Nachtschicht und auch die Kollegen der Tagschicht. Es muss etwas Wichtiges passiert sein, wenn Unger beide zu sich in das Arztzimmer ruft.

Er deutet auf den Stuhl und setzt sich. Doktor Unger betrachtet mich mit einem Ausdruck auf dem Gesicht, der keine Worte benötigt. Seine Augen durchdringen meine Seele, als er zu sprechen beginnt.

„Jan, wir müssen über die Geschehnisse der letzten Tage sprechen“, sagt er ernst.

Ich schlucke schwer und senke den Blick. „Ja, natürlich, Doktor Unger.“

Er erwähnt den Tod von Dieter Müller, jenem Mann, dem ich die letzte Spritze gesetzt habe. Ich spüre einen eisigen Schauer über meinen Rücken laufen.

„Dieter Müller? Das tut mir leid, ich wusste nicht...“

„Das ist genau das Problem, Jan“, unterbricht mich Doktor Unger. „Du hättest es wissen müssen. Du trägst Verantwortung für deine Patienten. Wenn jemand stirbt, ist er nicht mehr bei uns auf der Station. Jeder Mitarbeiter ist darüber informiert. Wenn du das nicht weißt, spricht es für Desinteresse.“

Meine Hände ballen sich zu Fäusten, während ich versuche, die Worte des Arztes zu verarbeiten.

„Ich weiß, Doktor Unger, aber ich...“

„Es tut mir leid, Jan, aber wir müssen Konsequenzen ziehen“, sagt er entschieden. „Du wirst bis auf weiteres aus dem Pflegeteam genommen, bis wir die Situation mit den verschwundenen Medikamenten geklärt haben."

Ich kann den Blick nicht von ihm abwenden, spüre die Last der Schuld, die auf meinen Schultern liegt.

„Verstehe", murmele ich, meine Stimme kaum mehr als ein Flüstern. „Dass ich das Medikament entwendet habe, war ein Fehler."

„Du hast noch einige Tage Resturlaub und ich möchte, dass du diesen Urlaub nimmst. Und zwar ab morgen. Du verstehst sicher, dass wir Zeit benötigen, die Sache aufzuklären, Jan."

Die Realität dieser Situation trifft mich wie ein Schlag ins Gesicht, reißt mich aus meinen Gedanken zurück in die kalte, harte Welt des Krankenhauses. Unger steht auf und entlässt mich eben genau dorthin.

Viel zu oft habe ich die Arbeit wichtiger genommen als die Familie. Viel zu oft waren mir die Patienten wichtiger als meine Liebsten. Und offenbar hatte ich viel zu spät begriffen, wie falsch das war. Und ich kann den Zeitpunkt nicht mehr benennen, in dem sich alles ins Gegenteil verkehrte – den Zeitpunkt, als ich zum Mörder wurde.

Das Wort auf dem Zettel stimmt.

Ich töte, also bin ich.

KAPITEL VIERUNDDREISSIG

Aus Ungers Gnaden darf ich noch bis zum Schichtende bleiben. Ich stehe vor Birgit Meisters Bett, meine Hand zittert leicht, als ich die Packung Sotalex aus meinem Kittel nehme. Mein Herz rast, während ich das Medikament in die Spritze ziehe. Die Erinnerungen an meine früheren Manipulationen und die Konsequenzen, die daraus resultierten, drängen sich in meinen Gedanken auf, aber ich verdränge sie schnell.

Ich trete näher an Frau Meisters Bett heran, mein Atem stockt für einen Moment, bevor ich die Nadel in ihre Haut steche und langsam das Medikament injiziere. Ein kalter Schauer läuft mir über den Rücken, als ich den Beta-Blocker in ihre Vene fließen spüre.

Birgit, die bisher ruhig geschlafen hatte, beginnt plötzlich unruhig zu werden. Ihr Atem wird flacher, und ihre Brust hebt und senkt sich in unregelmäßigen Abständen. Ich beobachte sie mit einem gemischten Gefühl aus Angst und Erregung. Ich weiß, dass ich einen gefährlichen Weg eingeschlagen habe, aber die Gier nach Kontrolle und Macht überwältigt alle Bedenken.

Bevor der Alarm losgeht, schlüpfe ich aus dem Zimmer und verstecke mich schnell im leeren Nebenraum. Trete ans Fenster und schaue hinaus in die Natur.

Trotzdem weiß ich, was nun nebenan passiert. Plötzlich zeigt der Monitor einen alarmierenden Anstieg, kündigt Herzrhythmusstörungen an. Das Piepsen wird lauter, der Alarm durchbricht schließlich die Ruhe und die Krankenschwestern eilen herbei, um zu helfen. Ich stehe regungslos da, mein Blick fixiert den Baum vor dem Haus, während die Patientin nun um ihr Leben kämpft.

Trotz der intensiven Bemühungen des Teams gelingt es ihnen nicht, Birgit Meisters Zustand zu stabilisieren. Da ich nicht helfen darf, gehe ich raus auf den Flur, stelle mich in den Türrahmen. Ich sehe tatenlos zu, wie sie immer schwächer wird, bis schließlich das monotone Piepen des Monitors die Stille des Raumes durchbricht.

Karin schaut zu mir herüber. Ihr Blick bohrt sich in meinen. 'Warst du das wieder?', fragen ihre Augen.

* * *

Endlich Schichtende. Beim Verlassen der Intensivstation beobachte ich, wie Karin und Fabian heimlich miteinander tuscheln. Ein ungutes Gefühl breitet sich in mir aus, während ich ihre verstohlenen Blicke bemerke. Sie suchen nach Beweisen, das ist offensichtlich. Doch sie werden nichts finden, da bin ich mir sicher.

Trotz der drohenden Gefahr fühle ich eine gewisse Erleichterung, als ich daran denke, dass bald Urlaub ansteht. Ein paar Tage, um Abstand zu gewinnen und die drückende Atmosphäre des Krankenhauses hinter mir zu lassen. Doch ich weiß noch nicht, wie ich das Vanessa erklären soll. Sie wird enttäuscht sein, wenn ich ihr sage, dass wir nicht verreisen können. Ich empfinde, dass etwas geschehen wird.

Als ich die Tür zu unserer Wohnung öffne, spüre ich die Last der Geheimnisse, die ich mit mir herumtrage. Doch ich versuche, sie für einen Moment zu vergessen und freue mich auf die gemeinsame Zeit mit Vanessa.

„Schatz, ich habe mir spontan eine Woche Urlaub genommen. Jetzt können wir in Ruhe Sachen für die Kinderecke aussuchen“, rufe ich, doch ich erhalte keine Antwort. Vanessa und das Baby sind nicht daheim. Auf dem Küchentisch liegt ein Zettel:

Ich bin bei meinen Eltern. Essen steht in der Mikrowelle.

Kuss Vani.

Die Intensivstation pulsiert vor Aufregung, als Karin und Fabian durch die Gänge eilen, auf der Suche nach Beweisen. Ihre hastigen Schritte hallen durch die leeren Korridore, begleitet von gedämpften Flüstern und gespannten Atemzügen. Das Zimmer wird akribisch durchsucht, doch in Birgit Meisters Zimmer finden sie nichts, was ihren Verdacht bestätigt.

„Verdammt, wir müssen etwas finden!“, flüstert Karin nervös, während sie die Schränke durchwühlt. „Wenn wir keine Beweise haben, können wir Jan nicht belasten.“

Fabian nickt zustimmend, sein Gesicht ist angespannt vor Anstrengung. „Wir dürfen nicht aufgeben, Karin. Vielleicht haben wir Glück im nächsten Zimmer.“

Sie setzen ihre Suche fort, doch die Zeit rinnt ihnen davon. Die Stille wird nur von ihrem eiligen Wispern und dem dumpfen Klang ihrer Schritte unterbrochen, während sie die Zimmer durchkämmen, verzweifelt auf der Suche nach einem Hinweis, der ihren Verdacht erhärten könnte.

KAPITEL FÜNFUNDDREISSIG

In der Leitstelle der Polizei herrscht wie immer geschäftiges Treiben. Die Beamten sitzen konzentriert an ihren Arbeitsplätzen, während sie Anrufe entgegennehmen und Einsätze koordinieren. Plötzlich blinkt ein rotes Licht auf einem der Bildschirme auf, begleitet von einem schrillen Signalton. Ein Notruf aus dem städtischen Krankenhaus geht ein. Die Krankenhäuser haben eine Art ständige Notrufbereitschaft eingerichtet. Dennoch ist ein solcher Notruf eine Seltenheit

„Einsatz für Streifenwagen 17. Einsatzort: Städtische Kliniken, Intensivstation. Unklare Todesursache“, ruft der Disponent den Beamten zu.

„Wagen 17 rollt“, vermeldet der Beamte auf dem Beifahrersitz per Funk. Sofort machen sich die beiden Beamten in Streifenwagen 17 auf den Weg zur Klinik. Während der Fahrt unterhalten sie sich über den ungewöhnlichen Einsatz.

„Ist es normal, dass die Polizei zu einem Toten im Krankenhaus gerufen wird?“, fragt der eine Beamte seinen Kollegen.

Der andere lacht und antwortet: „Nun ja, normal vielleicht nicht, aber in unserem Job gibt es selten Routine. Immerhin sorgen solche Einsätze für stabile Zahlen.“

Die beiden setzen ihre Fahrt fort, gespannt auf das, was sie in der Klinik erwartet.

* * *

„Du sagst, du hast ihn gesehen, wie er im Türrahmen stand. Hast du denn auch gesehen, woher er kam?“

Karin überlegt fieberhaft. „Nein, ich hatte schon die Befürchtung, er singt wieder dieses scheußliche Westernlied.“

Fabian summt die Melodie, Karin rammt ihm den Ellenbogen in die Seite. „Hör auf damit. Ich kriege noch immer eine Gänsehaut, wenn ich daran denke.“

„Was ist mit Zimmer sieben?“, fragt Fabian noch immer schmunzelnd.

„Dort lag gestern und heute niemand“, antwortet sie nachdenklich.

Fabians Augen hellen sich auf. „Perfekt.“

Er stürzt ins Zimmer und rennt schnurstracks auf den Abwurfbehälter zu. Er hält ihn hoch, damit er im dämmerigen Licht hineinsehen kann. „Bingo! Gilurytmal, zwei Ampullen!“

Mit Handschuhen fischt er die Spritzen aus dem Behälter und lässt sie in einen Beutel gleiten. „Damit, und mit der Monovette Blut, die wir der toten Frau Meister abgenommen haben, können wir sicher das Ajmalin nachweisen. Dann haben wir den Beweis, dass er wieder am Werk war, unser Krankenhauskiller!“

Fabian zuckt bei dem Wort zusammen. „Erinnere dich daran, was in Oldenburg los war wegen der Keime. So etwas will ich hier nicht erleben.“

„Hast du Schiss? Wenn das wirklich Jan gewesen ist, dann sind wir einem ganz großen Skandal auf der Spur. Dagegen ist Oldenburg ein Fliegenschiss."

Fabian schluckt schwer. Karin hebt den Kopf und deutet in Richtung des Feldherrenhügels. „Die Polizei ist da. Jetzt bin ich gespannt, was der Müller denen erzählt."

* * *

„Guten Abend, meine Herren. Vielen Dank, dass Sie so schnell gekommen sind", begrüßt Müller die Beamten.

„Guten Abend, Doktor Müller. Wir haben den Anruf erhalten und sind sofort hierhergekommen", antwortet einer der Beamten.

Die beiden Polizeibeamten folgen Doktor Müller in den Reanimationsraum, wo Birgit Meisters Leiche hineingeschoben wurde. Das passierte auf ausdrückliche Anordnung Müllers. Die Tote liegt auf einem Krankenbett, ist mit einem grünen Laken abgedeckt. Keiner weiß so recht, wie er diese Situation einschätzen soll.

„Herr Doktor, wir müssen gestehen, dass uns Ihr Anruf überrascht hat. Ein Todesfall in einem Krankenhaus stellt keine Sensation dar, oder?"

Müller nimmt einen Stift aus der Brusttasche und beginnt damit zu spielen. „Nein, da haben Sie natürlich recht, der Tod ist unser ständiger Begleiter..."

Sven Bender, der erfahrene Polizeihauptmeister, bemerkt, dass der Chef der Intensivstation sich windet. Er hat etwas auf dem Herzen. „Lassen Sie sich Zeit, wir laufen Ihnen nicht wieder weg."

„Birgit Meister war eine Patientin mit schweren gesundheitlichen Problemen. Sie hatte starke Herzprobleme und befand sich bereits in einem kritischen Zustand, als sie eingeliefert wurde. Doch wir konnten sie stabilisieren“, erklärte Müller. Benders junger Kollege beginnt nervös zu werden, doch der Ältere weist ihn mit einer kleinen Handbewegung zurecht.

„Haben Sie eine Ahnung, wie es zu ihrem plötzlichen Tod kommen konnte?", fragt der zweite Beamte.

„Es ist schwierig zu sagen. Sie war sehr schwer krank und stand unter ständiger Beobachtung. Wir haben alles getan, um ihr Leben zu retten, aber leider konnten wir nichts mehr für sie tun“, antwortet Müller.

„Ich denke, wir verschwenden hier unsere Zeit“, macht der junge Polizist seiner Verärgerung Luft. Er wendet sich zur Tür.

„Warten Sie. Es gibt etwas, das ich erwähnen sollte“, beginnt Müller zögerlich. „Es ist nichts Handfestes, aber ich habe einen Verdacht.“

Bender hebt die Hand und der junge Kollege kommt zurück.

„Jan Becker, einer unserer Pfleger, war anwesend, als Birgit Meister verstarb. Ich habe keine konkreten Beweise, aber es gibt einige verdächtige Umstände“, erklärt Müller. Der Stift wandert zurück in die Brusttasche.

„Was genau meinen Sie damit?", fragt der junge Beamte, der plötzlich Interesse zeigt.

„Becker hat in letzter Zeit auffällig oft mit den Patienten zu tun gehabt, die plötzlich verstorben sind. Es ist nichts, worauf ich meine Hand ins Feuer legen würde, aber es gibt Grund zur Besorgnis“, antwortet Müller.

„Sie denken, er hat mit dem Tod der Frau zu tun?“

„Ich kann Ihnen das weder bestätigen noch dementieren.“

Die Beamten machen sich Notizen.

„Haben Sie Beweise für seine mögliche Beteiligung?“, fragt der ältere Beamte.

„Wie gesagt, bisher haben wir nichts Handfestes. Aber

ich denke, wir werden uns im Kollegium austauschen", antwortet Müller.

„Sie haben jetzt und hier die Möglichkeit, eine Strafanzeige zu stellen. Möchten Sie das tun?"

Müller zuckt zusammen. Er hebt die Hände auf Schulterhöhe. „Nein, davon möchte ich noch absehen. Der betreffende Kollege ist von mir beurlaubt worden, es besteht also kein Patientenkontakt mehr."

„Keine Anzeige also?", möchte Bender bestätigt haben. Prüfend schaut er den Mediziner an. „Keine Anzeige, vielen Dank für Ihr Engagement. Wir werden im Kollegium beraten, wie die weiteren Schritte aussehen."

Doktor Müller verabschiedet sich. Als die beiden Beamten in den Aufzug treten, raunt Sven Bender sein jüngerer Kollege zu: „Wenn ich dich richtig verstehe, denkst du, wir haben hier einen Killer im Haus?"

Bender drückt auf den Knopf mit dem 'E' wie Erdgeschoss. „Hier stinkt es nicht nur nach Desinfektionsmittel, sondern auch nach mächtigem Schiss vor einem Klinikskandal. So wie der sich ausgedrückt hat, befürchtet er, dass dieser Becker nicht nur die arme Alte auf dem Gewissen hat."

„Ein Pfleger mit der Giftspritze. Das wäre allerdings ein Hammer."

Die Tür fährt auf und die beiden Polizisten verlassen den Aufzug. „Das wäre es, mein Lieber."

* * *

Ich sitze gemütlich auf dem Sofa, während Vanessa und ich über größere Kinderbetten diskutieren. Wir haben endlich eine Entscheidung getroffen, und Vanessa ist ganz aufgeregt darüber. Plötzlich durchdringt das Klingeln meines Handys die friedliche Atmosphäre.

Ich sehe auf das Display und seufze, als ich die Nummer der Pflegedienstleitung, Frau Cassens, erkenne. Was wollen die bloß von mir?

„Es ist das Krankenhaus, die sollen mich bloß in Ruhe lassen, ich habe Urlaub", poltere ich los.

Ich nehme dennoch den Anruf entgegen. „Herr Becker, ich möchte Sie zu einem Gespräch morgen um 14:15 Uhr in der Klinik einbestellen. Bitte seien Sie pünktlich."

„Sie wissen schon, dass ich Urlaub habe? Ist es dringend?"

„Sonst würde ich Sie nicht anrufen. Seien Sie pünktlich", wiederholt meine Vorgesetzte in einem unfreundlichen Tonfall.

„Die wollen mit mir morgen Nachmittag sprechen, um viertel nach zwei", sage ich und lasse das Handy sinken. Vanessa schaut mich prüfend an. Ihre Miene verdüstert sich, und sie drängt darauf, mit mir zu diesem Gespräch zu gehen. „Ich möchte wissen, worum es geht, Jan", sagt sie bestimmt.

Ich nicke zustimmend. Mir ist klar, um was es geht. Um Fabian, Karin, Doktor Müller, verschwundene Medikamente und um Tote. Viele Tote.

Doch das verschweige ich Vanessa. Sie wird es früh genug erfahren.

* * *

In der Klinik herrscht in den Tagen nach dem 24. Juni hektische Betriebsamkeit. Leitende Ärzte und die Pflegedienstleitung versuchen, sich ein Bild von der Lage zu machen. Es geht um den Tod von Dieter Müller. Schnell wird klar, dass kein Arzt das Mittel Gilurytmal für den Mann angeordnet hat. Man überträgt der Pflegedienstleitung den Auftrag sich mit Oldenburg in Verbindung zu setzen. Die Pflegedienstleiterin, Frau Cassens, wählt die Nummer der Klinik in Oldenburg und wartet gespannt, bis sie mit einem Mitarbeiter verbunden wird. Endlich hebt jemand ab.

„Ja, guten Tag. Hier spricht Frauke Cassens von der Intensivstation der städtischen Kliniken in Delmenhorst. Ich hätte gerne Auskunft über einen ehemaligen Mitarbeiter von Ihnen, Jan Becker. Können Sie mir sagen, ob er während seiner Zeit bei Ihnen irgendwelche Probleme oder Vorfälle hatte?"

Es folgt eine kurze Stille, bevor die Stimme des Mitarbeiters am anderen Ende der Leitung erklingt.

„Einen Moment bitte, ich bin erst seit einigen Wochen mit der Aufgabe betraut. Jan Becker sagen Sie?"

„Jan Becker, geboren am 16. Dezember 1976 in Wilhelmshaven..."

„Einen Moment bitte, ich schaue das schnell nach."

Frau Müller wartet geduldig, bis der Mitarbeiter wieder zurück ist. Zu ihrer Verwunderung hört sie aber eine andere Stimme. „Ja, hier spricht Annemarie Dentler, ich bin Ihre Kollegin aus Oldenburg. Was kann ich für Sie tun?"

Frauke Cassens wiederholt ihr Anliegen. Daraufhin herrscht Stille in der Leitung. „Hallo, sind Sie noch da, Frau Dentler?"

Sie vernimmt ein Räuspern.

„Also, ich kann Ihnen auf Ihre Frage Folgendes antworten: Es gab tatsächlich einige ungeklärte Todesfälle auf der Station, bevor Jan Becker uns verlassen hat. Aber in den Unterlagen steht nichts darüber, dass er damit in Verbindung gebracht wurde."

„Hat Herr Becker durchgehend auf der Anästhesie gearbeitet? In seiner Bewerbung steht das so."

„Herr Becker war zuvor auf der Station 211 tätig, dort wollte er allerdings nicht weiter tätig sein, stressbedingt", antwortet Annemarie Dentler.

„Und gab es dort ebenfalls...", sie zögert einen Moment. „Vorfälle?"

„Ja, die gab es. Es konnte aber nie nachgewiesen werden, dass Herr Becker etwas damit zu tun hatte."

Frauke Cassens fühlt sich einen Moment lang wie betäubt. Diese Information war ihr völlig neu und lässt sie erschaudern. „Vielen Dank für die Auskunft", sagt sie schließlich mit einer leichten Zitterstimme, bevor sie das Gespräch beendet.

Die Kliniken Oldenburg hatten ihnen einen mutmaßlichen Mörder auf dem Silbertablett serviert. Während des Gesprächs war ihr aufgefallen, wer das Zeugnis damals unterzeichnet hatte: Annemarie Dentler.

KAPITEL SECHSUNDDREISSIG

Der Delmenhorster Krankenhausreferent, Herr Hübner, sitzt am Kopfende des Konferenztisches und blättert durch einige Unterlagen, als die Ärzte und die Pflegedienstleitung, Frau Cassens, eintreffen. Ich betrete den Raum der Besprechung, gefolgt von meiner Frau Vanessa. Die Blicke der Anwesenden ruhen auf uns, als wir uns setzen. Herr Hübner, der Delmenhorster Krankenhausreferent, blättert durch einige Unterlagen und begrüßt uns höflich.

„Schön, dass Sie gekommen sind, Herr und Frau Becker", sagt er. „Wir sollten gleich zum Kern der Sache kommen. Der Tod von Herrn Dieter Müller hat einige Fragen aufgeworfen. Können Sie mir vielleicht erzählen, was an diesem Tag passiert ist?"

Ich schlucke schwer, spüre Vanessas Hand, die meine eigene beruhigend umschließt. „Natürlich", antworte ich mit fester Stimme. „An dem Tag habe ich ganz normal meinen Dienst auf der Intensivstation verrichtet. Herr Müller war einer meiner Patienten, und ich habe ihn entsprechend versorgt."

Hübner nickt und macht eine kurze Notiz. „Verstehe. Können Sie mir vielleicht erklären, warum Herr Müller plötzlich Herzrhythmusstörungen hatte? Gab es einen bestimmten Grund oder ein Ereignis, das diese ausgelöst haben könnte?"

Ich überlege einen Moment, bevor ich antworte. „Ich kann nicht mit Sicherheit sagen, was die Herzrhythmusstörungen verursacht hat. Herr Müller hatte bereits Vorerkrankungen, aber sein Zustand verschlechterte sich plötzlich, und wir mussten sofort eingreifen."

„Soviel wie ich weiß, waren Sie überhaupt nicht involviert, Herr Becker. Ist das korrekt?", will Hübner wissen. Sein Vogelblick stört mich.

„Ich bin als Pfleger immer involviert", antworte ich.

„Es liegt uns eine Aussage von Frau Karin Sieger vor, die sagt, dass Sie am Bett von Herrn Müller standen mit unklarer Motivation. Trifft das zu?"

„Wie ich schon sagte, ich bin als Pfleger immer im Dienst. An diese Situation erinnere ich mich nicht. Was Frau Sieger da sagt, kommt mir fremd vor."

„Haben Sie Handlungen am Patienten durchgeführt?", fragt jetzt Doktor Müller.

„Nein, ich war nur zugegen."

„Haben Sie die Einstellungen des Perfusors verändert?", kommt jetzt von Hübner.

„Ich habe keine Einstellungen verändert. Das steht mir als Pfleger nicht zu. Das ist Sache der Ärzte", antworte ich mit einem Blick auf Müller. Karin Sieger sieht aus, als wolle sie mich töten.

Jetzt mischt auch noch Frauke Cassens mit im Spiel gegen mich. „Haben Sie ohne Anweisung Medikamente verabreicht?"

Ich beiße mir auf die Lippen, bevor ich sage: „Nein, natürlich nicht. Was soll das hier?"

Frau Cassens fügt hinzu: „Wir haben alle notwendigen Maßnahmen ergriffen, um Herrn Müllers Leben zu retten, aber leider war er nicht zu retten."

Vanessa lässt meine Hand los und birgt sie in ihrem Schoß.

„Sie haben kein Gilurytmal verabreicht?"

„Nein, weshalb sollte ich das machen?"

„Herr Becker, man hat in einem Abwurfbehälter vier leere Ampullen mit Gilurytmal gefunden. Was sagen Sie dazu?"

„Das hat nichts mit dem Tod von Herrn Müller zu tun, soviel ich weiß, wurden diese Ampullen bereits Tage zuvor gefunden. Wie diese dorthin gekommen sind, kann ich nur vermuten."

„Und? Was vermuten Sie?", hakt Hübner mit einem süffisanten Ausdruck nach.

„Die kann jeder Arzt dort reingeworfen haben, nachdem er das Medikament gespritzt hat. Ich bin nicht dafür zuständig, die Abwurfbehälter zu leeren."

„Es gab nach dem Tod von Dieter Müller eine Blutuntersuchung. Dort wurde das Medikament Gilurytmal nachgewiesen. Es war dem Patienten allerdings nicht verordnet."

Es reicht mir jetzt. „Wir bewegen uns da auf ein Gleis, wo ich mich nicht hingegeben möchte. Ich habe das Medikament nicht verabreicht. Ich würde auch nie ein Antiarrhythmikum ohne Arztanweisung einem Patienten geben."

Hübner nickt erneut und wirft einen prüfenden Blick auf mich. „Danke für die Informationen. Gibt es noch etwas, das Sie hinzufügen möchten?"

Ich schüttle den Kopf. „Nein, das war alles, was ich dazu sagen kann."

Hübner notiert sich noch ein paar letzte Anmerkungen, bevor er das Gespräch für beendet erklärt. Vanessa und ich verlassen den Raum, während die Diskussion unter den Anwesenden weitergeht.

* * *

Nachdem wir das Klinikum verlassen haben, spüre ich die Spannung, die zwischen uns liegt. Vanessa ist still, aber ihre Miene spricht Bände. Ich kann förmlich ihre Verunsicherung spüren, als wir uns auf den Weg zum Auto machen.

Erst als wir einige Schritte gegangen sind, platzt es aus ihr heraus. „Jan, ich kann das einfach nicht glauben!“, ruft sie mit zittriger Stimme aus. „Wie kannst du mir versichern, dass du nichts mit dem Tod von Herrn Müller zu tun hattest? Das ist doch alles zu merkwürdig!“

Ich seufze schwer und versuche, ihre Hand zu ergreifen, aber sie zieht sie weg. „Vanessa, ich sage dir doch die Wahrheit“, erkläre ich mit Nachdruck. „Ich habe nichts mit dem Tod von Herrn Müller zu tun. Das ist einfach nur ein tragischer Vorfall, der leider passiert ist.“

Aber Vanessa lässt sich nicht beruhigen. „Ich weiß nicht, Jan“, sagt sie leise, ihre Stimme bricht fast. „Ich bin selber Krankenschwester und ich weiß, worüber da eben gesprochen wurde. Es ist alles so kompliziert. Ich kann einfach nicht damit umgehen, dass du vielleicht in irgendetwas verwickelt bist, das mit dem Tod von Patienten zu tun hat.“

Ich spüre den Schmerz in ihren Worten und versuche verzweifelt, sie zu überzeugen. „Vanessa, bitte vertraue mir“, flehe ich sie an. „Ich liebe dich, und ich würde niemals etwas tun, das uns schaden würde. Du musst mir glauben.“

Aber Vanessa bleibt skeptisch, ihre Augen sind voller Zweifel, als sie mich anschaut. Ich fühle mich hilflos und frustriert, weil ich nicht weiß, wie ich ihr Vertrauen zurückgewinnen kann.

KAPITEL SIEBENUNDDREISSIG

Kriminalpolizei Delmenhorst

Es ist der 1. Juli 2003. Im Hintergrund ihres Dienstzimmers in der Marktstraße in Delmenhorst blubbert die Kaffeemaschine an diesem Morgen. Die Kriminalhauptkommissare Lars Peters und Jan-Henrik Meyer warten darauf, dass sie sich endlich die Kaffeetassen vollschenken können, um die Morgenbesprechung zu beginnen.

Kommissar Lars Peters ist ein erfahrener Ermittler im Alter von 43 Jahren. Er bevorzugt legere Kleidung und ist oft in einer Lederjacke und Jeans anzutreffen. Sein lässiger Stil spiegelt seine entspannte und unkonventionelle Art wider, die ihm bei den Ermittlungen hilft, sich leicht mit Zeugen und Verdächtigen zu verbinden.

Sein jüngerer Kollege, Kommissar Jan-Henrik Meyer, ist 34 Jahre alt und eher der Anzugträger. Für ihn ist eine Krawatte ein unverzichtbarer Bestandteil eines guten Stils. Jan-Henrik ist diszipliniert und ordentlich, und seine professionelle Erscheinung unterstreicht seinen Ernst und seine Entschlossenheit bei der Arbeit. Er ist gründlich und detailorientiert, was ihn zu einer wertvollen Ergänzung zu Lars Peters' eher lockeren Ansatz macht.

„Die Kaffeemaschine braucht endlos Zeit", schimpft Meyer, der nicht genug Schlaf bekommen zu haben scheint.

„Gut Ding will Weile haben, antwortet Lars, zwinkert seinen Kollegen zu. „Lange Nacht gehabt?"

„Komm, hör auf. Ich hatte wieder endlose Diskussionen wegen der Schulung. Mein Liebchen ist jetzt schon auf hundertachtzig deswegen", beklagt sich Jan-Henrik. Vor ihm liegt eine dreimonatige Schulung in Wiesbaden, auf die seine Ehefrau mehr als allergisch reagiert. „Sie denkt, ich würde jeden Abend mit einer hübschen Kollegin in die Kiste hüpfen."

„Was du ja nicht tust, stimmt's?" Seine Augen leuchten verschmitzt.

Lars steht auf und schenkt beiden Kaffee ein, er stellt die Tasse vor seinem Kollegen ab. „Fahr erstmal dorthin, die Inga wird sich schon beruhigen."

Jan-Henrik seufzt und nimmt einen großen Schluck heißen Kaffees. „Ich bewundere dich immer. Wie kann man nur die heiße Brühe so fix trinken?"

„Übungssache", antwortet der Kollege und will gerade zu einem Nachwort ansetzen, als sein Diensttelefon klingelt.

„Die Kripo in Delmenhorst, Sie sprechen mit Kriminalhauptkommissar Jan-Henrik Meyer", sagt er seinen Spruch auf und lauscht.

Er zieht sich einen Block herbei und macht sich Notizen. Das Gespräch ist kurz. Er legt auf und schaut Lars mit zusammengezogenen Augenbrauen an. „Jetzt schlägt es dreizehn. Das war das Krankenhaus, die wollen eine gefährliche Körperverletzung anzeigen."

„Das sagt man genau so?"

„Ja, exakt genauso."

„Schon komisch, oder?"

„Definitiv", sagt Jan-Henrik und beginnt sein Schreibzeug einzupacken. „Fahren wir gemeinsam hin?"

„Ich bin froh, mich zu bewegen", antwortet Lars und schnappt sich seine Lederjacke. Man benötigt nur ein paar Minuten von der Dienststelle bis zu den städtischen Kliniken an der Wildeshausener Straße. Dennoch nehmen sie das Dienstfahrzeug. Lars Peters überlegt, wie oft er dort schon gewesen ist. Oft. Verdammt oft. Er hat Freunde dort besucht, dort wurden seine beiden Kinder geboren und er selbst wurde dort wegen einer Schusswunde behandelt. Noch öfter war er allerdings dienstlich hier, um Opfer zu befragen oder zur Leichenschau im Keller des altehrwürdigen Gebäudes. Er ist schon sehr gespannt darauf, was sie heute dort erwartet.

Am Eingang wartet bereits ein aufgeregter Arzt auf sie, der sich als Doktor Müller vorstellt. Der Mediziner führt sie in einem Besprechungsraum auf derselben Etage. Die beiden Beamten sind überrascht, dass sich dort die gesamte Führungsriege des Krankenhauses um den Tisch herum versammelt hat. Müller stellt die anderen Anwesenden der Reihe nach vor. Es sind die ärztliche Leitung Doktor Michaela Stein, die Verwaltungsdirektorin Sabine Fischer, die Pflegedienstleitung Frauke Cassens sowie Doktor Müller selber als Leiter der Intensivstation. Ein Gesicht kennt Peters aus der Vergangenheit. Mit am Tisch sitzt ein bekannter Delmenhorster Anwalt, Doktor Erhard Josejohann. Jan-Henrik wirft seinem Kollegen einen vielsagenden Blick zu. Hier handelt es sich definitiv nicht um einen normales Gespräch wegen einer 'gefährlichen Körperverletzung'.

Josejohann führt das Wort. „Meine lieben Kollegen von der Kriminalpolizei, wir kennen uns ja bereits. Ich darf

Ihnen eine außergewöhnliche Begebenheit schildern, die sich vor kurzem in der Klinik zugetragen hat."

Innerlich seufzte Lars Peters auf. Die gestelzte Art des Anwalts und seine Art zu sprechen gehen ihm schon seit Jahren auf den Senkel. Doch darum geht es jetzt nicht.

Josejohann berichtet von einem Pfleger namens Jan Becker, der in seiner Spätschicht am 22. Juni einem Patienten ein Medikament verabreicht hätte, das er nicht hätte spritzen dürfen. „Was ist mit dem Patienten passiert?", fragt Lars Peters sofort.

„Der Patient ist verstorben", antwortet Josejohann. Peters schaut in die Runde, doch niemand der Spezialisten scheint sich genötigt zu fühlen, etwas aus medizinischer Sicht dazu beizusteuern. Schweigen erklärt auch viel. Das weiß der Kripobeamte aus Erfahrung.

„Wann ist das passiert?", will jetzt Jan-Henrik wissen.

„In der darauffolgenden Nacht", ist die knappe Antwort.

„Ihnen ist klar, dass es sich hier nicht um eine 'gefährliche Körperverletzung' handelt, sollte die Injektion ursächlich für den Tod des Mannes gewesen sein. Dann sprechen wir von einem Tötungsdelikt."

Ein Raunen geht durch den Raum, doch dann ist wieder Stille. „Sie wissen, dass wir das klären müssen?"

Alle nicken wie Esel, auch der Anwalt.

„Wo befindet sich der besagte Pfleger im Moment?"

„Ich habe ihn beurlaubt", antwortet Müller. Sofort fängt er sich böse Blicke aller Anwesenden ein. Jetzt ist klar, dass nur Josejohann sprechen sollte.

„Ist er über dieses Treffen hier informiert und kennt er die Anschuldigungen des Hauses gegen seine Person?"

„Es gab ein Personalgespräch. Von ihrer Anwesenheit hier weiß nur dieser Raum hier."

Jan-Henrik und Lars werfen sich einen Blick zu. Jetzt

stehen Routineaufgaben an. „Wir müssen ein Protokoll dieses Gesprächs aufnehmen“, sagt Jan-Henrik. Sofort schiebt ihm der Anwalt ein vorbereitetes Schreiben über den Tisch. „Das sollte vorab reichen, Herr Kommissar.“

Jan brummt eine Zustimmung und faltet das Blatt zusammen. Josejohann erhebt sich und alle anderen tun es ihm gleich.

„Wo ist der Spind dieses Jan Becker?“

„Wenn Sie mir folgen wollen?“, sagt Müller und hebt galant die Hand in Richtung Ausgang. Die Ärzte verabschieden sich. Müller scheint als Leiter der Intensivstation der geringste in der Hierarchie zu sein. Daher obliegt ihm die Aufgabe des Fremdenführers.

Jan-Henrik und Lars lassen sich die Sachen des Pflegers zeigen, dann stehen sie vor dem verschlossenen Spind. Jan-Henrik telefoniert mit der Dienststelle, um dort 'Gefahr im Verzug' zu melden. Ohne diese Meldung wäre das, was jetzt kommt, ein Einbruch. Dann knackt der Hausmeister mit einem Bolzenschneider das Vorhängeschloss. Als erstes fallen zwei leere Wodkaflaschen in dem unordentlichen Spind auf.

„Hat der Herr Becker ein Alkoholproblem?“

„Uns ist das nicht bekannt“, antwortet Müller, dem sofort etwas anderes auffällt. „Dass unser Pflegepersonal Medikamente in ihren Spinden bunkert, ist allerdings gegen die Vorschriften.“

Sie lassen sich von Müller die Wirkung der einzelnen Präparate erklären. Darunter ist auch Pancuronium, ein Muskelrelaxans. „Das ist ein Teufelszeug, wird in Amerika bei Hinrichtungen mit der Giftspritze benutzt.“

Jan-Henrik stutzt. „Wie kommt Becker an dieses Medikament? Wird die Ausgabe nicht kontrolliert?“

„Wir arbeiten hier auf Vertrauensbasis. Anders geht das nicht.“

„Sollte es aber. Wir wären sonst jetzt nicht hier."

Dieser Kommentar missfällt Müller eindeutig. Er will zu einer Gegenrede ansetzen, doch als er den Blick der beiden Beamten sieht, zieht er zurück. Die Ampullen und angebrochenen Medikamentenverpackungen wandern in Asservatenbeutel.

„Sie haben eben eingangs einen Perfusor erwähnt. Wo finden wir dieses Gerät?", fragt Lars. Sie folgen Müller auf die Intensivstation, wo man ihnen die Wirkungsweise der Medikamentenpumpe erläutert.

* * *

„Das Ganze hat einen Rattenschwanz von hier bis Meppen", sagt Jan-Henrik, als sie zurück auf der Dienststelle angekommen sind. Der Kaffee ist kalt geworden, daher brodelt die Maschine zum zweiten Mal an diesem frühen Freitag. „Du denkst, das war nicht sein erster Mord?"

„Ich will noch nicht von Mord sprechen, aber der Becker ist für mich hochgradig verdächtig."

„Ich sehe unser Wochenende gerade am Horizont absaufen", stimmt Lars seinem jüngeren Kollegen zu. „Ein Autoknacker oder ein Ladendieb sind immer Wiederholungstäter, ich kann mir nicht vorstellen, dass dieser Becker nur diesen einen Menschen auf dem Gewissen hat."

„Was wir glauben und was wir nachweisen können, sind zwei Paar Schuhe, Larsi."

Lars rümpft die Stirn, weil er die Verniedlichung seines Namens nicht ausstehen kann. Jan-Henrik lacht ihn an. „Wer macht was? Ich stelle zur Auswahl: Zeugen finden und befragen, Telefonat mit der Rechtsmedizin wegen Informationen und einer anstehenden Exhumierung und als Königsdisziplin – Anruf beim Staatsanwalt. Der wird jubeln vor Freude. Ein killender Pfleger im altehrwürdigen Delmenhorster Krankenhaus."

Lars schlägt die Hände über dem Kopf zusammen. „Dabei will ich doch nur Wochenende!"

„Nix Wochenende, Arbeit, Arbeit, Arbeit", ruft Jan-Henrik und klatscht dabei rhythmisch in die Hände.

„Was ist denn bei Ihnen beiden los? Soviel Motivation kurz vor dem Wochenende?", fragt plötzlich eine Stimme von der Tür. Oberstaatsanwalt Brücker hat sich klammheimlich angeschlichen – das tut er gerne.

„Damit wäre die Königsdisziplin schon ganz zu Anfang vergeben. Ich lasse dir als Dienstälterem den Vorrang", sagt Jan-Henrik. Er lässt sich auf seinem Stuhl zurücksinken und verschränkt lächelnd die Arme vor der Brust.

„Also, Herr Oberstaatsanwalt Brücker, wir hatten heute einen Anruf aus der städtischen Klinik", beginnt Lars und schaut in das neugierige Gesicht ihres Vorgesetzten.

* * *

Brücker hat sich wider Erwarten kooperativ gezeigt. Schon am frühen Montagmorgen vernehmen die beiden Kripobeamten die Kollegen von Jan Becker auf der Intensivstation. Dabei sind unter anderem Fabian Zwicker und Karin Sieger.

„Sie haben also diese ominösen Ampullen aus dem Abwurfbehälter gezogen?", fragt Jan-Henrik. Fabian nickt heftig. „Mir war klar, dass ich sie schnell finden muss, damit wir was nachweisen können."

„Werden diese Behälter von den Pflegekräften oder von dem Reinigungspersonal geleert?"

„Da sich die Putzfrauen daran verletzen können,

machen wir das schon selber“, antwortet Karin, obwohl eigentlich Fabian gefragt war.

„Und Sie wussten, wo Sie zu suchen haben?“

Beide nicken im Kanon. „Zu den Medikamenten. Haben Sie welche in Ihrem Spind?“

Sie schauen einander an. „Nein, natürlich nicht. Das ist gegen die Vorschriften.“

„Also wussten Sie, dass Jan Becker Medikamente hortet?“

„Wir haben es geahnt. Es gab da einen Vorfall – erzähl du, Karin. Ich war ja involviert“, fordert Fabian seine Kollegin auf.

„Es war auf einer gemeinsamen Schicht mit Jan. Fabian hatte gesehen, wie er etwas aus dem Medikamentenschrank genommen und in seine Tasche gesteckt hat. Wir haben ihn darauf angesprochen, er hat uns das Medikament auch gezeigt, aber über den Verwendungszweck geschwiegen. Auch bei der Leitung, da kann man sich doch an fünf Fingern abzählen, dass das nicht koscher war.“

„Welches Medikament war das?“

„Midazolam“, antwortet Fabian, und als Lars ihn auffordernd anschaut, fügt er an: „Das ist ein Muskelrelaxans.“

Lars blättert in seinem Notizbuch, weil ihm der Name des Medikaments nicht einfällt, das sie in Beckers Spind fanden. „Ist das zu vergleichen mit Pancuronium?“

Fabian wiegt den Kopf hin und her. „Nicht ganz so heftig, aber ja, ähnlich.“

„Sie hatten Jan Becker auf dem Schirm, wenn ich Ihre Schilderungen so höre“, stellt Lars fest.

„Auf dem Schirm würde ich nicht sagen, er benahm sich auffällig.“ „Sie haben ihm nachspioniert, sonst hätten Sie das mit dem Midazolam nicht entdeckt.“

Fabian gibt es mit einem Schulterzucken zu.

„Was haben Sie sonst noch getan?“

Es folgt Schweigen. Offensichtlich wollen sich die beiden Zeugen nicht zu weit aus dem Fenster lehnen. „Wir haben bei Dieter Müller umgehend eine Blutprobe entnommen, die im Labor auf den Wirkstoff Ajmalin getestet wurde. Ajmalin ist der Grundstoff in Gilurytmal.“

„Die Ampullen?“

„Ja, genau.“

„Was kam bei der Analyse heraus?“

„Sie war positiv.“

„Und Herrn Müller wurde das nicht verordnet?“

„Genau. Niemand von uns hat dem Patienten Gilurytmal verabreicht.“

„Aber Jan Becker tat das?“

„Ich habe ihn am Bett des Patienten mit einer Spritze gesehen. Ich bin sicher, er hat injiziert, er leugnete das aber vehement, als ich ihn darauf ansprach.“

Der normale Dienst auf der Station muss weitergehen, daher verzichten Jan-Henrik und Lars auf die Befragung weiterer Zeugen an diesem Morgen.

„Die beiden waren ja wie ein Ballett, die Aussagen waren abgesprochen. Siehst du das auch so?“, fragt Lars im Auto auf der kurzen Rückfahrt.

„Definitiv. Und sie haben Jagd auf Jan Becker gemacht. Die haben sich abgesprochen, wer was wann und wie macht. Die hatten einen Verdacht: Und warum? Weil Dieter Müller nicht der erste Tote war.“

„Das müssen wir dem Becker nachweisen“, seufzt Lars.

„Das ist unser Job. Ich denke, wir haben jetzt etwas, um damit bei der Staatsanwaltschaft zu punkten.“

„Was liegt jetzt als Nächstes an?“

„Wir müssen den Mann auf dem falschen Fuß erwischen. Das bedeutet, er darf nichts mitbekommen von den

Ermittlungen gegen ihn. Ich werde nachher noch einmal in der Klinik anrufen, und die zum Stillschweigen verpflichten. Wenn der kapiert, dass es gegen ihn geht, vernichtet er womöglich noch Beweise."

Lars nickt und parkt den Dienstwagen vor dem Präsidium. „Brücker soll uns einen Durchsuchungsbeschluss beim Richter besorgen. Die Beweislage sollte ausreichen."

„Macht er sicher", stellt Jan-Henrik fest, als er vor Lars die Treppe hinaufsteigt. „Schwieriger wird es bei der Exhumierung. Die Rechtsmedizin sagt, es sei durchaus möglich, nach so kurzer Zeit noch Spuren einiger Medikamente im Körper nachzuweisen."

„Wenn wir das durchkriegen beim zuständigen Richter."

„Dem wird sicher die Beweislage ausreichen dafür."

„Ich bin da skeptisch. So eine Exhumierung stellt immer eine schwere Belastung für die ohnehin gebeutelten Angehörigen dar."

Jan-Henrik lässt sich auf seinen Sessel fallen und streckt die Beine aus. „Brainstorming. Welche Argumente sprechen dafür?"

KAPITEL ACHTUNDDREISSIG

Am 8. Juli fährt Lars frühmorgens zum Amtsgericht, wo er den Durchsuchungsbeschluss für Jan Beckers Haus und den Haftbefehl für den Mann abholt. Mittlerweile sind nicht mehr nur Jan-Henrik und Lars mit dem Fall betraut, die Polizei hat eine Ermittlungsgruppe zusammengestellt. Die Angehörigen von Dieter Müller werden von Beamten über die bevorstehende Exhumierung informiert. Schon am Nachmittag soll dieser Vorgang starten. Zwei Streifenwagen und ein Einsatzteam der Kriminaltechnik fahren nach Oldenburg. Während geplant ist, dass die Tatortermittler Beckers Haus durchsuchen, sollen die Streifenbeamten Becker nach Delmenhorst bringen.

* * *

Ich wache in meinem einsamen Schlafzimmer auf, das jetzt noch leerer wirkt ohne Vanessa und unsere Tochter. Ich fühle mich einsam und verloren, ein Gefühl, das mich seit ihrem Auszug ständig begleitet. Langsam stehe ich auf und schlurfe in die Küche. Der Tisch ist unordentlich, ein

Zeichen dafür, dass ich meine Mahlzeiten nicht mehr wie gewohnt gemeinsam mit Vanessa einnehme. Ich lasse mich auf einen Stuhl fallen und starre trübselig auf die leere Kaffeetasse vor mir.

Nach einer Weile stehe ich auf und gehe zum Spiegel im Flur. Mein Spiegelbild sieht müde und vernachlässigt aus, die Augenringe sind tief und mein Gesicht wirkt blass. Ich seufze und lasse den Blick über den Flur schweifen, der jetzt wie eine leere Hülle wirkt, ein Echo vergangener Zeiten. Kein Kinderwagen mehr und keine Babyschale.

Schließlich gehe ich zurück ins Schlafzimmer und ziehe mich langsam an, ohne mir besonders viel Mühe zu geben. Die Kleidung, die ich wähle, ist alt und abgetragen, ein Abbild meiner derzeitigen Verfassung. Mit einem schweren Seufzer verlasse ich das Zimmer, bereit, mich dem Tag zu stellen, der mir nur noch Leere und Einsamkeit zu bieten scheint.

Da klingelt es an der Tür.

Ich öffne die Tür und sehe vier Polizeibeamte vor mir stehen. Im Hintergrund warten Männer in weißen Overalls.

„Sind Sie Jan Becker?“, fragt der größere der beiden. Der Polizeibeamte zeigt mir den Haftbefehl. Ein anderer sagt: „Wir haben außerdem einen Durchsuchungsbeschluss für Ihr Haus. Bitte lassen Sie uns rein.“

Ich sehe die beiden Schriftstücke vor mir, weiß nicht, wie mir geschieht. Welcher Film läuft gerade?

„Natürlich, kommen Sie rein.“

„Nein, Sie dürfen nicht mehr ins Haus, Herr Becker. Wir müssen Sie festnehmen. Bitte kommen Sie mit uns.“

Ich nicke und folge ihnen nach draußen. Dann wende ich mich um. „Darf ich noch meine Schuhe anziehen und eine Jacke holen?“

Im Hintergrund höre ich die Männer in den weißen

Overalls miteinander sprechen. Einer sagt: „Wir müssen das Haus gründlich durchsuchen. Überprüfen Sie jedes Zimmer sorgfältig. Sie wissen, wonach wir suchen."

„Verstanden, wir fangen gleich damit an."

„Machen Sie bitte keine Unordnung", sage ich zu dem Männern, als wir aneinander vorbeigehen. Der jüngere Polizist lässt mich hinten einsteigen. Schützt meinen Kopf, schließt die Tür. Ich sehe die Nachbarn in der Tür stehen.

Für die ein gefundenes Fressen.

Der Polizeiwagen rollt aus meinem Viertel. Keiner starrt mir jetzt mehr hinterher. Meine Gemütslage ist dennoch gemischt. Einerseits bin ich überrascht und ein wenig schockiert über die plötzliche Wendung, andererseits bin ich gefasst und versuche, ruhig zu bleiben. Ich weiß, dass ich mich verteidigen kann und dass ich unschuldig bin, aber der Gedanke daran, was als nächstes kommt, ist beängstigend.

* * *

„Lass mal was Luft an deinen Hals", rät Lars Peters seinem Kollegen.

„Lass meinen Hals in Ruhe", pfeffert der zurück. Doch das ist alles nur Spaß. Er weiß, dass Lars seinen Kleidungsstil immer mal wieder auf die Schippe nimmt. „Dein Schimanski-Stil ist leider etwas aus der Mode gekommen."

Bevor Lars einen Kommentar platzieren kann, klingelt sein Diensttelefon. Er geht ran und zieht die Augenbrauen hoch. „Der Becker ist bei der ED, die bringen ihn dann hoch", sagt er danach hochzufrieden. „Läuft doch."

„Ich bin so gespannt auf den", sagt Jan-Henrik und gibt seinem Drehstuhl einen Stoß. Nach einer vollen Rotation bremst er ab und nimmt sich seinen Notizblock vor. „Wie wollen wir vorgehen? Good Cop, Bad Cop?"

Lars grinst. „Eher zweimal Bad Cop. Der muss sofort kapieren, wohin der Hase läuft. Schnurstracks in die nächste Zelle."

„Nana, wie steht es denn mit der Unschuldsvermutung? Bist du etwa voreingenommen, Kollege?"

„Ich bin unvoreingenommen wie eine Jungfrau. Kennst mich doch", sagt er mit einem Augenzwinkern.

Da klopft es an der Tür.

„Lasset die Spiele beginnen", flüstert Lars seinem Kollegen zu, dann ruft er laut: Herein!"

KAPITEL NEUNUNDDREISSIG

Ich betrete das Polizeirevier mit einem mulmigen Gefühl. Die Erkennungsdienstliche Maßnahme empfinde ich als Schikane, ein Akt, der mir zeigt, dass man mich bereits als Verbrecher abstempelt. Das Abnehmen meiner Fingerabdrücke und das Anfertigen von Fotos machen mich wütend, und meine Miene wird zunehmend finsterer, je weiter der Prozess voranschreitet.

Missgelaunt folge ich dem Polizisten in den dritten Stock des Gebäudes. Der lange Gang, den wir entlanggehen, verstärkt mein Unbehagen. Als wir endlich das Büro erreichen, das als Verhörraum dienen soll, bin ich überrascht, dass es sich stattdessen um ein karges Büro handelt. Zwei Schreibtische stehen Kopf an Kopf, umgeben von abgenutzten Möbeln und Korkpinnwänden als Wanddekoration.

Als ich mein Konterfei auf einer der Pinnwände entdecke, wird meine Wut noch größer. Doch bevor ich etwas sagen kann, bemerke ich, dass die beiden Kommissare, die im Raum sitzen, nicht einmal aufstehen, um mich zu begrüßen. Ihr Mangel an Manieren verstärkt mein Gefühl der Ungerechtigkeit und erfüllt mich mit noch mehr Unbehagen.

Ich setze mich widerwillig auf einen der Stühle und warte darauf, dass das Verhör beginnt.

* * *

„Mein Name ist Kriminalhauptkommissar Lars Peters, das ist mein Kollege Jan-Henrik Meyer“, stellt Peters sie vor und stellt das Mikrofon vor Jan Becker so auf, dass der hineinsprechen kann. „Dieses Gespräch wird aufgezeichnet.“

„Das ist alles ein unglaubliches Missverständnis“, gibt Becker als erstes von sich. „Ich habe niemanden getötet und wir können das hier sehr schnell beenden. Was werfen Sie mir denn überhaupt vor? Die Beamten, die mich aus meinen morgendlichen Urlaubsrhythmus herausgerissen haben, hielten mir nur zwei Schriftstücke vor die Nase. Ich durfte nicht einmal lesen, da saß ich schon im Polizeiwagen. Schikane ist das“, mosert Becker los. Lars und Jan-Henrik werfen sich einen Blick zu.

„Ihnen wird die Manipulation mit Medikamenten vorgeworfen. Sie sollen dem Patienten Dieter Müller eine Dosis Gilurytmal gespritzt haben, die zum Tod des Mannes geführt hat“, erläutert Meyer. Becker hört sich das ruhig an.

„Aha, das also. Völliger Unsinn. Wer hat Ihnen das denn so berichtet?“

Wieder werfen sich die beiden Kommissare einen vielsagenden Blick zu. Becker hat ihnen selber den Tipp gegeben, dass er vielleicht sogar mit einer anderen Manipulation gerechnet hat. „Ihre Vorgesetzten haben das getan.“

Becker stößt einen gestelzten Lacher aus. Er fläzt sich

auf den Sessel, streckt die Beine aus und spielt gelangweilt mit einer Haarsträhne.

„Die Chefetage. Das ist so, als würde ein Gehörloser ein Orchester dirigieren wollen. Denen dürfen Sie nichts glauben, keiner von denen hat Ahnung von dem, was tagtäglich auf Station passiert. Die schweben in andere Sphären, tangieren aber niemals auch nur ansatzweise das, was wirklich an Arbeit zu leisten ist“, ereifert sich der Pfleger.

„Und Sie wissen das?“, hakt Jan-Henrik nach.

„Ja, wir liegen jeden Tag im medizinischen Schützengraben und halten unsere Köpfe für die da oben hin.“

Eins zeigt sich sofort, das verstehen die beiden schon jetzt: Becker ist alles andere als ein einfacher Kandidat. Er scheint intelligent zu sein und neben seinem medizinischen Wissen ist er redegewandt und von sich selber eingenommen. „Sind Sie so etwas wie der Leitwolf unter den Pflegern?“

„Leitwolf?“, wiederholt Becker. Dann lacht er und nickt. „Ja, das gefällt mir.“

„Und wie erklären Sie sich dann, dass Ihre Kollegen alles daran gesetzt haben, Sie zur Strecke zu bringen? Man hat Sie überwacht, Ihnen Fallen gestellt. Geht man so mit einem Leitwolf um?“

„Wer behauptet das denn?“

„Unsere Recherchen“, antwortet Lars und hebt einen Aktenordner hoch. Dass sich darin nur ein paar lose Blätter befinden, kann Becker nicht wissen. „Jeder Leitwolf hat Neider. So ist es auch bei mir gewesen. Fußvolk, dass sich jetzt hervortun möchte.“

„Kommen wir zu dem Fall Dieter Müller. Was genau ist da passiert?“

Becker lässt sich in dem Sessel nach hinten gleiten. Doch diese Stellung erscheint ihm unbequem, daher lässt er seine Unterarme locker auf seine Knie fallen und beugt sich in Richtung des Mikrofons.

„Sehr geehrte Kommissare, lassen Sie mich Ihnen meine Sicht der Dinge schildern. Ja, ich habe Dieter Müller eine Spritze verabreicht, aber ich tat dies nicht aus Bosheit oder Vorsatz. Es war ein Akt der Verzweiflung, ein Eingriff in einem akuten Notstand.

Sie müssen verstehen, dass ich als Pfleger täglich mit lebensbedrohlichen Situationen konfrontiert bin. Herzrhythmusstörungen, insbesondere tachykarde Arrhythmien, gehören zu den häufigsten medizinischen Notfällen, denen ich begegne. Diese Zustände können schnell lebensbedrohlich werden und erfordern sofortige Maßnahmen.

Als Dieter Müller in einem Zustand akuter tachykarder Herzrhythmusstörungen war, sah ich mich mit einer Situation konfrontiert, die ich nicht ignorieren konnte. Ich habe umfangreiches Wissen über die Behandlung solcher Zustände und wusste, dass eine sofortige Intervention erforderlich war, um sein Leben zu retten.

Die Verabreichung der Spritze war meine einzige Option, um sein Herz wieder in einen normalen Rhythmus zu bringen. Ich wusste, dass das Medikament, das ich ihm gab, eine sofortige Wirkung haben würde, um die tachykarden Arrhythmien zu stoppen und sein Leben zu stabilisieren. Ich verstehe, dass meine Handlungen unkonventionell erscheinen mögen, aber ich handelte im besten Interesse meines Patienten und nach meinem besten medizinischen Wissen."

Weder Lars noch Jan-Henrik verfügen über medizinische Kenntnisse, um diesen Monolog zu bewerten. Doch sie verfügen über Verhörtechniken, die sie nun instinktmäßig anwenden.

„Herr Becker, ist es normal, dass Sie als Pfleger diese lebensrettenden Maßnahmen durchführen oder ist es eher üblich, dass Sie auf einen Mediziner warten, der das entscheidet?", fragt Lars, der sich an die Worte von Doktor Müller erinnert.

„Ein Arzt war nicht so schnell greifbar. Deshalb habe ich entschieden, dem Mann das Präparat zu verabreichen."

„Ihre Kollegin sagt, es habe gar keinen Notfall gegeben. Der sei erst durch ihren Eingriff erfolgt."

„Sie lügt."

„Warum sollte sie das tun?"

„Weil Sie meine Kompetenzen ständig angezweifelt hat."

„Sie ist wie Sie eine Pflegekraft, die sich an ihre Bestimmungen hält – im Gegensatz zu Ihnen."

Becker winkt gelangweilt ab. „Der Arzt hätte auch nicht anders entschieden. Das weiß ich. Außerdem hatte an diesem Tag so ein grüner Assistenzarzt Dienst. Den stecke ich mit meinem Fachwissen allemal in die Tasche."

„Sie wissen also mehr als ein studierter Arzt?"

„Ich besitze eine ebenso große Fachkompetenz wie jeder Assistenzarzt!"

„Und warum sitzen Sie dann jetzt hier?"

Becker lacht laut auf. „Sehen Sie! Langsam kommen sie dahinter."

Er schaut von Lars zu Jan-Henrik.

„Wohinter?

„Dass das hier eine Farce ist."

„Was hätte ein erfahrener Pfleger denn für eine Dosierung genommen?"

Lars heftet die Augen auf seinen Kontrahenten, weil der sein Gesicht fast die ganze Zeit über ihm zugewandt hat. Er sieht darin einen Vorteil. Seine lockere Art behagt dem Mann offenbar mehr als die von Anzugträger Jan-Henrik.

Becker überlegt einen Moment lang.

„Er hätte womöglich mit 15 Milligramm begonnen, den Monitor beobachtet und dann entschieden, ob er noch weitere 15 Milligramm injiziert."

„Und was taten Sie?", fragt Jan-Henrik. Becker schaut ihn nicht an.

„Es gab einen akuten Notstand. Ich habe mehr injiziert."

„Wieviel mehr? Und schauen Sie mich gefälligst an, wenn ich mit Ihnen spreche!", donnert Meyer jetzt los. Der Pfleger zuckt zusammen. „So können Sie nicht mit mir sprechen, auch wenn sie Polizist sind", meckert er los.

„Ich kann mit Ihnen sprechen, wie ich will", sagt Jan-Henrik nun im ruhigen Tonfall. Lars muss innerlich grinsen. „Wieviel haben Sie injiziert?"

„40 Milligramm", antwortet Becker.

„Okay. Wissen Sie was? Wir lassen das jetzt von einem Mediziner gegenchecken. Bevor wir nicht genau wissen, ob diese Dosis angesagt war, um dem Patienten das Leben zu retten, werden wir die Befragung aussetzen. Sie werden solange in eine Zelle gebracht, bis wir uns schlau gemacht haben."

Becker fühlt sich unbehaglich. Er rutscht auf seinem Stuhl hin und her, fährt sich mit der Hand über die Stirn. „Eine Zelle? Was soll das? Das kann kein anderer Arzt beurteilen, der nicht in der Situation war", behauptet er.

„Kein anderer Arzt? Oder kein anderer Pfleger? Nennen Sie uns doch einen Kollegen, der Ihre Theorie stützt."

Becker schweigt. Lars greift zum Telefon und keine fünf Sekunden später wird Becker aus dem Zimmer gebracht. Ohne Handschellen, das scheint nicht nötig zu sein.

„Wen willst du auf die Schnelle fragen?", fragt Jan-

Henrik, der zwar die Sache mit dem Arzt ins Rollen gebracht hat, offenbar aber jetzt selber daran zweifelt.

„Jan-Henrik, deine Krawatte glüht schon, mach dich mal locker“, sagt Lars ruhig. „Wir kontaktieren unsere Rechtsmediziner. Die werden schon einen kompetenten Kollegen kennen, der uns Auskunft geben kann.“

„Und Becker hat Zeit, um einen neuen Monolog vorzubereiten, den er uns dann um die Ohren haut.“

Lars winkt ab. „Damit war doch zu rechnen. Wir müssen eben schlauer sein als er. So ist es doch immer. Die Kerlchen lügen uns das Blaue vom Himmel vor, bis wir mit der grauen Wolkensoße kommen und sie damit fertigmachen. Und wir werden diesen selbstgefälligen Arsch fertigmachen. Jede Wette.“

Jan-Henrik lockert den Krawattenknoten, was bei Lars einen Heiterkeitsanfall auslöst.

„Pffft! Hast du gehört, wie die Luft entweicht?“

„Haha!“

„Du wirst ja langsam normal, Kollege. Wen willst du anrufen? Ich denke, es geht schneller, wenn wir uns die Arbeit teilen, was denkst du?“

* * *

Die beiden Kriminalisten klemmen sich ans Telefon. Sie wollen von ihren Kollegen aus der Rechtsmedizin in Oldenburg und in Delmenhorst wissen, was ein erfahrener und gewissenhafter Pfleger über Gilurytmal hätte wissen müssen. Die Oldenburger geben ihnen schließlich einen Tipp. Lars wählt die Nummer des Spezialisten für Anästhesie und Antiarrythmika und hofft inständig, dass der Mediziner ans Telefon geht. Als schließlich jemand abhebt, fällt Lars ein Stein vom Herzen.

„Hallo, bitte entschuldigen Sie die Störung. Mein

Name ist Lars Peters von der Kriminalpolizei in Delmenhorst. Wir benötigen Ihre Expertise in einem etwas schwierigen Fall“, beginnt er und erzählt ihm dann dezidiert, was vorgefallen ist, und wie sich der Verdächtige herausreden will. Der Mediziner hat dazu eine klare Meinung. Mit Gilurytmal kann man Leben retten – aber auch beenden. Man müsse vorsichtig dosieren und haargenau den Monitor beobachten. Aber eins sei klar: Wer 40 Milligramm auf einen Schlag dosiere, der wolle nicht retten, sondern töten. „Vier Ampullen Gilurytmal verabreicht man nicht, wenn man einen Patienten retten will. Das ist definitiv. Bestellen Sie dem Mann von mir, dass er besser nie wieder an ein Patientenbett tritt.“

Diese Aussage reicht den beiden Beamten. Sie lassen Becker wieder aus der Zelle holen. Becker zeigt sich von den Stunden in der Zelle nicht beeindruckt.

„Na, welchen Spezialisten haben Sie denn aufgetrieben? Sicher einen der unfähigen Köpfe aus Delmenhorst. Mit deren Meinung können Sie mich nicht beeindrucken“, spricht Becker sofort laut in das Mikrofon, beugt sich sogar extra nach vorne dabei.

„Warum haben Sie eigentlich kein Medizinstudium absolviert?“, fragt Jan-Henrik. Der Krawattenknoten sitzt wieder ordentlich.

„Das brauche ich nicht, ich weiß auch so, worauf es ankommt.“

„Achso, dann ist das internationale Medizinsystem ja völlig veraltet und muss reformiert werden. Ärzte brauchen wir nicht mehr, lasst das alles die Pfleger machen. Die haben dieselben Qualifikationen wie die Ärzte. Wir Idioten verschwenden jede Menge Geld in deren Ausbildung“, fabuliert Lars, schüttelt den Kopf und verschränkt die Arme vor der Brust. Jan-Henrik steigt sofort darauf ein.

„Genau, Kollege. Das machen wir dann auch bei der Polizei so. Jeder, der Bock hat, eine Knarre zu tragen, kann und darf dann unseren Job machen. Wir gehen damit kein Risiko ein, ein paar Kollateralschäden, ein paar Tote, was solls!"

Zuerst lächelt Becker, doch dann verhärten sich seine Gesichtszüge. „Wollen Sie mich verarschen?", schreit er Lars an.

„Wieso? Wir entwerfen nur ein Bild, das Ihrem 'Berufsbild' ähnelt. Spezialisten braucht keiner, engagierte Amateure schaffen das auch alleine. So wie Sie. Sie sind doch das leuchtende Vorbild."

„Ich habe mehr Ahnung als mancher Arzt!" besteht Becker lauthals auf seiner Qualifikation.

„Einen Scheiß haben Sie. Sie sind ein erbärmlicher Stümper, waren nicht schlau genug für ein Medizinstudium, vielleicht auch einfach zu faul dafür. Suchen Sie sich das aus. Sie kennen ihre Biografie am besten", donnert Jan-Henrik in derselben Lautstärke zurück.

Becker schüttelt vehement den Kopf. „Das können Sie gar nicht beurteilen. Sie haben nicht in meinen Schuhen gestanden."

„Du kleiner Wixer, das will ich auch gar nicht. Du bist ein Killer. Du bringst Menschen um. Du hast deinem Opfer vier Ampullen injiziert. Du wolltest nicht retten, du wolltest töten. Du bist ein stümperhafter Taugenichts, ein verdammter Killer mit selbstgebautem Heiligenschein. Du bist Abschaum, mehr nicht."

Becker springt auf. „Sie haben keine Ahnung von dem, was Sie da behaupten. Ich musste eingreifen. Dem Assistenzarzt fehlte es an Kompetenz. Ich habe das dann für ihn entschieden – zum Wohle des Patienten habe ich gehandelt."

„Das stimmt so nicht. Hätten Sie nicht gehandelt,

könnte Dieter Müller noch leben. Aber lassen Sie uns abwarten, der Leichnam wird genau jetzt exhumiert und dann obduziert“, sagt Jan-Henrik und blickt auf seine Armbanduhr. Diese Neuigkeit nimmt Becker gelassen auf.

„Wir bringen Sie bis nach der Obduktion zurück in die Zelle“, ergänzt Lars und ruft den Beamten rein. Der bringt Jan Becker zurück in die Arrestzelle.

„Am liebsten würde ich den Kerl sofort in Untersuchungshaft nehmen“, brummt Jan-Henrik, als der Pfleger den Raum verlassen hat.

„Mit welcher Begründung denn? Wir haben ihn nicht geknackt. Der behauptet noch immer, er habe Müller nicht töten sondern retten wollen. Für die Staatsanwaltschaft wird die Anklage – sollte es dazu kommen – ein Ritt auf der Rasierklinge.“

„Wir haben ihm keinen Mord nachgewiesen? Was ist mit der Aussage des Arztes? 40 Milligramm töten. Ist das kein Mordmerkmal? Für mich schon.“

KAPITEL VIERZIG

Als die Worte von Jan-Henrik Meyer in der stickigen Atmosphäre des Verhörraums widerhallen, spüre ich, wie sich mein Herzschlag beschleunigt. Jedes verletzende Wort trifft mich wie ein Schlag ins Gesicht. Trotz meiner Entschlossenheit, gelassen zu bleiben, steigt in mir eine Mischung aus Wut und Verzweiflung auf.

Ich schüttle vehement den Kopf, während mein Blick auf den Boden fällt. Die Vorwürfe treffen mich bis ins Mark, und ich fühle mich wie ein gefangener Vogel, dessen Flügel gestutzt wurden. Der Drang, aufzuspringen und mich zu verteidigen, ist überwältigend, aber ich zwinge mich zur Ruhe, mich beherrschend, während ich die verbalen Angriffe erdulde.

Die Erwähnung der Obduktion löst eine kalte Welle der Angst in mir aus. Der Gedanke, dass die Wahrheit über meine Handlungen ans Licht kommen könnte, lässt meinen Puls rasen. Doch ich vergrabe diese Sorgen tief in meinem Inneren und bleibe äußerlich ruhig, während ich auf die kommenden Ereignisse warte.

„Wir bringen Sie bis nach der Obduktion zurück in die

Zelle“, sagt Jan-Henrik Meyer schließlich, und ich spüre, wie sich ein Klumpen in meinem Magen bildet. Trotz meiner äußeren Fassade der Gelassenheit nagt die Unsicherheit an mir, während ich mich auf das Unausweichliche vorbereite.

In der stickigen Zelle, umgeben von dumpfen Geräuschen aus der Ferne, sitze ich auf der unbequemen Pritsche und lasse meine Gedanken wandern. Ein Gefühl der Leere breitet sich in mir aus, während ich über die Ereignisse der letzten Tage nachsinne.

Meine Gedanken kreisen unaufhörlich um die bevorstehende Obduktion. Ich frage mich, was die Untersuchung ans Licht bringen wird und wie ich darauf reagieren werde. Ein unangenehmes Gefühl der Unruhe durchdringt meinen Körper, als ich mir vorstelle, wie die Wahrheit über meine Handlungen herauskommt und welche Konsequenzen dies für mich haben könnte.

Gleichzeitig überkommt mich eine Welle der Trauer und Verzweiflung, wenn ich daran denke, wie sehr mein Leben aus den Fugen geraten ist. Der Verlust von Vanessa und die Aussicht auf eine ungewisse Zukunft lassen mich fühlen, als wäre ich in einem Albtraum gefangen, aus dem es kein Erwachen gibt.

Inmitten dieser wirren Gedanken versuche ich, einen klaren Kopf zu bewahren und mich auf das zu konzentrieren, was als nächstes kommt. Doch die Ungewissheit und die Last meiner Taten drücken schwer auf meine Schultern, und ich kann nicht anders, als mich von einem Gefühl der Hilflosigkeit überwältigen zu lassen.

* * *

Eine unerwartete Hilfe für die Kriminalpolizei kommt in Form eines Inventurergebnisses. Lars Peters erhält per

Mail eine entsprechende Liste zugeschickt. Ende des vergangenen Jahres lagerten 30 Ampullen Gilurytmal im Medikamentenraum der Intensivstation. Am heutigen Tag wurden 51 Ampullen gezählt. Eine durchaus normale Toleranz. Interessant wird es allerdings, wenn man die Lieferung von 185 Ampullen zwischen den beiden Zählungen berücksichtigt. Was ist mit den ganzen Medikamenten geschehen? Zumal es nach beigefügter Aussage des medizinischen Personals aufgrund seiner Gefährlichkeit selten von Ärzten eingesetzt wird.

„Da fehlen 164 Ampullen! Was für ein Irrsinn", stellt Jan-Henrik entsetzt fest. „Die kann unmöglich Becker alle alleine verspritzt haben. Teile mal 164 durch 4."

„Macht 41", rechnet Lars blitzschnell aus.

„41 Tote? Willst du das wirklich damit andeuten?"

„Dazu benötigen wir die Sterbelisten aus der Intensivstation und die Dienstpläne von Jan Becker, um das miteinander zu vergleichen."

Jan-Henrik löst seinen Krawattenknoten. Ein Kommentar von der anderen Seite des Schreibtischs bleibt aus. Lars ist von der drohenden Katastrophe ebenso geschockt wie sein Kollege. „Haben wir da einen Serienmörder im Keller sitzen?"

„Ich rufe im Krankenhaus an. Wir brauchen die entsprechenden Listen möglichst zeitnah", sagt Jan-Henrik und greift zum Telefonhörer. Noch die Hand in der Schwebe, klingelt das Gerät. „Die Oldenburger Rechtsmedizin", brummt er nach einem Blick auf das Display. „Jetzt bin ich gespannt."

* * *

„Holt mir den Becker aus der Zelle", knurrt Lars in den Hörer.

„Eindeutiger kann das Ergebnis nicht sein“, bestätigt Jan-Henrik. „Selbst das Ergebnis der Toxikologie aus der Medizinischen Hochschule Hannover kann nichts mehr daran ändern. Becker hat den Mann mit dem Drecksmedikament getötet.“

Gewebeproben des Toten waren für eine Analyse an die Hochschule gegangen. Das Ergebnis wird am nächsten Tag erst erwartet. Fünf Minuten später wird Jan Becker in den Raum geführt.

„Ihr Spiel ist aus. Die Rechtsmedizin bestätigt eindeutig den Tod des Mannes durch Gilurytmal. Der Wirkstoff Ajmalin wurde im Körper nachgewiesen.“

Becker steht vor dem Stuhl, auf dem er zuvor gesessen hat. „Aber natürlich findet man bei der Obduktion das Mittel. Ich habe es ja injiziert.“

„Sehr gut, dass sie es noch einmal zugeben. Die Dosis macht es, wie wir ja wissen. 40 Milligramm waren letal. Sie haben Dieter Müller totgespritzt. Jan Becker, ich nehme Sie hiermit fest wegen gefährlicher Körperverletzung mit Todesfolge. Ihnen steht offen, sich einen Anwalt zu nehmen“, sagt Lars und gibt dem Kollegen das Zeichen, dem Mann Handschellen anzulegen.

„Das wars für Sie, Herr Becker“, gibt Jan-Henrik ihm noch hinterher, bevor sich die Tür schließt.

„Du weißt, dass wir noch eine Menge Arbeit vor der Brust haben, Kollege?“, fragt Lars.

Jan-Henrik dreht sich auf seinem Stuhl und lächelt. Erst nach zwei Runden hält er an. „Gerne. Dafür lockere ich sogar die Krawatte. Zufrieden?“

* * *

Als ich das Ergebnis der Obduktion höre, überkommt mich eine Mischung aus Schock und Ungläubigkeit. Die

Bestätigung meiner Befürchtungen fühlt sich an wie ein Schlag ins Gesicht, und ein Gefühl der Verzweiflung breitet sich in mir aus. Doch gleichzeitig regt sich auch Wut in mir auf, und ich beginne, die Rechtmäßigkeit der Ergebnisse anzuzweifeln.

„Das kann nicht sein“, murmele ich leise vor mich hin, während die Polizisten mich in die Zelle führen. „Das ist alles ein großer Irrtum.“ Meine Stimme klingt brüchig, und ich kann kaum glauben, dass dies nun die Realität ist.

„Sie müssen das noch einmal überprüfen“, fordere ich energisch, doch meine Worte verhallen ungehört in dem kalten Raum. Die Beamten sehen mich nur mit einem undurchdringlichen Blick an, und ich spüre die Handschellen um meine Handgelenke, die mir meine Freiheit rauben.

„Ich verlange einen Anwalt“, verkünde ich entschieden, während sich die Zellentür schließt. Die Gewissheit, dass ich nun meiner Freiheit beraubt bin, erfüllt mich mit einem Gefühl der Ohnmacht und des Verlusts. Doch ich lasse mich nicht so einfach unterkriegen, denn ich werde um meine Zukunft kämpfen, koste es, was es wolle.

KAPITEL EINUNDVIERZIG

Das Urteil

Es dauert bis in den Oktober, bis vor dem Landgericht Oldenburg der Prozess wegen Mordversuchs an Dieter Müller gegen Jan Becker beginnt. Der Beschuldigte war in der Zwischenzeit aufgrund einer Haftbeschwerde wieder kurzzeitig auf freiem Fuß. Im Prozess sagen Ärzte und Pfleger aus Delmenhorst und Oldenburg aus. Beckers Anwalt legt eine Beschwerde nach der anderen ein, was den Prozess verzögert, aber nichts daran ändert, dass es zu einem Urteil kommt. Das Landgericht Oldenburg verurteilt Becker wegen versuchten Totschlags zu fünf Jahren Haft.

* * *

An diesem Morgen werde ich wie so oft in den letzten Wochen aus der Haft geholt und mit einem grünen Transporter zum Gericht gefahren. Ich kann den Ablauf bereits auswendig herbeten. In der Zelle bekomme ich Handfesseln angelegt, wie ein Schwerverbrecher. Im Transporter werde ich angekettet. Zwei Justizbeamte bringen mich in den Gerichtssaal, wo mir die Handschellen abgenommen werden. Das ganze Prozedere kennt man aus dem Fernsehen, jetzt betrifft es mich selber. Ich finde das alles anmaßend, meine innere Wut ist grenzenlos. Alles ist ungerecht. Meine Haftbedingungen, meine Verpflegung, mein Anwalt, der nichts taugt. Die ganze Welt ist gegen mich. Vanessa ist nicht ein einziges Mal erschienen, außer an dem Tag, wo sie ihre Aussage ableisten musste. Selbst da flüchtete sie, mich bedachte sie nicht eines Blickes. Mittlerweile war sie wieder schlank, meine Tochter habe ich nicht zu Gesicht bekommen – ich bezweifle, dass ich sie jemals sehen werde.

Als ich auf der Anklagebank hocke und der Richter sein verdammtes Urteil verkündet, fühle ich das wie eine Faust im Gesicht. Ein Haufen verlogener Scheiß ist das alles. Denken die wohl, dass sie mich klein kriegen können? Aber da haben sie sich geschnitten.

Die Worte des Richters hallen in meinem Kopf wider, und ich kann nichts anderes tun, als meine Wut zu unterdrücken. Verdammt noch mal, ich werde mich nicht brechen lassen, nicht jetzt, nicht verdammt noch mal jemals!

Als der Hammer des Urteils auf mich niedersaust, stehe ich langsam auf, den Blick fest auf den Richter gerichtet. Mein Herz pocht wie der Schlag einer verdammten Bass Drum, und ich fühle den heißen Atem der Zuschauer auf meinem Nacken.

Draußen vor dem Gerichtssaal brennt die Welt, und ich stehe mitten im Blitzlichtsturm. Aber verdammt, ich werde nicht klein beigeben. Nicht jetzt, niemals!

KAPITEL ZWEIUNDVIERZIG

Am Tag nach der Urteilsverkündung steht morgens um halb 11 Uhr eine junge Frau in Begleitung ihrer Anwältin vor den Polizisten an der Pforte in der Marktstraße.

„Ich glaube, dass Jan Becker auch meine Mutter ermordet hat“, sagt Ewelyn Heger mit ruhiger Stimme. Diese Worte setzen eine Lawine in Bewegung, die nicht wieder zu stoppen ist. Darauf haben die ermittelnden Kommissare nur gewartet. Die SoKo 'Kardio' wird unter Leitung von Lars Peters und Jan-Henrik Meyer gegründet. Zwei Jahre, etliche Exhumierungen und Prozesstage später wird Jan Becker wegen erwiesenen Mordes in 85 Fällen zu lebenslanger Haft verurteilt.

Die Dunkelziffer ist viel höher. Man geht von Seiten der Staatsanwaltschaft von 332 Morden aus, doch viele der Opfer wurden feuerbestattet. Eine Obduktion ist nicht mehr möglich.

Der größte Serienmörder der deutschen Geschichte wird nie wieder einen Fuß in die Freiheit setzen.

NACHWORT

Jan Becker ist der Serienkiller in meinem – ja, da fängt es schon an. Wie beschreibt man dieses Buch? Ein Thriller? Ein Drama? Ein Psychogramm? Eine Mischung aus allem. Ich habe versucht, ihnen als Leser einen Einblick in die Psyche eines Menschen zu geben, dem es zum Ende hin Spaß machte, Gott zu spielen.

Niels Högel.

Der Todespfleger.

Sie dürfen ihn gerne Psychopathen nennen – das ist er, aber nicht nur. Fakt ist, er hatte eine schwer ausgeprägte Persönlichkeitsstörung.

Natürlich, Niels Högel ist eine faszinierende, aber auch beängstigende Person. Er wird oft als manipulativ, kaltblütig und narzisstisch beschrieben. Högel zeigte ein erschreckendes Maß an Gleichgültigkeit gegenüber dem Leben anderer Menschen und nutzte seine Position als Krankenpfleger, um seine Opfer zu töten. Er verfügte über ein beängstigendes Maß an Selbstvertrauen und Überlegenheit, was es ihm ermöglichte, seine Taten über Jahre hinweg zu verbergen.

Högel zeigte auch Anzeichen von Machtstreben und Kontrollsucht. Er genoss es, das Leben und den Tod seiner Patienten in seinen Händen zu halten und spielte gerne Gott. Seine Taten wurden oft von einem starken Drang nach Aufmerksamkeit und Anerkennung begleitet, und er genoss es, im Mittelpunkt zu stehen, wenn seine Opfer gefunden wurden oder wenn nach dem Prozess seine Verbrechen in den Medien diskutiert wurden.

Trotz seiner grausamen Taten und seiner mangelnden Empathie gegenüber anderen Menschen wird Högel oft als charismatisch und manipulativ beschrieben. Er konnte Menschen leicht täuschen und beeinflussen, was es ihm ermöglichte, seine Verbrechen so lange unentdeckt zu halten. Seine Persönlichkeit ist ein erschreckendes Beispiel dafür, wie sich das Böse in einer scheinbar normalen Person manifestieren kann.

In der Figur des Krankenpflegers Jan Becker habe ich versucht, bestimmte Charakterzüge von Niels Högel aufleben zu lassen, um eine faszinierende und zugleich beängstigende Persönlichkeit zu schaffen. Jan Becker zeigt ähnliche Eigenschaften wie Högel, wie beispielsweise Manipulativität, Kaltblütigkeit und narzisstische Tendenzen. Er nutzt seine Position im Krankenhaus, um seine dunklen Triebe auszuleben und seine Opfer zu töten.

Durch Jans Persönlichkeit wollte ich die Leser fesseln und zum Nachdenken anregen. Seine Grausamkeit und sein mangelndes Mitgefühl sollen die Leser schockieren und gleichzeitig dazu bringen, über die Abgründe der menschlichen Natur nachzudenken. Während einige Taten und Szenarien reine Fantasie sind, sind andere auf wahren Ereignissen und Personen basiert, deren Namen ich geändert habe, um ihre Identität zu schützen.

Meine Hoffnung ist, dass ich Sie durch die Darstellung

von Jan Becker nicht nur unterhalten, sondern auch zum Nachdenken über die dunklen Seiten der menschlichen Psyche angeregt habe. Es ist wichtig zu erkennen, dass das Böse oft in den unscheinbarsten Menschen lauern kann und dass es wichtig ist, die Zeichen zu erkennen und zu handeln, um weitere Tragödien wie diese zu verhindern.

Über die Geschichte nach der Geschichte ließe sich ein weiterer Kriminalroman schreiben, denn meine Geschichte endet mit dem ersten Prozess. Es folgten aber noch drei weitere Prozesse in den Jahren 2008, 2015 und 2019.

DANKSAGUNG

Jeder Roman ist das Ende eines langen Weges. Ich möchte mich herzlich bei denen bedanken, die diesen Weg mit mir gegangen sind. Ich danke ebenfalls allen, die mir bei der Arbeit an diesem Buch geholfen haben. Vor allem meiner Frau Rosi für ihre ausdauernde Geduld. Mein besonderer Dank gilt meiner unermüdlichen Lektorin Ela Bluhm. Danken möchte ich auch meinen Testlesern Bernd Kroll, Janette Fahlpahl und Bettina Reitz. Ohne euch wäre das Buch nicht so gut geworden.

Besonderer Dank geht auch an Jörg Piesker. Ich habe das erste Mal alles in fremde Hände gegeben. Mit dem Ergebnis kann man mehr als zufrieden sein.

Außerdem bedanke ich mich auch bei Ihnen, meinen Lesern. Sie haben sich für mein Buch entschieden und verbringen eine gemeinsame Zeit mit mir und meiner Geschichte.

Was auch immer der Kriminalroman in Ihnen ausgelöst haben mag, für mich war es eine emotionale Reise. Im Kopf eines Serienkillers ist es definitiv dunkel.

Wenn Ihnen der Roman gefallen hat, freue ich mich über eine kurze Rezension auf der Produktseite des Buches von Amazon. Am liebsten lese ich ein paar Zeilen. Bitte verzichten Sie auf One-tap-Bewertungen, da diese für andere Leser wenig informativ sind. Und: Fünf Sterne sind die beste Bewertung.

Ich hoffe, wir lesen uns wieder in *'Raven eight'*, im 17. Oliver-Hell-Krimi *'Sieh, wie sie sterben'*, oder in der Fortsetzung des Erfolgsromans *'Wer lügt, der stirbt'*, die in 2024 erscheinen werden.

Herzliche Grüße
Michael Wagner

ENDE

MITWIRKENDE:

- Jan Becker: Krankenpfleger
- Lutz Becker: Sein Vater
- Anne Becker: Seine Mutter

- Vanessa Högel: Beckers spätere Ehefrau

- Carsten Lindemann: Krankenpfleger St-Willehad-Hospital WHV
- Holger: EinstKrankenpfleger St-Willehad-Hospital WHV
- Cordula Preuß: Krankenpflegerin St-Willehad-Hospital WHV
- Ines Zimbardo: Krankenpflegerin St-Willehad-Hospital WHV

- Dr. Michaela Stein: Chefärztin am Klinikum Delmenhorst
- Sabine Fischer: Verwaltungsdirektorin am Klinikum Delmenhorst

- Sandra Richter: Pflegedirektorin am Klinikum Delmenhorst

- Dr. Thomas Meier: Geschäftsführer am Klinikum Oldenburg
- Prof. Dr. Christian Berger: Ärztlicher Direktor am Klinikum Oldenburg
- Mahmoud Jabbour: Assistenzarzt Oldenburg
- Gernot Jung: Assistenzarzt Oldenburg

- Lisa Petersen: Pflegerin Oldenburg
- Timo Müller: Pfleger Oldenburg
- Annemarie Dentler: Pflegedienstleitung Oldenburger
- Anja Brinkmann: Pflegerin Delmenhorst
- Marcel Jansen: Pfleger Delmenhorst
- Karin Sieger: Krankenschwester Delmenhorst
- Fabian Zwicker: Pfleger Delmenhorst
- Frauke Cassens: Pflegedienstleiterin Delmenhorst
- Astrid Wehrhoff: Stellv. Stationsleitung Delmenhorst

- Lars Peters: Kriminalhauptkommissar Delmenhorst
- Jan-Hendrik Meyer: Kriminalhauptkommissar Delmenhorst

- Iris Grasmüller: Opfer
- Alma Heger: Opfer
- Ewelyn Heger: Ihre Tochter
- Sebastian Brendel: Opfer

- Katharina Steinberg: Opferanwältin / Ewelyn Hegers Anwältin

PainMatrix Thriller

Bisher erschienen:

Der Blutsauger - Noah Fitz

Der Kaltmacher - Jörg Piesker

Der Weisse - Jörg Piesker

Der Kannibale - Jörg Piesker

Jeder Teil einzeln lesbar

Printed in Poland
by Amazon Fulfillment
Poland Sp. z o.o., Wrocław

35650730R00185